全球化红利与居民分配格局变动

——从"逆全球化"浪潮看包容性发展

袁 佳 著

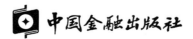

中国金融出版社

责任编辑：董梦雅　方　蔚
责任校对：张志文
责任印制：丁淮宾

图书在版编目（CIP）数据

全球化红利与居民分配格局变动：从"逆全球化"浪潮看包容性
发展／袁佳著．—北京：中国金融出版社，2020.9
　ISBN 978 - 7 - 5220 - 0684 - 0

　Ⅰ．①全…　Ⅱ．①袁…　Ⅲ．①经济利益—利益分配—研究—世界
Ⅳ．①F110

中国版本图书馆 CIP 数据核字（2020）第 117344 号

全球化红利与居民分配格局变动——从"逆全球化"浪潮看包容性发展
QUANQIUHUA HONGLI YU JUMIN FENPEI GEJU BIANDONG——CONG
"NIQUANQIUHUA" LANGCHAO KAN BAORONGXING FAZHAN

出版
发行　**中国金融出版社**

社址　北京市丰台区益泽路 2 号
市场开发部　（010)66024766，63805472，63439533（传真）
网 上 书 店　http://www.chinafph.com
　　　　　　　（010)66024766，63372837（传真）
读者服务部　（010)66070833，62568380
邮编　100071
经销　新华书店
印刷　北京市松源印刷有限公司
尺寸　155 毫米 ×230 毫米
印张　19.25
字数　210 千
版次　2020 年 9 月第 1 版
印次　2020 年 9 月第 1 次印刷
定价　60.00 元
ISBN 978 - 7 - 5220 - 0684 - 0
如出现印装错误本社负责调换　联系电话(010)63263947

序　言

当前，经济全球化发展出现波折，部分经济体中内顾倾向明显、民粹主义和单边主义抬头、贸易投资保护主义兴起等，很多迹象都显示经济全球化遇到了新的挑战和阻力。几次较大的危机事件，例如 2008 年的国际金融危机、2010 年的欧债危机、北非和中东地缘政治冲突导致的难民危机，以及 2020 年爆发的新冠疫情等公共卫生危机等，进一步加剧了"逆全球化"浪潮。对此，我们要看到，当前经济全球化过程中出现的挫折，主要问题不在于经济全球化本身，而在于发达经济体内部不同阶层从全球化的获益程度不同，导致收入差距过大。尤其是随着全球产业转移、技术进步所导致的劳动替代对社会的中低阶层影响很大，一些受损群体将失业和收入下降归因于全球化。因此，如何处理社会不公平的问题，是各国解决全球化持续深化发展的一个很重要的问题。

改革开放 40 年来，中国经济取得了举世瞩目的成就。尤其是 2001 年加入 WTO 组织以来，中国通过开放倒逼改革加快发展，经济增速保持在较高水平，经济发展水平和质量显著提高，成为全球化的最大受益者之一。但在经济发展和人民生活水平不断提高的同时，也伴随着区域发展不平衡、城乡发展不平衡、行业收入差距悬殊、贫富差距持续加剧等问题。党的十八大以后，国家非常注意社会的公平公正，把精准扶贫当成重中之重，主要解决地区不公平、发展不公平、分配不公平的问题，这些方面我们已经取得了一些进展。但正如作者在书中所指出的，我国居民收入基尼系数依然很高，未来仍面临收入分配、财富分配差距扩大的若干挑战。

那么，当前的"逆全球化"浪潮对中国的启示是什么？对外开放与居民分配格局恶化有何关系？如何在推进经济全球化的过程中更好地解决公平公正问题？以上问题既是中国经济实现公平、包容、可持续发展的重要命题，也是全球经济可持续发展面临的重大难点。袁佳博士的新书正是这方面学术研究的有益实践。这本书中，作者分三个部分分析了全球化红利在国际、国内的分配情况，并提出相关对策建议。

首先，作者从全球化的发展历程、"逆全球化"思潮谈起，由此展开对全球化红利分配的讨论。一方面，从历史维度讨论了经济全球化背景下资本与劳动报酬的关系，认为技术进步和资本全球流动导致资本收益最大化，同时导致劳动收入占比下降，从全球范围看收入差距都存在扩大的趋势。另一方面，从中美贸易失衡的角度分析了全球化红利在中美两国间的分配，作者从历史哲学、储蓄投资缺口、比较优势、全球价值链、统计规则漏洞及缺陷等多重视角进行了探讨，认为中美两国通过经贸合作实现了互利共赢，都是全球化的重要受益者。

其次，作者运用现代经济学研究范式，分析了改革开放对中国居民收入、财富分配格局的影响。一方面，作者指出市场化因素扩大了居民的收入和贫富差距，改革开放以来随着土地、资本（包括人力资本）、专利等生产要素被允许参与收入分配，形成了生产要素按贡献参与收入分配的格局，这本质上有利于资源配置效率的提升并实现经济的快速发展。另一方面，作者认为对外开放不足和制度缺陷才是导致我国收入和财富分配恶化的根本原因，地区间、城乡间、行业间未能公平享受全球化的红利。一是区域间开放步伐不一致、开放程度不平衡导致区域间经济社会发展水平差异过大。同时地区间的保护主义，部分行业开放水平不高、开放步伐较慢，导致垄断行业收入和福利状况显著高于一般竞争性行业，也导致收入差距扩大。二是部分体制机制仍存在不健全不完善之处，也会影响居民的收入和财富分配。例如此前由于劳动保护相关的法律法规不健全，导致劳动者收入报酬增长缓慢等。

最后，作者提出实现公平增长和包容发展的相关建议，认为应进一步深化改革开放，同时积极参与全球治理，推动经济全球化向更加包容普惠的方向发展，保证全球化发展的可持续性。以"一带一路"建设为重点，加强区域经贸合作，推动经济全球化进入包容性发展新时代。

本书从当前的"逆全球化"分析入手，运用一些新的分析框架和方法探讨了全球化红利的分配问题，并基于此提出了促进公平增长和包容性发展的建议，具有相当的参考价值。希望作者在今后的工作和研究中继续做出进一步的探索和努力。

金中夏
中国驻国际货币基金组织执行董事
2020 年 7 月

前　言

近年来，"逆全球化"浪潮兴起、发达国家民粹主义抬头，"逆全球化"潮流的出现，暴露了传统全球化理论存在的不足。传统全球化理论认为，全球化的前提是自由贸易和资本自由流动，而自由贸易是建立在"比较优势"基础上的，即贸易能够使不同资源禀赋的个人、地区和国家集中精力发挥各自长处，进而最大限度地提高资源利用效率，产出最大的社会总福利。例如，亚当·斯密和大卫·李嘉图分别用绝对优势理论和比较优势理论来阐释各国参与国际贸易中获得的利益大小，此后斯托尔帕和萨缪尔森等重点分析了全球化对一国居民收入分配的影响。

随着经济全球化进程的加快和全球产业分工体系的形成与完善，全球化的利益分配出现主体多样性、利益来源多元性、实现形式复杂性的特点。传统全球化理论内在的缺陷和不足开始显现：一是无法有效兼顾"效率"与"公平"。全球化引发的全球竞争格局变化，使国际资本和技术的稀缺性提高，加之一些不合理的制度安排，导致贫富差距扩大。二是无法有效兼顾"开放"与"稳定"。资本的自由流动容易导致风险大规模跨境传播，引发全球范围内的金融危机，暴露出现行全球金融治理体系的内在缺陷。三是"比较优势"的动态演进。部分发展中国家由于经济发展速度较快，比较优势向高端演进，最终可能实现对发达国家的赶超，发达国家可能丧失大部分比较优势。在当前全球经济低迷的情况下，这些弊端被放大，引发了全球化的波折和倒退。现有研究表明，参与全球化的经济体绝大多数是从中受益的，但也有部分研究发现，经济全球化不仅会扩大地区间的经济差距，也会扩大经济体内部的收入差距。尤其是发达国家内部大型跨国公司等资本集团作为全球化的受益者，以及由这些资本所支持的政党忽视了当地中低收入群体的诉求，社会中下层民众收入增速较低，贫富差距逐渐加大，"逆全球化"浪潮和运动不断发展。法国经济学家托马斯·皮凯蒂在其《21世纪资本论》一书中就指出，资本回报超过经济增长是导致发达国家收入差距在过去几十年中扩大的主要原因。

本轮危机后，学术界和政策层面开始对"新自由主义"进行反思，更多关注公平性问题。自经历了20世纪70年代的滞胀期后，西方社会催生了主张政府少干预经济的"新自由主义"，这种主张更多关注经济效率，对公平性的关注相对较少。但2008年国际金融危机及其后的种种"逆全球化"声音，使学术界和政策层面开始强化对收入不平等持续加剧的关注，因为这可能会诱发社会矛盾，激发民粹主义思潮，损害长期经济增长和社会稳定。目前，针对全球化对收入分配影响的研究方面，主要是西方等国的研究居多，其中以托马斯·皮凯蒂的《21世纪资本论》为主；相较而言，对中国情况的研究相对较少，已有研究主要集中在国际贸易的利益分配或者居民收入分配等方面，对近年来"逆全球化"浪潮背后的贫富差距问题及其启示，以及中国参与全球化进程对居民收入和贫富分配影响等方面的研究相对欠缺。

在此背景下，如何在推进经济全球化的过程中更加注重解决公平公正问题，是一项紧迫的命题，也是全球经济可持续发展面临的一个难点。对此，习近平总书记在世界经济论坛 2017 年年会开幕式上的主旨演讲中指出："经济全球化是一把'双刃剑'。当世界经济处于下行期的时候，全球经济'蛋糕'不容易做大，甚至变小了，增长和分配、资本和劳动、效率和公平的矛盾就会更加突出，发达国家和发展中国家都会感受到压力和冲击。反全球化的呼声，反映了经济全球化进程的不足，值得我们重视和深思。"

本书主要讨论了三个问题："逆全球化"的表现、原因及未来趋势；参与全球化进程对中国居民分配格局的影响；如何处理好公平公正问题以推动经济全球化的可持续发展。全书分三篇，共六章。

第一篇，从国际层面探讨了"逆全球化"的表现、原因及趋势，并以中美两国为例讨论了全球化收益的分配问题。一方面，美欧等国收入差距和贫富差距加剧是"逆全球化"浪潮的根源。英国"脱欧"、特朗普当选美国总统以及其他一系列事件，都预示着经济全球化的发展遇到了新的挑战和阻力。在传统的"新自由主义"全球扩张过程中，全球产业分工格局不断深化，发达经济体大型跨国公司等资本集团成为最大受益者，中低阶层居民利益相对受损，劳动收入占比下降，收入差距和贫富差距加剧。目前西方社会的"逆全球化"浪潮就是受损群体宣泄情绪的渠道，其背后的本质就是劳动与资本的竞争问题。但从历史规律来看，技术进步及资本的逐利性决定了其必须通过全球扩张来寻求最大回报，这成为推动经济全球化的最大动力，因此全球化整体趋势不可逆转，但同时也面临着贫富差距扩大等若干重大挑战。另一方面，各国通过参与全球化分工在宏观层面实现互利共赢。从中美参与全球化历程入手，通过多重视角剖析中美贸易失衡原因，认为中美两国通过贸易实现了互利共赢，都是全球化的重要受益者，两国未来合作前景广阔，应把控分歧开拓合作新领域。

第二篇，从国内视角分析了参与全球化对中国居民收入、财富分配格局的影响。改革开放前三十年，居民收入和财富差距不断扩大。随着生产要素按贡献参与收入分配格局的形成，行业间收入差距扩大；开放的区域性失衡导致地区间发展差距加大；全球化红利、人口红利，以及 GDP 锦标赛模式下衍生出来的体制机制问题，导致资本回报率远高于劳动报酬增长率，资本对劳动 "挤出效应" 明显，居民收入差距不断扩大。2008 年国际金融危机以来，居民分配格局分化，收入差距缩小，贫富差距显著扩大。这是因为外需低迷、高投资率等因素导致实体经济资本回报率不断下降，中国经济货币化和金融化程度不断提高，金融脱实向虚，资产价格大幅上涨，导致贫富差距显著扩大。同时，金融资源供求失衡，过度集中于国企和富裕阶层，小微企业和 "三农" 支持不够，金融包容性不足也导致贫富差距扩大。同收入差距的变动相比，未来中国的贫富差距恶化更令人担忧。从整体来看，周期性因素、市场性因素、制度性因素都是影响收入和财富分配的重要因素，其中市场性因素和制度性因素又最为关键。市场性因素导致的收入差距扩大，是指通过市场价格的调整反映要素禀赋的价值（如劳动报酬和财产收益），这是提升资源配置效率的重要方式，对经济发展是积极正面的；制度性因素所导致的收入和贫富差距扩大，则是政策和制度措施本身的缺失、不健全或不合理，导致对外和对内开放的不均衡，造成资源配置的扭曲和分配不公，这对效率提升和经济发展是无效甚至是负面的。同市场性因素相比，制度性因素是导致地区间、城乡间、行业间未能公平享受全球化红利的根本原因，对此应深化改革，建立健全经济全球化红利的公平分配机制。

第三篇，讨论如何在新时期实现公平增长和包容性发展。国内层面，要通过深化改革、扩大开放，让所有地区、行业和阶层共享全球化红利。鉴于当前中国收入和财富分配的两极化趋势，应在强化初次收入分配公平公正的基础上，更加强化税收在调节财富分配方面的作用，达到扩大中等收入、增加低收入者收入、调节过高收入的目的。通过加强政策扶持和完善市场机制，建立包容性、多样性的金融融资体系，为社会所有阶层和群体提供有效、全方位的金融服务，为弱势群体提供平等享受基本金融服务的机会与权利，不断提高金融服务的可获得性。同时，应建立经济全球化利益受损补偿机制。国际层面，引领经济全球化向更加包容普惠的方向发展日益成为推动全球化可持续发展的重要动力，要以推动全球治理体系的包容性、国际经贸规则的包容性以及全球经济发展的包容性为目标，积极参与多边经贸体系和经贸规则制定，推动经济全球化进程的可持续性。

目　录

第二篇　全球化红利分配：中国的情况

第三篇　如何实现公平增长与包容性全球化

第一篇

从"逆全球化"浪潮看全球化红利分配

习近平总书记在世界经济论坛2017年年会开幕式上的主旨演讲中指出:"经济全球化是一把'双刃剑'。当世界经济处于下行期的时候,全球经济'蛋糕'不容易做大,甚至变小了,增长和分配、资本和劳动、效率和公平的矛盾就会更加突出,发达国家和发展中国家都会感受到压力和冲击。反全球化的呼声,反映了经济全球化进程的不足,值得我们重视和深思。"

第一章　新一轮"逆全球化"浪潮："黑天鹅"or"灰犀牛"

全球化（Globalization）的内涵非常丰富，涉及经济、文化、制度与规则等多个领域，从不同层面、不同维度对全球化的定义都不一样，全球化的重点和内涵也会有所不同，因此很难有一个明确的定义。例如，对于文化全球化，即鼓励不同文化间的交流、碰撞与融合，但更重要的可能还是要凸显不同文化的特色和差异，这样才能使不同国家、不同民族、不同文化背景的人分享、体会到其他文化的魅力。

哈佛大学肯尼迪政治学院教授约瑟夫·奈将全球化分为五个层次：第一层含义是经济领域，可称为经济全球化，指商品、服务、资金、信息远距离的流动；第二层是环境方面，在空中或海洋里远距离的物质传送，影响全球环境，包括艾滋病、酸雨等对全世界的影响；第三层是军事全球化，使用武力的危险促使了军事上的联系；第四层是社会与文化的交流，包括宗教的传播和科技知识的推广；第五层体现在其他领域，如政治、法律、娱乐、时尚和语言等方面。不过，英国经济学家阿兰·鲁格曼在其《全球化的终结》一书中，将全球化定位为一种"标准的经济全球化"，认为所谓全球化即"跨国公司跨越国界从事外国直接投资和建立商业网络来创造价值的活动"，或者 "跨国公司进行世界范围的产品和服务的生产和营销"。鲁格曼认为没有足够的理由把这种有着明确经济目标和经济实践架构的跨国经济运动，漫无边际地扩张到 "政治的、技术的、文化的，也是经济的"。①

对经济全球化的认识要相对明确。以国际货币基金组织（IMF）的定义为例，IMF 在 2000 年 4 月的一份报告中指出②，"经济全球化是一个历史过程，是人类创新和技术进步的结果。它指的是世界各地经济体通过贸易和资金流动等方式日益一体化的过程，有时也指人员（劳动力）和知识（技术）跨越国际边界流动……全球市场为人们提供了更多的机会，可以进入全球越来越多的更大市场。这意味着他们可以获得更多的资本流动、技术、更便宜的进口商品和更大的出口市场。但是，市场并不一定确保提高效率的好处由所有人分享。各国必须准备接受所需的政策，就最贫穷国家而言，它们可能需要国际社会的支持。"从近几十年的发展来看，或许还应包括国际经贸规则一致化的各国经济金融政策的相互协调。

一、从全球化 1.0 到全球化 3.0

一般认为，国家间的贸易行为是全球化进程的开始。从这个角度讲，全球化由来已久，有人认为，2000 年前亚欧大陆间的 "丝绸

---

① 阿兰·鲁格曼. 全球化的终结 [M]. 常志霄，等译. 北京：生活·读书·新知三联书店，2001.

② International Monetary Fund. Globalization：Threat or Opportunity？[EB/OL]. (2000 - 4 - 12). https：//www. imf. org/external/np/exr/ib/2000/041200to. htm#II.

之路"就已经意味着全球化的开端①，受制于恶劣的自然和交通条件，只有获得丰厚的回报才值得去冒着巨大的风险进行跨境贸易，因此主要贸易品是丝绸、陶器、布匹等价格高昂的货物②，这些中国制造的丝绸供迦太基和地中海周围其他城市的权贵富豪们穿戴，丝绸作为一种奢侈品的同时，也成为当时的一种国际货币③。从这个角度讲，当时的全球化受益者和需求者应该主要是贵族和富裕阶层。

也有人认为，15~17世纪的"地理大发现"才意味着全球化的开始，当时随着欧洲船队开辟新航路寻找新的贸易路线和贸易伙伴，以发展欧洲新生的资本主义，欧洲的船队出现在世界各处的海洋上。亚当·斯密在其著名的《国富论》中写道："美洲的发现和经好望角抵达东印度航线的开辟，是人类历史上最伟大的壮举。"④ 不过，对于大多数古代人而言，世界的概念主要还是局限于当地，人与人之间的贸易交往也主要在小范围进行。

整体而言，对于经济全球化的起源研究及时期划分，有着不同的维度观察和观点，但基本都是基于时间"点"或"线"的观察，真正"全面"的全球化浪潮应该起源于近现代。近现代全球化的浪潮整体可以分为三个阶段，同时也表现出了潮起潮落的状态（见图 1.1）。

---

① 彼得·弗兰科潘. 丝绸之路　一部全新的世界史［M］. 邵旭东，孙芳，译. 杭州：浙江大学出版社，2016.
② Valerie Hansen. The Silk Road：A New History［M］. New York，NY：Oxford University Press，2012：14.
③ 彼得·弗兰科潘. 丝绸之路　一部全新的世界史［M］. 邵旭东，孙芳，译. 杭州：浙江大学出版社.
④ A. Smith. An Inquiry into the Nature and Causes of the Wealth of Nations［J］. R. Campbell and A. Skinner，1976：626.

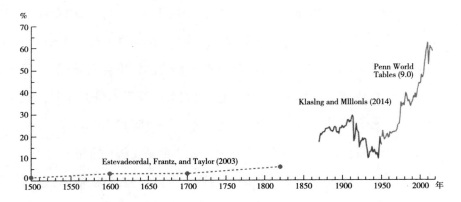

注：此图数据有 3 个来源，分别为 Estevadeordal, A., Frantz, B., and Taylor, A. (2003)；Klasing, Mariko J. and Milionis, P. (2014)；World Bank national accounts data, and OECD National Accounts data files.

图 1.1 1500—2014 年全球贸易与 GDP 比值

（资料来源："Globalization over 5 centuries"，

https：//ourworldindata. org /grapher/ globalization – over – 5 – centuries）

（一）全球化 1.0 时代：工业革命的冲击

第一轮全球化浪潮最早可追溯至英国的工业革命并传播到欧洲大陆和北美地区，止于 19 世纪末的第一次世界大战。在经历了几个世纪的欧洲殖民化和贸易活动之后，全球化的第一波"浪潮"随着英国工业革命而来，随着运输成本和关税等贸易成本大幅下降，各国之间从封闭走向国际贸易且贸易规模不断扩大。从贸易占全球总产出比值的角度来看，19 世纪之前，贸易占全球总产出的比重一直很小，几乎可以忽略不计。1820 年前后，全球贸易总额占总产出的比重约为 2%，此后一直持续增长直至第一次世界大战爆发，1913

年该贸易占全球总产出的比重达到 22%，一战期间该比值大幅下降。[①] 有学者通过购买力平价估算，1913 年的世界贸易开放水平与 1974 年相当。[②]

这一轮经济全球化更多的是受运输和通信技术进步所推动。英国工业革命带来的技术创新为市场提供了更多、更便宜的工业产品，而以电能的突破、应用以及内燃机的出现为标志的第二轮工业革命，极大地减少了通信和运输成本，例如电报、铁路和轮船的出现使国际运输不仅便宜，而且更加安全、快捷。过去由于运输成本高昂，难以大量运输的大宗商品也开始进入贸易范畴，并开始在新的欧洲殖民地大量生产。据统计，1870—1913 年，按一般美国价格指数，剔除价格影响，美国出口的运费指数按航线计算下降了 40% 左右。同一时期，特定小麦的运费指数下降幅度超过 50%；铁路的大量兴建也大幅降低了陆地运输成本。这一切使得货物贸易的价格差异大大缩小，价格在国际间逐渐趋同。这些新机遇引发外商投资和移民的热潮，加速了全球范围内市场一体化。

在此轮经济全球化浪潮中，英国扮演着重要的领导者角色。拿破仑战争的结束和维也纳会议的召开[③]，使英国国内政局以及与欧洲大陆的睦邻关系进入空前稳定时期。随着工业竞争加剧，英国为寻找出口市场和利润回报，开始大规模地进口农产品和原材料，并依

---

① Elhanan Helpman, Globalization and Wage Inequality [Z]. NBER Working Paper 22944, December 2016.

② Klasing, Mariko J. , Milionis, P. Quantifying the evolution of world trade, 1870 – 1949 [J]. Journal of International Economics Volume 92, 2018 (1)：185 – 197.

③ 维也纳会议是从 1814 年 9 月 18 日到 1815 年 6 月 9 日在奥地利维也纳召开的一次欧洲列强的外交会议。这次会议是由奥地利政治家克莱门斯·文策尔·冯·梅特涅提议和组织的，目的在于重新划分拿破仑战败后的欧洲政治地图。

靠大量的资本输出和移民海外来增加海外资源的供给。[1] 1846 年英国废除《谷物法》，同时缔结了一系列旨在促进贸易发展的双边贸易协定[2]。作为世界上第一个实现工业化的国家、"现当代工业革命的摇篮" 和当时的 "世界工厂"，英国在纺织工业等方面拥有技术和成本上的绝对比较优势。1860 年英国人口仅占世界人口总数的 2%，但工业产品总量占世界的 45%，占世界出口总额的 25% 和进口总额的 34%，为当时世界上最大的进出口贸易国，拥有最大的商业舰队，同时也是世界上最大的对外投资国。英国的霸主地位决定了英镑在世界范围内被最广泛地使用和接受，从 1872 年开始由于坚持金本位制度，英国货币和伦敦金融市场快速发展并成为全球金融中心。[3] 在英国的影响下，世界经济格局分化为工业化程度越来越高的核心国和提供原材料的边缘国两大板块。1870—1913 年，全球货物出口翻了 4 倍，且全球贸易主要集中于欧美国家。

（二）全球化 2.0 时代：东西方的冷战割据

第二次世界大战结束后，经济全球化迎来第二波浪潮。这一轮经济全球化进程发展得益于美国推动建立的一整套多边经济贸易体系，包括关税和贸易总协定（GATT）、国际货币基金组织（IMF）以及世界银行等，多边框架的建立有力地推动了全球贸易投资自由化进程。

第二次世界大战一结束，美国就给予欧洲 100 多亿美元的紧急

---

① 资料来源：WTO. 世界贸易报告 2007 ［R］. 2008.

② 1849 年深海航海法令的废除是英国贸易自由化的另一个主要措施。

③ 1872 年至 1879 年，9 个国家开始在汇率制度中采用黄金平价（德国是 1872 年；丹麦、挪威、瑞典是 1873 年；荷兰是 1875 年；比利时、法国、瑞士是 1876 年；美国是 1879 年）。

援助，接着开启了以经济重建为导向的"马歇尔计划"。"马歇尔计划"中，美国通过财政拨款"援助"西欧各国，帮助其恢复战后经济，同时要求受援国必须购置一定数量的美国商品、撤除关税壁垒、取消或放松外汇限制；而且受援国要接受美国监督，把本国和殖民地出产的战略物资供给美国；设立由美国控制的本币对应基金（counterpart fund），作用是将"马歇尔计划"的援助资金转换成由当地货币构成的资金；保障美国私人投资和开发的权利。此外，"马歇尔计划"还包含削减同社会主义国家的贸易、放弃"国有化"计划等强烈冷战色彩的内容。从 1948 年 4 月至 1951 年 6 月，"马歇尔计划"实际财政拨款共计 125 亿美元，相当于马歇尔演说时当年美国 GDP 的 5.4% 左右，占整个计划期间美国 GDP 的 1.1%。欧洲几大工业国获得的援助相对较多。"马歇尔计划"加速了西欧经济的发展，同时也促进了美国产品的出口，巩固和扩大了美国在欧洲的政治经济影响。"马歇尔计划"推行期间，所有受援国都同美国签订了多边和双边协定，并在降低关税、减少贸易限制和开放国内市场方面，对美国作出了较大让步，从此掀开了美国主导的西方体系中的全球化浪潮。以 GATT 为代表的多边贸易体制不仅大幅度地削减了多个国家和地区的关税，同时也进一步约束了非关税壁垒，极大地促进了全球贸易自由化的深入发展。

严格地讲，全球化 2.0 时代应该称为"两个半球化"时代。因为二战结束后，美、苏形成东西方两大阵营，这两大阵营最初是基于军事和安全进行冷战所形成的，但进一步演化为在各自阵营推进经济贸易一体化。由于苏联拒绝参加美国"马歇尔计划"，在苏联的影响下，保加利亚、波兰等国也都先后拒绝参加。同时，苏联针对

"马歇尔计划" 提出 "莫洛托夫计划"，并建立了经济互助委员会，树立了另一个体系的支配者地位。但在这个体系中，苏联推行的经贸一体化远远不如美国主导的西方体系发展顺利，这直接导致受苏联支配的整个东方阵营各国经济体均发展落后于西方经济体。

（三）全球化 3.0 时代：全球价值链的天下

随着苏联解体带来的美苏冷战结束，真正的全球化才卷土重来，这一阶段可以称为全球化 3.0 时代。这距离上一次真正的全球化——第一次世界大战之前长达 100 年的全球化——已经过去了接近 80 年。本轮经济全球化浪潮主要是由美国等西方国家作为主导者，包括中国在内的新兴经济体和发展中国家作为参与者，形成了东西相融、南北互动的良性发展局面。

冷战结束为第三轮全球化解除了东西方政治壁垒，世界贸易组织（WTO）的成立与扩围则为第三轮全球化降低了经济壁垒。1994年，在美国的推动下，125 个国家历经 7 年多的艰苦谈判，就服务贸易、与贸易有关的投资措施和知识产权三大议题 15 个分议题最终达成了大大小小近 30 项协议，形成了一份厚达 550 页的 "乌拉圭回合" 最后文件。"乌拉圭回合" 是关贸总协定（GATT）历史上 "最全面、最复杂的多边谈判，也是最富成效的多边贸易谈判"。举例而言，"乌拉圭回合" 谈判将关税平均削减 1/3，全球平均关税从当时的 5% 下降到 10 年后的 3%，减少农产品贸易补贴，首次将农产品贸易置于全球贸易规则的管理之下；将总协定延伸到服务贸易和知识产权等新领域，加强了专利保护；制定新的反 "倾销" 和 "不公平底价" 的规则；成立世界贸易组织，确立世界贸易的新的基本规则。而作为 "乌拉圭回合" 谈判重要成果之一的《服务贸易总协定》（GATS），确定了有关服务贸易的规则和原则，极大地推动了全球服务贸易的深入发展①。

WTO 成立后，各国关税水平大幅下降，贸易投资自由化程度大幅提高。自 20 世纪 90 年代至 2008 年，世界贸易增长速度至少两倍于全球 GDP 增速；从 1985 年到 2015 年的 30 年间，全球货物贸易总额占 GDP 的比重从 30% 增长到 45%（2008 年达到 52% 的历史峰值），直接投资（Foreign Direct Investment，FDI）占固定资本形成总额的比重从 1.9% 增长到 19%。按现价计算，2015 年全球出口规模是 30 年前的 8.4 倍，FDI 流量是 30 年前的 32 倍。

贸易投资的自由化推动了资本的全球流动和金融市场一体化。全球企业间贸易、投资和并购等行为的快速发展需要金融市场准入放松、金融业务监管放松、资本流动管制放松相配合。特别是 20 世纪 90 年代以来，国际资本以前所未有的数量、惊人的速度和日新月异的形式急剧膨胀。从国际债券市场的融资规模来看，包括银行贷款、票据融资和债券发行三项业务的融资额都迅速增长。2000—2015 年，国际清算银行的国际资产由 6 万亿美元增长到 16 万亿美元，平均增速高达 17%。与之伴随的，还有人员交流的便利化，免签证安排、放松移民政策、开放边界等措施，极大地促进了人员跨境流动。同时，信息通信技术的迅速发展使得全球沟通更为容易，并大大降低了空间和时间成本。

本轮全球化的最大特点在于生产范式的改变，以及由此形成的全球价值链。此前的全球化是传统范式的全球化，是基于本国传统

---

① 郑伟民，黄苏，等. 衰落还是复兴——全球经济中的美国 [M]. 北京：社会科学文献出版社，1998.

比较优势条件下所生产的最终产品的跨境交易。与此前以最终商品贸易为主的全球化相比有极大的不同，本轮全球化是新范式的全球化。20 世纪 90 年代以来，交通、信息和通信等技术的飞速进步以及多边经贸规则导致的贸易投资壁垒降低，使发达经济体的制造业企业将生产流程延伸至国境之外，企业层面的技术、知识迅速与发展中国家的劳动力结合在一起，国际产业分工不断深化，最终形成全球价值链。全球价值链是指为实现商品或服务价值而连接生产、销售、回收处理等过程的全球性跨企业网络组织，涉及从原料采购和运输，半成品和成品的生产和分销，直至最终消费和回收处理的整个过程。

全球价值链进一步推动了全球产业分工的深化，并导致全球化格局发生根本性改变。这表现在以下几个方面：第一，促进国家间经济差距逐步缩小，主要经济体在全球经济中的份额发生根本性改变。20 世纪 90 年代以后，七国集团（G7）在全球制造业中的份额，以及在全球 GDP 中的份额显著下降，发展中国家经济快速增长并开始追赶发达国家，参与全球化程度较深的新兴经济体（中国、印度、巴西、印度尼西亚、俄罗斯、墨西哥、土耳其、韩国等）在全球制造业以及 GDP 的份额显著上升。WTO（2018）认为，全球价值链与数字技术紧密相联，数字化的全球价值链降低了贸易的边际成本，缩短了全球供应链条，因此只要中小型企业以及发展中国家的企业有能力跟上数字技术的变化，那么数字技术的进步对它们就尤为有利。在 WTO 报告预设的最佳情景下，发展中国家和最不发达国家在全球贸易中的份额预计将从 2015 年的 46% 增长到 2030 年的 57%，但如果这些国家无法跟上科技的发展，它们在全球贸易中所占的份额将会维持在 51% 左右。[①] 第二,贸易本质发生变化。以前的贸易主要是商品,尤其是最终商品的交易。20 世纪 90 年代以后,随着亚洲 (不含日本) 垂直分工程度大幅上升,产业内贸易大幅上升,全球产业链逐渐形成,中间品贸易成为全球贸易的重要组成部分。有人将全球价值链分为 "简单价值链" 和 "复杂价值链" 两种 (见图 1.2),简单价值链是指生产要素跨境一次 (只进行一次中间品贸易) 生产的最终产品;复杂价值链是指生产要素跨境两次及以上 (两次及以上中间品贸易) 生产的最终产品,如苹果手机等[②]。尽管中国成为传统贸易和 "简单全球价值链" 网络[③]的重要枢纽,但美国和德国仍然是 "复杂全球价值链" 网络中最重要的枢纽[④]。第三,微笑曲线更加陡峭。不同产业的附加值更多地聚集在微笑曲线两侧,包括产品前端的设计、开发及后端的营销、消费等,而中端的制造业附加值很小。1985 年以来不同产业在不同国家都表现出了类似的趋势。[⑤]

全球价值链的形成与发展有助于创造更好的就业并削减贫困。全球价值链中的企业吸引人员进入生产率更高的制造业和服务业就

---

① 资料来源:WTO. 2018 世界贸易报告 [R]. 2008.

② Wang, Zhi, Shang Jin Wei, Xinding Yu, et al. Measures of Participation in Global Value Chains and Global Business Cycles [J]. NBER Working Paper No. 23222, 2017a.

③ 简单全球价值链是指生产要素跨境一次 (中间品贸易只有一次) 生产的最终产品;复杂全球价值链是指生产要素跨境两次及以上 (中间品贸易两次及以上) 生产的最终产品,如苹果手机等。

④ WTO, IDE – JETRO, OECD, UEBE, World Bank. Global Value Chain Development Report 2019: Technological Innovation [R]. Supply Chain Trade, and Workers in a Globalization World Geneva, Switzerland, 2019.

⑤ 关于第三轮全球化特点的论述,源于与 2014 年 6 月瑞士日内瓦研究院教授兼欧洲经济政策研究中心 (CEPR) 主任 Richard Baldwin 来人民银行金融研究所进行的学术研讨。

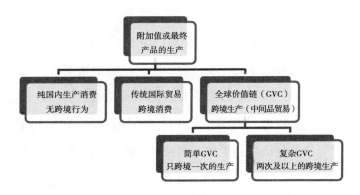

图1.2 贸易生产活动的不同类型

（资料来源：WTO, IDE – JETRO, OECD, UEBE, World Bank. Global Value Chain Development Report 2019：Technological Innovation ［R］. Supply Chain Trade, and Workers in a Globalization World. Geneva, Switzerland, 2019）

业，成为发达经济体就业的主要来源，同时也促进了发展中国家的结构转型。WTO 等国际组织（2019）估计，2014 年出口为美国提供了 1 200 万个就业机会；爱尔兰近 50% 的就业机会和德国约 30% 的就业机会来源于出口（见图 1.3）。同样，进口可以通过降低生产成本，引致更高的需求，从而转化为更多的就业机会。世界银行估计，全球价值链参与率每提升 1%，可使人均收入水平提升 1% 以上，大约相当于标准贸易的两倍。在埃塞俄比亚，参与全球价值链的企业的生产率是参与标准贸易的类似企业的两倍以上[1]。对经济增长的促进和对就业的带动作用，使得全球价值链对减少贫困作用巨大。1981 年全球大约有 20 亿人生活在极端贫困线以下，占当时全球人口的一半以上，而到 2008 年这一数字下降到 13 亿人，占全球人口的

---

① World Bank. World Development Report 2020 ：Trading for Development in the Age of Global Value Chains ［R］. Washington, DC：World Bank, 2019.

22%。与之相对应的是，1981—2008 年，全球人口增长了50%。这说明全球经济增长、以贸易增长为主要形式的经济全球化和收入不平等之间密不可分。中国、墨西哥和越南等参与全球价值链较广泛的地区实现的减贫成果也更大。

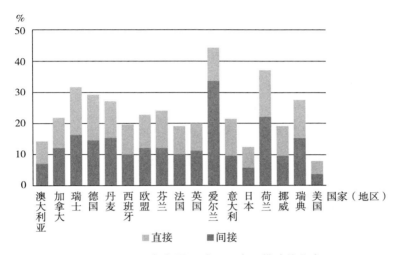

图 1.3 2014 年各国（地区）出口带动就业率

（资料来源：WTO, IDE – JETRO, OECD, UEBE, World Bank. Global Value Chain Development Report 2019：Technological Innovation ［R］. Supply Chain Trade, and Workers in a Globalization World. Geneva, Switzerland, 2019.

根据世界投入产出数据库（WIOD）2014 年的数据计算）

二、2008 年国际金融危机后的 "逆全球化" 现象

（一）反全球化思潮由来已久

随着全球产业分工体系的深化与全球产业链的形成完善，全球化利益分配出现主体多样性、利益来源多元性、实现形式复杂性的特点。全球化红利的分配不仅局限于各个经济体之间，同时也存在于一个经济体内部地区、行业和居民之间，例如反全球化的组织、

团体和个人等就认为经济全球化导致利益分配不均和收入差距扩大。不过众多研究早已表明，参与全球化的经济体绝大多数都能从中受益。也有部分研究发现，经济全球化不仅会扩大地区间的经济差距，也会扩大经济体内部的收入差距。因此，随着全球化进程的不断深入，反全球化（De‑globalization）① 思潮也开始涌起，逆全球化力量也不断发展壮大。

"逆全球化" 主张主要表现在反对自由贸易和金融自由化等方面，往往经济危机后这种声音最为强烈。例如，亚洲金融危机以后，反全球化运动高涨，1992 年 WTO 西雅图会议期间举行了声势浩大的示威游行，当时世界各地近 5 万名抗议者聚集在会场外，抗议贸易全球化导致发达国家工人失业以及发展中国家环境、劳工等诸多问题，拉大贫富差距，最终导致该次会议无果而终，这次抗议可看作是反全球化运动的标志性事件。此后数年，反全球化抗议密集爆发，每逢重大国际会议期间都可以看到大规模的示威游行，众多反全球化团体和组织相继涌现，抗议对象也逐步从 WTO 扩展到其他各个象征全球化的团体和机构。2009 年 4 月，二十国集团（G20）伦敦金融峰会召开期间，英国反全球化组织发动了大规模游行，表达对席卷全球的金融危机的不满，要求建立国际经济新秩序。同年 11 月，在瑞士日内瓦召开 WTO 第七届部长级会议前夕，又发生了反对全球自由贸易的暴力示威活动。从国家来看，以阿根廷为主的南美国家在向外国资本开放市场的过程中，经历了灾难性的危机和经济衰退（如 2001—2002 年的经济危机导致阿根廷失业率高达 20%，人均收

---

① 也称 "去全球化"。

入比 1998 年下降了 18%），这导致阿根廷等国国内对参与全球化的态度非常消极①。整体而言，此前大多数的反全球化声音还停留在民间情绪的宣泄，诉求也主要是批判 WTO 拉大了全球贫富差距，指责世界银行在减贫中无所作为，质疑 IMF 援助方案不切实际且附加不公平条款，反对全球化下各国际机构决策不公平和机制不透明等。

（二）贸易和资本流动的 "逆全球化"

2008 年国际金融危机爆发后，经济全球化面临全局性和内生性的停滞，主要表现为国际贸易投资增速显著放缓、贸易投资保护主义抬头、人员流动（主要是移民）壁垒增加，反全球化的声音和活动进一步高涨。

全球贸易增速持续低迷。贸易全球化一直被视为经济全球化的主要动力和标志，贸易全球化水平也基本代表着经济全球化的程度。"二战" 以后，全球贸易年均增长 6%，占 GDP 比重从 1960 年的 19% 上升至 2008 年的 51%。在此期间，全球贸易与 GDP 的比值分别在 1974—1978 年、1980—1986 年持平或降低。2008 年国际金融危机爆发后，全球经济受到重创，国际贸易增长于 2009 年出现崩溃，随即在 2010 年出现反弹，但自此之后增长缓慢，全球货物贸易与 GDP 的比值连续七年降低，2016 年降至 45% 的水平②，为 "二战" 后最长的一次贸易衰退期。受此影响，全球价值链活动占全球 GDP 的比重也持续下降，因为纯国内生产活动的份额有所上升。不

---

① 弗雷德里克·米什金. 下一轮伟大的全球化 金融体系与落后国家的发展 [M]. 姜世明，译. 北京：中信出版社，2007.

② 根据 WTO 计算，2015 年按价值计算的全球贸易总额出现 2008 年国际金融危机以来首次萎缩（一定程度上是由于美元飙升和大宗商品价格下跌），世界贸易的总价值（按当前美元币值计算）下降 13%，从 2014 年的 19 万亿美元降至 16.5 万亿美元。

过，2017 年全球贸易增长近六年来首次超过全球 GDP 增长，全球价值链活动出现复苏迹象。

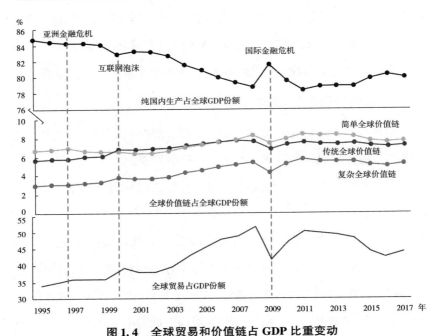

图 1.4　全球贸易和价值链占 GDP 比重变动

（资料来源：作者根据 Wind 数据及 WTO. Global Value Chain Development Report 2019 ［R］. 2019. 整理）

周期性和结构性因素是全球贸易增长低迷的两个重要原因。一种观点认为，周期性因素是导致全球贸易放缓的重要原因。2008 年国际金融危机以来全球总需求疲软，尤其是对耐用品和投资品需求减弱导致全球贸易放缓，其中中国经济转型以及欧洲经济形势的低迷对总需求有重要影响。一旦周期性因素减少，全球贸易增速很可能会再次超过 GDP 增速①。也有研究通过量化分析，发现对进口密集型零部件需求减少、经济前景高度不确定性等周期性因素是发达经济体贸易增长放缓的主要原因，认为未来只有投资增速恢复到危机前水平，且整体经济不确定性减少，全球贸易增速才可能与全球 GDP 增速相一致②。另一种观点认为，结构性因素是导致贸易增长长期低迷的主要原因。近年来，全球价值链下的国际垂直专业化分工进程放缓等结构性问题比周期性因素对全球贸易增长放缓的影响更大，贸易保护、贸易结构变化和国内经济结构变化等的影响则相对较小。③

　　大量贸易保护主义也对全球贸易增长带来重大危害。虽然 2008 年国际金融危机后，为加强国际经济协调避免贸易投资保护主义成立了 G20 集团，也达成了若干成果，但各国仍采取了大量的贸易保护主义措施。WTO 总干事罗伯托·阿泽维多认为，全球贸易复苏在一定程度上受到"爬行保护主义"的影响，各国在缓慢设置新的贸易壁垒。许多国家和地区为了保护本地市场，以保障人类健康、安全、卫生和保护环境为借口，大量采用新贸易保护主义政策。这导致各国安全标准、质量标准等技术壁垒激增；"两反一保"、动植物卫生检疫等非关税壁垒不断上升；新的道德标准、社会责任、劳工标准、环境标准等也被当做新的贸易保护主义手段。根据长期跟踪监测贸易保护主义活动的全球贸易预警组织（Global Trade Alert）的

①　Hoekman, Bernard. The global trade slowdown: A new normal? [EB/OL]. (2015). http://voxeu.org/sites/default/files/file/Global%20Trade%20Slowdown_nocover.pdf.

②　Jarkko Jääskelä, Thomas Mathews. Explaining the slowdown in global trade [J]. Reserve Bank of Australia Bulletin, 2015: 39 –46.

③　Constantinescu, Cristina, Aaditya Mattoo, et al. The global trade slowdown: Cyclical or structural? [J]. IMF Working Paper No. 15/6. Washington: International Monetary Fund, 2015.

报告，2015 年全球出台的贸易保护措施的数量比 2014 年增加 50%，是同期实施贸易自由化措施数量的 3 倍。WTO 报告认为，近些年各国对国际贸易实行了大量贸易限制措施，仅 2019 年一年就影响到全球 7 470 亿美元的进口。新贸易投资保护主义威胁着多边贸易体制的信誉和有效性，成为推动公平贸易和自由贸易的隐患和阻碍。

FDI 对全球固定资本形成总额的贡献不断下降，全球绿地投资持续低迷。1980—2005 年，全球对外直接投资（FDI）保持了 15% 的年均增速，自 2008 年国际金融危机后，全球 FDI 流量大幅下降，且增长缓慢。从 FDI 和全球 GDP 比值来看，该比值在 1981 年仅为 0.61%，2000 年达到 4.3% 的历史峰值，2001—2002 年美国互联网经济泡沫危机导致全球 FDI 占 GDP 比值大幅下降，此后又逐年上涨至 2007 年的历史第二高点 3.5%，此后国际金融危机爆发又导致该比值下降，2015 年该比值为 2.4%。从全球总投资额来看（固定资本形成总额），FDI 和全球固定资本形成总额的比值的走势自 2000 年达到历史峰值的 19% 后，整体呈现下降趋势，2016 年下滑至 9.4%。从 FDI 存量占全球 GDP 比重来看，该值在经历了危机后的一段低迷期后又持续增长，2017 年达到 40% 的历史峰值（见图 1.5）。然而，FDI 绿地投资持续低迷，对经济拉动力不强。跨国公司充分利用其现金流和全球流动性，大量并购资产促进销售、降低成本，但这些资本流入只是改变了企业的资本结构和金融账户，并未带来资源的实际流动，对经济增长的实际拉动作用不强。从能够直接使东道国生产能力、产出和就业增长的绿地投资来看，2008 年后全球 FDI 绿色投资数量基本停止增长且有所下降，而 FDI 绿地投资金额则大幅下降且持续低迷（见图 1.6）。

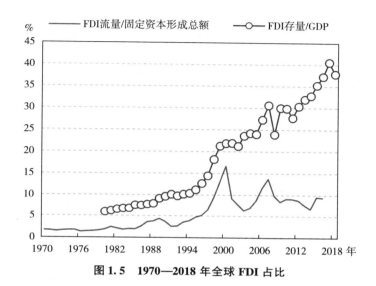

图 1.5 1970—2018 年全球 FDI 占比

（资料来源：根据 UNCTAD，世界银行数据整理）

图 1.6 2003—2018 年全球绿地投资情况（现价）

（资料来源：UNCTAD）

投资保护主义导致企业推迟投资。投资领域的保护主义主要体现在以国家安全为由收紧跨境并购，部分发达国家将能源、交通、通信等重点行业的跨境并购与国家安全问题挂钩，通过自由裁量对外国投资者跨境并购实施限制。如美国通过了《外国投资风险审查现代化法案》，外国投资委员会（CFIUS）要求可能涉及国家安全的跨境并购自行通报并酌情进行审查，2008 年后该委员会对通报并购进行审查的比例显著上升，部分被否决的并购理由牵强，政府保护和干预痕迹明显。2017 年德国、法国、意大利等国以及欧盟推动加强外资审核，尤其是对欧投资并购的审查。鉴于很多歧视性的投资保护主义措施实施时间较长，而新的投资自由化措施的实施有效期相对较短，因此实际有效实施的投资保护主义措施依然快速增长，从 2009 年的 100 多项累计增长到 2016 年 8 月的近 900 项，而还在实施中的新投资自由化措施累计数量几乎没有增长。

三、 "逆全球化" 浪潮中的 "黑天鹅" 与 "灰犀牛"

经济全球化利益巨大，如经济增长、创造就业、降低物价等，所产生的经济效益需要相当长的时间才可以显现；全球化也会产生失业等不利影响，但失业等负面冲击所产生的痛苦高度集中化。这就导致受损人群容易忽视难以明确感受到的全球化红利，而聚焦于自身感受明显的全球化带来的弊端。发达经济体资本和劳动密集型的产业工人等中低层人群，更容易成为全球化的相对受损者，引起对全球化的不满，这些相对受损者利用互联网、社交平台以及手中的选票，开始从政策层面影响经济全球化、甚至反对全球化，危机以来的全球经济复苏缓慢更是加剧了这一局面。与此同时，广大全球化的受益者则往往会成为 "沉默的羔羊"。

（一）"逆全球化" 浪潮中的 "黑天鹅"

反全球化的表现逐步从民间上升到政策层面。此前的 "逆全球化" 浪潮虽持续多年，但主要表现还是在民间层面和危机后经济体系自身的机制运转。但 2008 年国际金融危机爆发后，全球经济复苏乏力，反全球化现象和层级不断加码。同时，由于恐怖主义和地缘政治冲突引发的对人员跨境流动的限制也日益增多。据统计，2015 年全球人员跨境流动达 2.44 亿人次，比 2000 年增加了 40%，而全世界移民占总人口数的比例达 3.3%。而且，移民 "抢占" 工作机会和社会福利，以及带来的诸多社会不稳定因素，导致很多国家反移民的主张越来越多，不少国家通过筑边境墙、加强边检等方式，物理或制度性地隔离或阻碍人员的跨境流动。随着对人员跨境流动限制的加强，一些发达国家民粹思潮泛起，引发了一系列重大政治事件。尤其是 2016 年美国总统大选和英国退欧，更是使 "逆全球化" 浪潮从民间和经济层面上升到政治层面，达到近年来 "逆全球化" 浪潮的高峰，成为全球著名的 "黑天鹅" 事件。

特朗普当选美国总统无疑是 2016 年全球最大的 "黑天鹅" 事件之一。随着中国等新兴经济体的兴起，美国 GDP 占全球的份额从 1985 年的 32.3% 下降到 2018 年的 24%，在全球经济中的地位逐年下降，这成为近几届美国政府关注和急需解决的问题。同时，美国日益扩大的贸易赤字和贫富差距，让美国大众很容易将其归因于贸易自由化。在此背景下，特朗普一改传统共和党主张减少政府干预的自由市场政策，以 "让美国再次伟大" 和 "美国优先" 为号，宣传 "雇美国人、用美国货"，认为，美国贸易失衡是由不公平的贸易投资协议所导致，更强调贸易协定应维护美国的优先地位，呼吁加强贸易保护，减少贸易逆差与贸易外包。特朗普认为，美国应该更多地偏向于"孤立主义"，而非此前采取了长达一个世纪的"干涉主义"政策。

特朗普政府上台以来，基本兑现了其保护主义的贸易政策主张。在"美国优先"贸易政策基调下，特朗普政府"逆全球化"措施不断。例如，通过新的税收政策鼓励美国资本和企业回流、退出美国曾主导谈判的跨太平洋伙伴关系协定（TPP）、重新修改北美自由贸易协定并达成《美国、墨西哥、加拿大协定》、在美国和墨西哥边境建立隔离墙阻止大批非法移民进入美国等，甚至还暗示美国将退出WTO。单边主义和贸易霸凌主义凸显，多次挥舞大棒威胁制裁其他国家。此外，从特朗普对欧盟、英国脱欧的态度，以及对其盟友日本、德国在汇率问题上的强硬立场等都可以看出，特朗普的核心政策便是"逆全球化"，使此前一直是全球化领导者的美国突然变成反全球化的领导者，重返一个世纪以前的"孤立主义"政经传统。

表1.1　特朗普部分"逆全球化"政策措施

贸易政策	废除跨太平洋伙伴关系协定（TPP）
	重新就北美自由贸易协定（NAFTA）进行谈判
	对中国、墨西哥等国商品征收高额关税
	加强贸易执法，对"不公平倾销和补贴"的国家征收惩罚性关税
产业政策	通过减税吸引制造业回流美国
	征收惩罚性关税防止企业转移至海外
	主张基础设施建设应采用美国制造的产品
	对其他国家施加较高关税以保护国内产业发展
移民政策	在长达2 000英里的南部边境建高35～40英尺、长1 000英尺的围墙
	驱逐非法移民
	禁穆令

英国脱欧成为"逆全球化"浪潮中的另一只"黑天鹅"。2008年的国际金融危机，2010年的欧洲主权债务危机，导致整个欧洲大陆经济持续低迷、复苏乏力、失业率高企。2008—2017年的10年间，G7国家经济年均增速为1.1%，而1988—2007年的平均增速为3%。很多国家为应对危机刺激经济采取了一系列新自由主义政策，包括紧缩政府开支、减少对资本征税、压缩国民福利、降低对工人保护、引进移民降低劳动力成本等。由于英国经济形势和复苏态势较好，大量移民进入欧盟后选择前往英国，2012年英国一度成为欧盟国家中给予新移民公民身份最多的国家。但过多的移民涌入，以及此前长期以来的技术进步对就业的冲击，导致英国中低阶层居民工资水平不断恶化，2008—2016年英国人均实际工资下降6%，危机后新增的231万就业中仅有20%为本土公民。由于生活和工作缺乏安全感，这激发了英国底层民众反全球化、反欧盟的情绪。随着英国社会限制移民的呼声越来越强烈，英国政府开始与欧盟谈判，要求欧盟进行改革，以限制来自其他欧盟成员国的移民以及他们在英国可以享受的社会医疗福利，同时要求确保欧盟的单一市场规则不向欧元区成员国倾斜等，但欧盟并未满足英国这些要求，进而导致英国开展脱欧公投。2016年6月24日，英国脱欧公投结果公布：支持脱离欧盟的投票率为51.9%，选择留在欧盟的支持投票占比为48.1%。公投结果出来后，英国首相卡梅伦当日发表声明宣布辞职，全世界为之震惊，英镑大跌，欧美金融市场剧烈波动。此后，英国和欧盟开始了漫长和艰难的脱欧谈判，最终于2020年1月31日，英国正式"脱欧"，结束其47年的欧盟成员国身份。

（二）贫富差距扩大——"黑天鹅"背后的"灰犀牛"

以特朗普当选美国总统、英国脱欧为标志，反全球化运动进入新的阶段。当前的"逆全球化"浪潮看似偶然，实则必然；看似"黑天鹅"，实则"灰犀牛"①。一方面，美国日渐高涨的"孤立主义"与英国回归传统的"光荣孤立"遥相呼应；另一方面，欧洲大陆法国、德国、荷兰等国家民粹主义和民族主义也日益蔓延，"疑欧"和反全球化的声音日益高涨。尤其是欧债危机后，欧盟对希腊等重债国在救助过程中产生的救助成本如何分担等问题，产生较大的撕裂和分歧，"疑欧"情绪越来越严重。在此期间，中东、北非等地区爆发战争所导致的难民涌入问题，也使欧美中下层民众的排外思想逐渐严重，民族主义情绪急剧增加，而顺应这种倾向的政党或者政客也因此会得到支持和拥护，2017 年波兰、匈牙利、捷克等国均选举产生了偏右翼的保守主义政府，右翼保守主义和民粹主义在欧洲的扩张成为一个不容忽视的问题。这种"逆全球化"的主张和行动从民间层面上升到了政府层面，成为欧洲内部分化、民粹主义抬头和全球经济政治动荡的缩影，其背后既有特定的时代因素，也有着极为复杂的内在逻辑，反映了发达国家部分民众内心的深切疑问：全球化是否仍对自己有益？对于这个问题，学术界和政策层面自 2008 年国际金融危机后也在进行反思。因为，自 20 世纪 70 年代的"滞胀"危机以来，西方社会就催生了主张政府少干预经济的

---

① 类似"黑天鹅"比喻小概率而影响巨大的事件，米歇尔·沃克（Michele Wucker）在《灰犀牛：如何应对大概率危机》一书中将"灰犀牛"比喻成大概率且影响巨大的潜在危机。很多危机事件，与其说是"黑天鹅"，其实更像是"灰犀牛"，在爆发前已有迹象显现，却被人们所忽视，或者知道严重却拖延解决。

"新自由主义"，这导致宏观经济政策更多关注经济效率，而对社会公平的关注相对较少。2008 年国际金融危机后，发达国家民众种种反全球化的声音，使学术界和政策层面开始强化对收入不平等持续加剧的关注，因为这可能会诱发社会矛盾，激发民粹主义思潮，损害长期经济增长和社会稳定。

经济全球化在促进各国整体福利增长的同时，也带来了新的不平等。全球产业链深入发展的背景下，发达国家大型跨国公司等资本集团作为全球化的受益者，以及由这些资本所支持的政党忽视了当地中低收入群体的诉求，造成西方社会中下层民众收入增速较低，贫富差距越渐加大。从国际层面来看，尽管全球基尼系数从 1988 年的 0.7 降至 2013 年的 0.6 左右，但各国间人均收入差距依然很大。从国家层面来看，20 世纪 90 年代以来，绝大多数发达经济体的收入不平等状况都在恶化，大多数国家收入水平前 1% 的人群收入份额超过了 10%。2005—2014 年，25 个高收入经济体有 65%～70% 的家庭实际收入停滞甚至下降。

过去几十年间，美国收入不平等状况持续扩大，贫富差距持续加剧。1954 年，美国经济学家库兹涅茨就研究了美国的收入不平等状况，发现 1913—1948 年，收入最高的 10% 人口的收入占国民收入的比例从 45%～50% 下降到了 30%～35%，从而提出了著名的 "库兹涅茨倒 "U" 曲线"①，认为不必担心收入分配问题，经济增长自

———————————

① 1955 年库兹涅茨提出来的收入分配状况随经济发展过程而变化的曲线，是发展经济学中重要的概念。根据其倒 "U" 假说，在经济未充分发展的阶段，收入分配将随同经济发展而趋于不平等。其后，经历收入分配暂时无大变化的时期，到达经济充分发展的阶段，收入分配将趋于平等。

身会解决这一问题。不过，法国经济学家托马斯·皮凯蒂通过更长的时间数据研究发现，美国收入的不平等从 20 世纪 80 年代又开始恶化，2000 年美国收入不平等程度已经回到了 1913 年的水平（见图1.7）。1970—2016 年，剔除通货膨胀因素，美国最低 20% 群体的收入年均增速仅为 0.46%，在居民总收入中的占比从 4.1% 下降到3.1%；同期，最高 5% 群体的收入在居民总收入中的占比从 16.6%上升到 22.5%，而收入最高 20% 群体收入的已超过居民总收入的一半，其平均水平是最低 20% 群体的 16.5 倍，相比之下 1970 年为10.9 倍。根据美国商务部普查局的数据，无论是美国全部居民收入的基尼系数，还是家庭居民收入基尼系数，都是自 20 世纪 70 年代开始上升，其中全部住户收入基尼系数在 2013 年达到美国大萧条之后的历史峰值 0.48，而美国家庭住户收入基尼系数也达到 0.46，超过国际公认的 0.4 的警戒线，接近 0.5 的红线。美国皮尤中心的民调显示，2013 年美国高收入家庭财富中位数为 650 074 美元，是中等收入家庭（98 057 美元）的 6.6 倍、低收入家庭（9 465 美元）的近 70倍，差距达到美国人口统计局 1967 年开始监测以来的最大值，美国因此成为发达国家中收入最不平等的国家①。随着中等收入工作机会的流失，美国就业结构出现了由 "纺锤形" 向 "哑铃形" 的转变。美国居民的财富分配基尼系数由 20 世纪 80 年代早期的 0.8 上升到2007 年的 0.84。

---

① Pew Research Center. The American Middle Class is Losing Ground: No Longer the Majority and Falling Behind Financially [J]. 2015.

图 1.7　1910—2010 年美国收入不平等

（资料来源：皮凯蒂 . 21 世纪资本论［M］. 北京：中信出版社，2014）

在贫富分化加剧的背景下，美国中低收入群体对社会的不满情绪不断积累，但由于贫富差距问题触及利益集团以及"政治正确性"，一直未能有效解决甚至不断恶化。当这些"沉默的大多数"意识到自己在政治上被忽视后，会具有更加极端的政治态度，集中体现于民粹主义倾向和贸易保护主义思潮。特朗普等正是由于公开提出了这些在美国内部存在已久，但又没有得到认真对待的贫富分化问题，并进而提出了贸易保护、反对移民等反全球化的解决方法，从而赢得了半数美国人的支持。但具有讽刺意味的是，特朗普政府推出的减税法案，更多地利好美国的富人，这反而可能会加大贫富差距。

世界各地也都出现了收入分配和财富分配不平等加剧问题。从居民收入的基尼系数来看，德国、法国等欧洲核心国家的基尼系数在不断上升；从财富分配的角度来看，不平等状况更为严重。20 世纪 80 年代到 21 世纪初，多个发达经济体的财富不平等加剧。IMF 工作论文指出，21 世纪初，全球 26 个发达和发展中经济体的财富基尼系数为 0.68，而可支配收入的基尼系数为 0.36。在瑞士和美国，最富有的 1% 人口持有的财富占家庭财富总额的 1/3 以上，印度尼西亚、挪威、瑞典、瑞士和美国最富有的 10% 人口持有的财富比重超过 2/3，智利、中国、意大利、日本、西班牙和英国最富有的 10% 人口持有的财富比重稍低于 50%。[①]

皮凯蒂在《21 世纪资本论》中指出，贫富分化作为一种长期趋势，在世界各国都有不同程度的表现。他用资本/收入比作为分析指标进行动态观察，指出从 18 世纪以来主要国家资本收益率总体高于国民收入增长率。其发现欧洲的收入分配呈现 "U" 形走势，即欧洲 1910 年德国、法国和英国私人总财富是国民收入的 6 ~ 7 倍，1950 年为 2 ~ 3 倍，2010 年再次提高到 4 ~ 6 倍。美国同样如此，20 世纪初美国收入前 10% 人群的收入占国民收入的比重在 45% ~ 50%，"二战" 后到 20 世纪 70 年代不足 35%，21 世纪初再次上升到 45% ~ 50%。其他学者也得出类似结论，如 Atkinson 等（2017）的研究发现，美国前 1% 的人群的总财富占比在 20 世纪初为 50%，20 世纪 80 年代降为 20%，此后持续回升至 2014 年的 40% 左右；法国和英国的情况也是一样，前 1% 的人群的总财富占比也是经历了一个 "U" 形走势。目前来看，全球贫富差距扩大的趋势是普遍的，这可以描画出一条 "U" 形曲线，即不平等在一个时期减少后紧接着在另一个时期增加。在财富积累和分配的过程中存在着一系列将社会推向两极分化或至少是不平等的强大力量。

---

① Fiscal Policy and Income Inequality. IMF Staff Policy Paper ［J］. 2014.

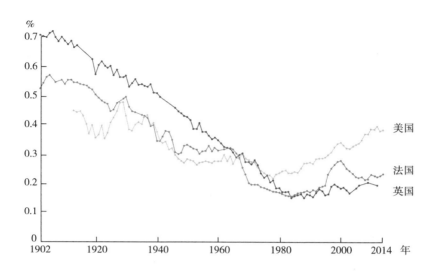

图1.8 部分西方国家前1%人群的总财富占比

（资料来源：Atkinson, Hasell, Morelli, and Roser. The Chartbook of Economic Inequality [EB/OL].（2017）. https：//www. chartbookofeconomicinequality. com）

四、全球化的主导力量： 资本、 劳动与技术

全球化的深入发展和技术进步，使得全球数十亿人的生活水平得以提升，但全球化进程，也伴随着世界政治经济格局的演变、产业的转移与兴替、就业的创造与替代等。在此过程中，新兴经济体和发展中国家通过日益融入全球经济，通过就业创造不断提高收入水平、消除贫困。然而，在发达国家，国际贸易日益被视为制造业丧失就业机会的主要原因。

（一） 全球化的动力：资本、劳动的作用

资本是趋利的，经济全球化的根源就在于资本的全球趋利。马克思在《资本论》中谈到："美洲的发现、绕过非洲的航行，给新兴的资产阶级开辟了新天地。东印度和中国的市场、美洲的殖民化、

对殖民地的贸易、交换手段和一般商品的增加，使商业、航海业和工业空前高涨，因而使正在崩溃的封建社会内部的革命因素迅速发展。""不断扩大产品的销路的需要驱使资产阶级奔走于全球各地。它必须到处落户，到处开发，到处建立联系。"

无论全球化领导者的角色如何变化，资本作为全球化主要驱动力的角色是不变的。无论是英国还是美国作为经济全球化的推动者，推动全球化的原始动力就是为了扩大市场份额、寻求利润回报，而这一切又都归于资本的逐利需求。国际贸易体现的是国家间的产品交换过程，而这些交换的货物或服务就是资本生产的最终体现。同样，国际直接投资体现的是生产性资本在全球的配置，虽然外商直接投资的目的具有多样性，既可能是为了利用东道国的廉价生产力，也可能是为了进入当地市场，但归根到底还是为了攫取最大的投资回报。金融全球化则是资本全球化的枢纽和杠杆，通过放松管制、统一规则，便利国家间的支付结算以及国际投融资等方式，更好地实现贸易和投资全球化。贸易、投资和金融全球化进程相互融合、相互促进、相辅相成。换言之，经济全球化下的贸易自由化、投资自由化以及金融自由化等，本质上都是通过资本的全球扩张，在全球范围内寻求最大利润回报的过程。

随着资本在全球范围的不断扩张，劳动与资本之间的关系出现失衡，成为发达经济体社会发展面临的突出挑战。从 17 世纪末开始，现代民主制度和资本主义成为推动西方社会发展的两个重要支柱，其中民主制度的经济目标是确保劳动收入在社会经济所得中保持适当比重，而资本主义则是通过储蓄资本再投资而无限地创造新的资本，以实现资本主义体系的自我维持。从历史发展的实践经验看，这两者之间既是有机统一的，又是相互矛盾和冲突的。资本主义的发展，一方面，会通过工业大生产来创造更多就业岗位，为劳动者提供更多就业机会和收入渠道。另一方面，资本可能通过最大程度地占有剩余价值形成对劳动者的剥削（马克思，1891），这构成两者之间的冲突。随着科学技术的不断进步，其所带来的流水线生产作业和智能化操作，极大地提高了资本回报率，对劳动的替代作用也越来越强，进一步导致资本和劳动关系的失衡。尤其是近 30 年来全球化以及信息技术的快速发展，导致收入不平等状况加剧，人均收入降低，中产阶级减少，"二战"后资本主义和民主制度的长期均衡被打破。法国经济学家托马斯·皮凯蒂在其《21 世纪资本论》一书中指出，资本回报超过经济增长是导致发达国家收入差距在过去几十年中扩大的一个主要原因，在过去的二三百年间，资本回报的平均数在 5% 左右，但经济增长明显较为缓和，1990—2012 年降至 3.5%。资本回报率和经济增长率之间的差距，长期来看通过指数效应会导致资本和劳动收入的极大不平等。

近年来发达经济体对全球化的态度明显偏消极。2008 年国际金融危机后，由于危机导致的西方社会中低收入阶层受损较大（主要表现为失业高企、工资增长缓慢、社会福利待遇有所降低等），许多国家的公民对贸易、技术和移民影响他们的日常生活感到不满，虽然这种不满可以追溯到 2008 年国际金融危机，但根源往往更多地与技术变革（包括数字化）和政策缺陷（如监管不力、社会保护和教育系统）有关，而与全球化本身无关或关系较小。但这些因素相互交织，很难抽丝剥茧、去伪存真，这使得西方中低层民众对社会流动性上升和后代前景的悲观情绪日益高涨，对全球化的态度不断下降，甚至不如新兴经济体民众积极（见图1.9和图1.10）。而随着互联网的普及和西方社会"选票政治"的日益凸显，受损群体形成强大的网络力量影响公共政策。当这两股力量方向一致、目标一致时，就能推动全球化的发展；当这两股力量目标出现分歧时，就有可能阻碍全球化的发展。这是危机后很多发达国家贸易保护主义抬头，反移民、反全球化思潮高涨的重要原因。

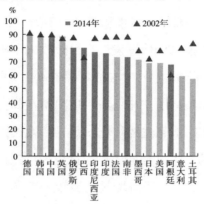

图1.9 相信扩大贸易有益的人口比例

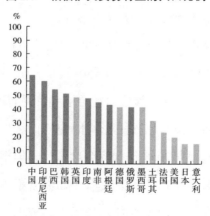

图1.10 相信扩大贸易能创造就业的人口比例

（资料来源：Pew Research Center. Pew Resarch Spring 2014 Global Attitudes

Surveys［R］. 2014）

专栏1　劳动收入占比下降：现实与原因

当前无论是发达经济体还是新兴经济体，都存在着劳动收入占比下降、收入不平等上升的现象。从统计角度来看，劳动收入占比与基尼系数呈负相关关系，也就是说劳动收入占比下降会导致收入不平等恶化。劳动收入占比下降意味着工资增长速度低于劳动的平均增长率，同时许多经济体面临劳动收入占比下降伴随着实际工资增长停滞。由于产出更多地归于资本，而资本一般集中于高收入人群，故劳动收入占比下降会使收入不平等恶化。

过去几十年，发达经济体、新兴经济体和发展中国家的整体劳动收入占比都呈不同程度的下降。发达经济体的平均劳动收入占比在20世纪80年代就开始不断下降，2008年降至历史最低点后一直没有实质性好转。IMF数据样本中，1991—2014年，35个发达经济体有19个国家劳动收入占比下降，其他国家基本保持不变。新兴经济体和发展中国家也如此，自20世纪90年代初以来54个发展中国家中有32个经济体的劳动收入占比下降，其他保持不变或略有上升。新兴经济体和发展中国家劳动收入占比整体比发达国家低10个百分点左右。

劳动收入占比降低，对中低技能劳动群体的影响最大。1995—2009年，全球中低技能工人劳动收入份额下降超过7个百分点，而高技能劳动工人的收入份额则增长了5个百分点。由于中等技能工人就业人数保持稳定或略有上升，因此中等技能工人收入占比下降反映了该群体相对收入出现大幅下降。由于技术进步更有利于高技能工人就业，低技能工人收入份额下降和高技能工人收入份额上升反映了发达经济体中就业市场出现的两极化趋势。无论发达经济体还是新兴经济体，高技能工人劳动份额都出现了上升，而中低技能工人劳动份额都出现下降，但很明显发达经济体中等技能工人下降更为严重。

不同产业之间，劳动收入占比变化差异较大。全球层面，制造业是劳动收入占比下降最多的行业，然后为交通运输业，其他行业如食品、住宿以及农业的劳动收入占比上升。全球层面各行业劳动收入占比的变化主要是发达国家主导，新兴经济体和发展中国家层面，行业收入占比变化有所不同，农业劳动收入占比下降最为严重，而在制造业、医疗服务和建筑业中的劳动收入占比上升。由于中国经济的飞速发展使其在发展中国家中经济体量越来越大，因此这一变化趋势主要受中国影响。

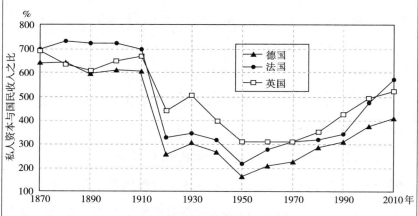

图 1.11　1870—2010 年欧洲资本收入比

（资料来源：托马斯·皮凯蒂. 21 世纪资本论［M］. 北京：中信出版社，2014：25.

http：//piketty. pse. ens. fr/en/capital21c2）

　　IMF（2007）将影响劳动收入占比变化的原因分为技术进步、全球化以及国内政策和工会力量等。这些因素之间并非相互独立，而是相互影响甚至相互强化的，如技术进步和全球化之间就存在相互强化的作用，国家的公司税收变化在某种程度上也反映了全球金融一体化背景下各国吸引资本流入的结果。

　　发达国家通过外包中间产品，新兴经济体和发展中国家则以来料加工再出口形式参与全球价值链。由于经济体间劳动力成本的差异，劳动密集型产品逐步从发达经济体转移至新兴经济体和发展中国家，发达国家的产品资本密集度上升，导致劳动收入占比降低。另外，由于发达经济体生产性投资品相对价格下降，资本替代劳动使得产业自动化程度上升，而那些资本难以替代劳动的产业则外包给发展中国家。随着产业的转移，新兴经济体和发展中国家中资本难以替代劳动的产业比重上升。发展中国家的普遍特征是资本更为稀缺，资本投入品相对价格较高。因此，发展中国家和新兴经济体的劳动收入占比也出现下降。

　　金融一体化的发展导致资本的跨国界流动更为畅通，特别是外国直接投资对劳动收入占比也产生较强影响，这种影响的渠道主要为：一是由于资本总是向劳动力成本更低的国家流动，进而导致劳方的谈判力降低。二是资本流动降低了资本稀缺国家的资本成本。特别是那些存在严重金融摩擦和信贷配给的经济体，金融一体化特别是资本跨界流动，降低了新兴经济体和发展中国家的资本成本，推动了资本深化和资本对劳动的替代，进而导致劳动收入占比降低。

技术的进步会导致技术对劳动的替代性越来越强，因为生产资料部门的生产率速度高于其他部门，企业也会更多地用资本去替代劳动。特别是随着信息通信技术的快速发展，资本替代程序性的劳动变得越发简单高效。这种资本对劳动的替代性在发达国家表现得最为突出，这是因为发达经济体信息技术和机器设备等都更为发达，且劳动力成本也更高，导致资本替代劳动的动力加强；而发展中国家投资品相对价格较低，且劳动力价格也相对较低，同时信息技术和机器设备占比也较低，导致资本对劳动的替代性相对较小。因此，技术进步会更多地在发达经济体中导致资本对劳动的替代。

（二）技术进步是把"双刃剑"

如果说资本的逐利本性是全球化的原动力，那么技术进步则是全球化的助推器。资本和技术进步很大程度上相辅相成，资本需要通过技术进步增加利润实现资本扩张，技术进步需要资本的血液支持，这两者对全球化的推动作用是一致的。从人类几千年的历史长河来看，尽管全球化早在2000多年前就已出现，但真正的全球化浪潮也不过200年，而这200年内对人类影响最大的便是三次技术革命。三次技术革命为经济全球化提供了客观物质基础，机器化规模化生产、交易成本运输成本下降等，极大地推动了贸易和生产全球化发展。同时，信息技术的发展带来信息壁垒的下降，消费者能及时有效地获取全球范围内货物和服务生产的信息，企业也能获取全球消费者的不同偏好和需求信息，更好地实现新需求的发掘及供给的匹配。

随着全球化程度的加深，技术进步对劳动的替代效应越来越强。一直以来，对于技术进步和就业之间的关系都存在着两种截然相反的观点。一种观点认为，技术进步会导致对就业的替代效应，技术进步带来的生产率提高会降低对劳动的需求，从而造成失业增加；另一种观点认为，技术进步会带来企业经营规模扩大，工作机会增加，从而创造更多就业。从第一次工业革命以来的历史数据来看，技术进步并未导致失业率在长期内呈上升趋势。但第三次工业革命以来，全球化进程加速，资本在全球范围内扩大再生产以获取更多利润的过程中，技术对劳动的替代越来越明显，在发达国家尤其如此。在此过程中，发达经济体完成了工业化进程，创造了大量的中产阶级，同时也伴随着劳动力成本的大幅上升。随后，发达国家产业向发展中国家转移，资本利用这些发展中国家的廉价劳动力，以获取更大的投资回报，这也使发展中国家的劳动者无须流动就得以在当地为全球市场和消费者工作。不过，从中长期看，新兴经济体一旦成功跨越"中等收入陷阱"并迈入高收入国家行列，劳动成本的上升也很可能导致很多劳动者面临被机器替代的问题，因此未来也要警惕新兴经济体和发展中国家内部的反全球化思潮泛起。

发达经济体的"去工业化"以及发展中国家的"工业化"进程，导致发达经济体的就业岗位流向发展中经济体。对于就业岗位的流失，部分发达经济体的民众倾向于看作是劳动力竞争问题，即发达国家与发展中国家的劳动者存在利益冲突，这也是近来发达经济体反全球化声音高涨的重要原因。但众多研究表明，发达国家的不平等很大程度上是技术进步导致的劳动替代引起的。如美国学者的研究表明，美国人失业的主要原因在于技术进步和产业升级带来的生产效率提高，美国制造业失业的最主要原因是制造业的生产率相对服务业提高更快，其对失业的贡献度超过 80%，美国对所有国家的贸易逆差仅贡献了美国制造业失业的 16.3%[①]。还有研究表明，贸易不再是导致发达经济体制造业就业机会减少的重要原因，贸易对就业的影响在不同区域以及不同技能水平的个人之间差异比较大[②]。

人工智能和自动化的新发展，可能会使一些劳动密集型产业重回发达经济体，并抑制发展中国家承接产业转移。目前，以人工智能、大数据、物联网、云计算等为核心的新一轮技术革命和产业变革，对全球供应链、产业链和价值链都将产生前所未有的深刻影响，这将导致就业结构、收入分配结构和社会结构发生深刻变化。尤其是以智能化为主要特征的新一轮产业革命，使得机器开始具备人类大脑的功能，对简单脑力劳动和程序化工作的替代加快，将以全新的方式替代人类劳动，冲击许多此前未受技术冲击的职业，对劳动的替代速度、广度和深度将大幅超越此前的技术进步。越来越多的证据表明，自动化程度的提高已经使一些大型跨国公司将劳动密集型制造业活动重新转向发达经济体。过去 20 年中，高收入国家工业机器人数量稳步增长，其中以汽车和电子电器行业增长最快，与之

① Kehoe, T. J., Ruhl, K. J., Steinberg, J. B. Global Imbalances and Structural Change in the United States [J]. National Bureau of Economic Research, 2013.

② Bacchetta, M. and Stolzenburg, V. Trade, value chains and labor markets in advanced economies [R]. In Global Value Chain Development Report, 2019.

相对应的是这两个行业对中低收入国家的直接投资项目数量逐年下降①。随着自动化程度的提高，即使在物流和食品生产等其他制造业和服务业，工业机器人的渗透率也开始提高。2019 年全球最大的代工电子制造商富士康 （Foxconn） 宣布将斥资 4 000 万美元在美国宾夕法尼亚州新建一家工厂，使用先进的机器人，创造 500 个工作岗位。德国体育用品公司阿迪达斯 （Adidas） 已在德国安斯巴赫和亚

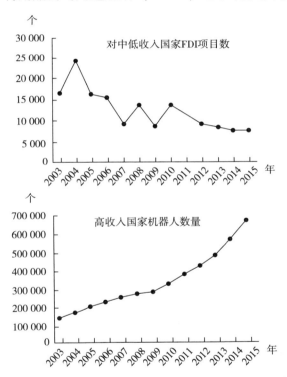

图 1.12　高收入国家电子电器与汽车行业 FDI 和工业机器人存量

（资料来源：Hallward – Driemeier and M. and Nayyar, G. Trouble in the Marking? The Future of Manu facturing led Derelopment, ［R］. World Bank, Washington D. C, 2018）

---

① Hallward – Driemeier and M. and Nayyar, G. Have Robots Grounded the Flying Geese: Evidence from Greenfield FDI in Manufacturing ［R］. World Bank, Washington D. C, 2018.

特兰大建立了 "速度工厂"，采用计算机针织、机器人切割和 3D 打印等技术生产运动鞋。有研究①对 7 个欧洲国家 3 313 家制造公司进行调研，发现在制造过程中使用工业机器人的公司不太可能在欧洲以外进行生产活动。

五、全球化：在路上，还是尽头

（一）经济全球化趋势的不可逆性

世界潮流，浩浩荡荡。资本逐利特性和技术进步作为经济全球化的内生变量，决定了这一趋势整体难以逆转，即便不时会出现 "逆全球化" 的声音和政策。一方面，资本的逐利本质，决定了其必须通过全球扩张来寻求最大回报，这成为推动经济全球化的最大动力。另一方面，无论技术进步的快与慢，都会继续推动经济全球化的发展。尤其是在当前信息技术高度发达的时代，只要拥有一部智能手机，与数字化有关的信息、金融、购物、娱乐等活动就可以近乎零成本的交换，这为信息和理念的交流提供更多的机会。只要存在技术进步，只要数字化、自动化进程不停歇，新的交易模式就会不断出现，就会成为经济全球化的驱动力。此外，生产的全球化正向生活方式的全球化扩展，便捷的交通和互联网使全球高度一体化，跨国旅行和跨境购物参与的人数越来越多，未来必然会进一步带来信息和人员流动的全球化，各种生产要素全球范围内流动的障碍会越来越少，最终实现生产要素在全球范围内实现自由流动和优化

---

① Kinkel, Steffen. , A. Jager, Christoph Zanker. The effects of robot use in European manufacturing companies on production off – shoring outside the EU ［M］. 22nd International Annual EurOMA Conference, At Neuchâtel, Switzerland, 2015.

配置。

（二）全球化的挑战：资本与劳动的博弈

从近现代史来看，由于地缘政治、战争或经济危机等，全球化进程并非一帆风顺，而是有起有伏、潮起潮落。未来，依然充满挑战。

从外生因素来看，全球地缘政治风险、战争和经济危机等事件都可能导致全球化减缓甚至倒退。一方面，世界政治安全局势，尤其是大国间的军事外交冲突是决定全球化能否顺利推进的重要因素。20 世纪的两次世界大战期间，建立在私营商品交易基础上的国际贸易关系被国家调控所取代，海上封锁使全球贸易大幅降低，全球化明显倒退；"二战"后，东西方冷战导致全球经济长期割裂，难以融合交流。另一方面，全球宏观经济形势，尤其是大国的宏观经济金融形势及增长预期也是影响全球化进程的重要一环。19 世纪末的欧洲经济大衰退、20 世纪 30 年代美国大萧条①、2008 年始于美国的国际金融危机等，都导致贸易保护主义大幅抬头，全球化进程受阻。2010 年的欧债危机导致欧盟内部分裂声音加剧，甚至导致英国 "脱欧"。假定未来没有全球性的战争与重要地缘政治冲突，那么决定全球化进程的主要变量就是全球宏观经济形势及预期。这意味着，如

---

① 当时的美国总统胡弗（Hoover）签字同意《斯穆特—霍利关税法案》（Smoot - Hawley），该法案于 1930 年 6 月正式生效。该法案将 2 000 多种进口商品关税提升到历史最高水平。当时在美国，有 1 028 名经济学家签署了一项请愿书抵制该法案；而在该法案通过之后，许多国家对美国采取了报复性关税措施，使美国的进口额和出口额都骤降 50% 以上。在这场关税改革的争论中，虽然有 1 000 位美国经济学家和众多国家反对关税改革，但是他们还是遭受挫败。其实，在《斯穆特—霍利关税法案》生效之前，就已遭到其他国家纷纷报复，使得世界关税总体水平上升。

果全球主要经济体经济增长持续低迷，大众往往倾向于将其归咎于外国商品、服务以及移民带来的负面冲击，会将福利水平降低、就业机会流失、收入不平等恶化等现象归咎于全球化，影响本国参与经济全球化的决心和信心。

从内生性因素来看，资本全球扩张和技术进步导致的工作岗位错配或流失，以及由此导致的分配格局恶化，是影响全球化的重要挑战。目前"逆全球化"浪潮就是全球化中的部分人群利益受损的重要体现，其背后的本质就是劳动与资本的竞争问题。正如本书所言，资本和技术对劳动的替代，是影响全球化进程的重要因素。尤其是未来人工智能和自动化发展对劳动的替代作用，将会对收入分配和全球化造成重要影响。对此，存在两种观点。一种观点认为，未来劳动被机器自动化替代的可能性很大。例如，有研究①分析了美国 702 种职业在未来被自动化替代的可能性，发现 47% 的职业被自动化替代的风险较高。另一种观点认为，机器自动化对劳动的替代作用可能被高估了。例如，有研究②估计了 21 个 OECD 国家工作自动化对劳动替代，发现存在较高被自动化替代风险的工作比例仅为 9%，而且认为工作被自动化替代的风险并不一定意味着就业岗位的流失，因为技术应用存在社会、法律、经济等多方面的障碍，对劳动的替代难以很快实现，而且劳动者可以转换技术禀赋，同时新技

---

① Frey, Carl Benedikt, Osborne, Michael A. The future of employment：How susceptible are jobs to computerisation？[J]. Technological Forecasting and Social Change, Elsevier, 2017：254－280.

② Arntz M, Gregory T, Zierahn U. The risk of automation for jobs in OECD countries：A comparative analysis [J]. OECD Social, Employment, and Migration Working Papers, 2016（189）：10.

术的需求也将创造新的工作岗位。问题是，以人工智能为代表的自动化，对就业的替代效应和创造效应分别有多大，是否会相互抵消？如果不能相互抵消，被替代的就业远大于新创造的就业，那么劳动力市场仍将面临严峻挑战。而被替代的就业将被大规模的机器自动化所取代，这将进而导致投资于该项货物或服务生产的企业主获取更高的资本回报，财富向少数人集中的趋势将进一步加剧，贫富差距进一步扩大。

皮凯蒂预测，未来几十年（2030—2050 年）资本收益率（r）会继续高于经济增长率（g），这会导致资本收入比持续升高，资本得到的越来越多，这将不自觉地产生不可控且不可持续的收入不平等，而收入不平等的加剧会导致尖锐的社会矛盾，危及社会稳定。因此，必须重视收入分配问题，寻找可能的解决问题之道。

第二章　从中美经贸失衡看全球化收益分配

　　比较优势理论认为，全球化的前提是自由贸易和资本自由流动，而自由贸易是建立在 "比较优势" 基础上的，即贸易能够使不同资源禀赋的国家和地区集中精力发挥各自长处，最大限度地提高资源利用效率，产出最大的社会总福利。当然，这一理论也蕴含着另一层含义，即由于经济活动的重新分配，贸易将导致每个国家内部既有赢家也有输家。因此，从宏观上看，各国只要充分利用自身的比较优势，作为国家整体都能从全球化中获益，因此应积极参与全球化。问题是，即便各国都清楚参与全球化有利于本国整体利益，但 "当面对为共同利益而开展合作的机会时，感到不安全的国家必须要询问将如何对收益进行分配。它们必须要问的并非'我们双方都能获益吗'而是'谁将获益更多'"。① 如果双方都担心对方利用多得的利益和增加的能力，那么即使双方在合作的过程中都能获得丰厚的绝对利益，这一前景也不能促使它们进行合作。

　　特朗普贸易保护、反全球化的重要理由之一是美国常年存在的贸易逆差，认为美国的巨额贸易逆差是由 "不公平贸易" 所致，美

---

　　①　肯尼迪·华尔兹. 国际政治理论 [M]. 信强，译. 上海：上海人民出版社，2003.

国此前签署的多边和区域性自由贸易协议中的条款对美国是不公平和不利的，因此主张实现贸易差额上的"平等"。这种可以缩小贸易逆差的想法，导致对自由贸易的粗暴干涉，不利于全球产业分工的优化和整体福利的提升。从中美贸易失衡的分析可以发现，贸易失衡是传统比较优势的体现，但全球产业分工链条下这种失衡并不意味着利益受损和分配不均，而是互利共赢的体现。随着中美实力的此消彼长，中美双方都应认识到"修昔底德陷阱"的危险性，双方应努力避免"碰撞"，防止两国关系脱钩，这就需要进一步加强双方的对话沟通。

一、中国：从"丝绸之路"到"一带一路"倡议

（一）从古代"丝绸之路"到近代"闭关锁国"

自古以来，中国的对外交往一直都存在。汉、唐、宋、明等时期对外经济、技术、文化和人员交流都比较频繁，"丝绸之路"就是中国同中西亚及欧洲交流的重要通道和见证。钱穆在《中国经济史》中写道："中国对外交通在汉代已经开始。并且从三国时代到南北朝，中西交通一直没有停过。至于中西交通正式像样的开始，则是隋唐时期。"同时，钱穆对"丝绸之路"的描述是"中国自古对外交通要道有二：一为西北陆路，二为东南海路。自汉代以来，武帝通西域，西北陆路对外交通日见发达。东汉时班超出使西域，到了地中海，接触罗马等国。中国的丝绸就由此时传入罗马。至于东南

海路，经交州、广州等地。"① 这是 "一带一路" 提法的源头，也是中国最早与外部世界沟通交往的历史明证。同时，中国还为域外的商人制定了贸易规则，创立了一套正规的管理体系，如规定进入中国的外国客商应按特定路线行走并取得通关文牒，其信息均被仔细记录下来：吃饭花了多少钱，来自哪个国家，什么身份，下一个目的地是哪里②？ 所有的这一切都是要准确掌握这些客商来中国的目的及所携带货物的价值③。

直至清代，乾隆二十二年（1757 年）开始实施 "一口通商" 政策④，标志着清朝政府彻底奉行 "闭关锁国" 政策。乾隆帝在其《敕谕英吉利国王书》中说："天朝物产丰盛，无所不有，原不借外夷货物以通有无。"在 "闭关锁国" 之前，清朝已实行海禁政策，主要目的是隔绝大陆与台湾郑氏抗清力量的交往，并防范新的反清力量集聚海上；同时，也为了防范外国人支持汉人反抗清朝的活动，维护清朝统治。乾隆帝曾说："民俗易嚣，洋商杂处，必致滋事"，所以清政府一再严申 "华夷之别甚严"。也有人认为，乾隆南巡时发现贸易与投机的洋商日益增多，以及由此引发的案件和纠纷增多，由于农耕文化本身对海上贸易及商业投机的排斥，对其 "闭关锁国" 的决定产生了重要影响。因此，表面上看，清朝 "闭关锁国" 是其以天朝自居、愚昧无知、夜郎自大的心态所致，但深入挖掘背后的

---

① 叶龙. 中国经济史［M］. 北京：北京联合出版公司，2014.

② Valerie Hansen. The Silk Road：A New History［M］. New York，NY：Oxford University Press，2012：17.

③ R. de Crespigny，A Biographical Dictionary of Later Han to the Three Kingdoms［M］. Leiden：Brill，2007.

④ 即在中国东南沿海 "围海迁界"，实行海禁，广州成为唯一的外贸口岸，时断时续直至 1842 年。

原因，可能是由于君主缺乏自信，这从心理学角度也可解释得通，以上两种心理或许清朝历代君主均有之。

明朝后期直至清朝的 "闭关锁国" 带来的影响负面且深远。明朝以前，中国是世界上经济和技术最发达的国家之一。但到 1840 年鸦片战争爆发时，中国人均粮食产量仅有 200 千克左右，而美国已接近 1 000 千克；中国年产铁约 2 万吨，不及法国的 1/10、英国的 1/40。中国的各项发明和技术，在明朝中后期较西方仍互有长短，但到 1840 年已全面落后于西方。根据麦迪森的估算（见表 2.1），1700—1820 年，中国 GDP 年均增速为 0.85%（美国为 2.72%，欧洲为 0.58%），1820—1952 年降为 0.22%（美国为 3.76%，欧洲为 1.71%），人均 GDP 年均增速则相应为零和 0.1%（美国分别为 0.72% 和 1.61%，欧洲分别为 0.14% 和 1.05%），也正是在此期间美国、欧洲、日本等国发展迅速，超过中国。

表 2.1　1700—2003 年主要国家 GDP 和人均 GDP 增速　单位：%

时间	1700—1820 年	1820—1952 年	1952—1978 年	1978—2003 年
GDP 年均混合增速				
中国	0.85	0.22	4.39	7.85
印度	0.17	0.56	3.85	5.28
日本	0.25	1.74	7.86	2.53
欧洲	0.58	1.71	4.37	2.00
美国	2.72	3.76	3.61	2.94
全世界	0.52	1.64	4.59	3.12
人均 GDP 年均混合增速				
中国	0.00	−0.10	2.33	6.57
印度	−0.03	0.13	1.66	3.27
日本	0.13	0.95	6.69	2.11

时间	1700—1820 年	1820—1952 年	1952—1978 年	1978—2003 年
欧洲	0.14	1.05	3.63	1.79
美国	0.72	1.61	2.24	1.85
全世界	0.07	0.93	2.62	1.55

资料来源：www. ggdc. net／Maddison.

（二）从"被孤立"到"一带一路"倡议

1949 年新中国成立后，由于美国等西方发达国家的政治孤立和经济遏制，加之东西方阵营冷战，中国不具备全方位对外开放的条件，而只能选择向以苏联为首的"社会主义阵营"开放。朝鲜战争的爆发和随之而来的西方对华封锁，更加强化了中国的"一边倒"政策。当时，依托苏联和东欧国家的经济互助委员会，中国对苏联、东欧等国家的开放和经贸交流发展也比较顺利。但以苏联为首的社会主义阵营主要是进行计划经济建设，贸易是从属于计划经济的一部分，由外贸专业公司垄断经营，按照政府指令性计划进出口。这与经济全球化下市场经济主导的要素和商品的自由流动有着本质的区别，因此这个体系中的经贸交流还远谈不上是全球化的一部分，也直接导致受苏联支配的整个东方阵营发展落后于西方，中国几乎错失了全球化发展的第二个浪潮。随着中苏关系恶化，中国对国际形势进行重新评估，对外交战略作出调整，以"三个世界"理论作为对外关系实践的指导。为应对苏联的军事威胁，中国寻求改善与美国等西方国家的关系，并从中日、中美建交开始尝试利用国际贸易更好地为国内发展服务。为打破国际孤立，中国逐步淡化了革命者和国际体系挑战者的角色，更加注重同第三世界国家之间的友好合作关系，为加强国际分工和与世界市场的联系，中国对贸易体制逐渐产生改革要求。1971 年，以恢复联合国席位为标志，中国改变了对国际组织的相对排斥态度，选择性地加入了国际劳工组织、联合国环境规划署、联合国教科文组织、联合国粮农组织、国际民航组织、世界气象组织等联合国专门机构及其他国际组织，开始逐步接受国际规则并融入全球经济。

1978 年改革开放后，中国开启了与全球经贸交往的大门，在接触、碰撞与融合的过程中走上复兴之路。改革开放伊始，中国通过在部分领域下放贸易经营权、实行工贸结合、减少外贸计划刚性、扩大外贸企业的经营自主权、优惠政策招商引资等对贸易管理体制进行改革，这与整个经济体制的改革方向和步伐相一致，贸易发展和吸引外资取得突破性发展。不过整体而言中国的外贸政策还是有计划的商品经济的一部分。1992 年后，作为市场经济体制改革的一部分，中国开始以符合国际贸易规则为导向改革贸易制度，例如，1992 年大幅自主降低关税和非关税壁垒，总体关税水平从 1992 年的43% 降到 1997 年的 17%；1993 年启动外汇管理体制改革，取消外汇留成与上缴，实行银行结售汇制度，1994 年人民币官方汇率和外汇调剂市场汇率实现并轨，开始实行以市场供求为基础的、单一的、有管理的浮动汇率制度等，开始了贸易投资自由化改革。在此期间，贸易、外资对经济增长和社会发展的贡献持续增加，但贸易和外资政策体系仍落后于国际通行做法。

2001 年底加入 WTO 成为中国参与全球化的里程碑。加入 WTO后，中国按照多边贸易体制及区域、双边贸易协定的要求，对外贸外资制度进行全面、深化的改革和完善，关税水平也从 15% 降到

2010 年的 9.8% ，远低于发展中国家 46.6% 的平均关税水平。在中国加入 GATT/WTO 前很长的一段时间，国内很多产业——从最具民族传统色彩的农业到汽车产业、通信产业，再到具有典型现代气息的金融业——对此都持非常谨慎的态度，"狼来了"的声音不绝于耳，美欧等发达国家对于打开中国市场也是自信满满。结果，当美欧跨国公司的"狼"进入中国市场后，却发现面临的是一头"藏獒"，中国的市场开放不仅没有打垮本国产业，反而极大地促进了本国产业竞争力的提高。加入 WTO 不仅是中国改革开放的重要里程碑，也是全世界经济全球化进程中的划时代事件，它加速了中国与世界经济的融合，成为与世界共享繁荣和实现共赢的有效平台。

表 2.2　新中国参与经济全球化的五个阶段

阶段	特征	主要内容	绩效简评
（1949—1978 年）计划经济下的统制贸易	贸易是从属于计划经济的一部分，国家集中管理对外贸易	外贸专业公司垄断经营，按照政府指令性计划进出口	对国家集中力量发展经济、稳定社会和发展对外经济贸易联系发挥了重要作用；20 世纪 70 年代为加强国际分工和与世界市场的联系逐渐产生改革要求
（1979—1991 年）作为有计划的商品经济的一部分对外开放	实施改革开放的国家战略，开始贸易管理体制改革	在部分领域下放贸易经营权；工贸结合；减少外贸计划刚性；扩大外贸企业的经营自主权；优惠政策招商引资	贸易改革与整个经济体制的改革方向和步伐取得一致，贸易发展和吸引外资取得突破性发展，外经贸开始起飞

续表

阶段	特征	主要内容	绩效简评
(1991—2001 年)符合国际规范的贸易政策体系改革	作为市场经济体制改革的一部分,以符合国际贸易规则为导向改革贸易制度	外汇管理体制改革;取消进出口指令性计划,改革外贸企业;以关税减让和进出口管理体制改革入手,开始贸易投资自由化改革	贸易、外资对经济增长和社会发展的贡献持续增加,但贸易政策体系仍落后于国际通行做法
(2002—2008 年)有管理的贸易投资自由化	以履行加入 WTO 承诺和参与国际规则谈判为标志,开始参与国际经济规则的新阶段。中国"和平崛起"、与世界各国共同发展	按照多边贸易体制及区域、双边贸易协定的要求,对外贸外资制度进行全面、深化的改革和完善	中国对外经济贸易持续发展,贸易投资规模扩大,中国占世界的比重及对世界经济的影响加大;成为国际贸易规则体系的积极参与者
(2008 年至今)全方位扩大对外开放	2008 年国际金融危机的爆发,中国参与 G20 全球治理框架并在应对危机方面做出巨大贡献,成为世界经济增长的第一引擎。提出并推动"一带一路"倡议。2018 年习近平总书记在海南博鳌论坛上的开幕式标志着中国走向全方位对外开放	实行高水平的贸易和投资自由化便利化政策;大幅放宽市场准入;主动扩大进口;参与全球经济治理;人民币加入 SDR;人民币国际化	中国成为世界经济贸易增长的新引擎。中国开始从全球化的参与者向领导者转变

2008 年国际金融危机的爆发,中国成为全球经济增长的第一引擎,开始从全球化的参与者向领导者转变。危机后,世界经济深度调整,传统的美国、欧洲、日本等主要经济体对世界经济增长的带

动作用明显减弱，中国对全球经济的贡献率大幅提高，绝大多数年份都超过30%，正式取代美国成为全球经济增长的"领头羊"，成为世界经济贸易增长的新引擎（见图2.1）。截至2019年，中国人均GDP已突破1万美元，GDP总量也接近100万亿元大关，按照年平均汇率折算达到14.4万亿美元，占世界的比重超过16%。经济体量的增长和对全球经济增长贡献率的上升，使中国在国际经济决策与治理中的影响力和话语权得到提升。2010年中国在世界银行的投票权从此前的2.77%提高到4.42%，在IMF的投票权升至6.19%，仅次于美国和日本列第3位；2016年10月，人民币正式纳入IMF特别提款权（SDR）篮子货币，成为继美元、欧元、日元、英镑后的第5种货币，体现了国际社会对中国综合国力和改革开放成效的认可。为应对后危机时代全球经济合作与增长面临的诸多挑战，中国提出"一带一路"倡议，希望通过与"丝绸之路经济带"和"21世纪海上丝绸之路"沿线国家积极发展经济合作伙伴关系，共同打造政治互信、经济融合、文化包容的利益共同体、命运共同体和责任共同体。

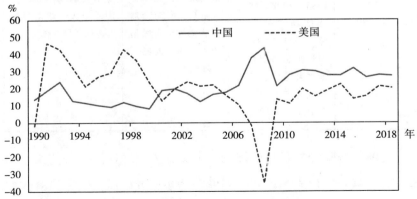

图2.1 中国、美国对世界经济增长贡献率（PPP加权法计算）

（资料来源：IMF）

二、美国： 从多边主义到单边主义

（一） 美国多边主义态度的转变

美国对多边经贸体制一直都采取 "合则用，不合则弃" 的态度。随着世界政治经济的不断发展，欧共体（以及后来的欧盟）、日本以及中国、印度等发展中国家的快速发展，多边经贸体制权力结构逐步从由美国霸权，向美欧二极、美欧日三极、美欧日加发展中国家多极格局转变，美国在多边贸易体制中的独霸地位不断受到挑战，对多边贸易体制的态度也开始发生转变，"合则用，不合则弃" 的态度愈加明显。罗伯特·鲍德温 （Robert Baldwin） 在 20 世纪 90 年代初就指出，霸权的丧失会使美国减少对多边贸易体系的支持并转向区域主义[①]，这种 "务实" 做法的背后就是为了实现其国家利益的最大化。

"二战" 后，美国是全球化的领导者和规则制定者，多边主义成为其实现国家利益的首选。"二战" 后，以欧洲为中心的政治经济格局彻底瓦解，美国在军事、经济、金融、科技等领域都是世界的执牛耳者，成为贸易自由化最积极的倡导者和推动者。以经济实力为例，美国当时拥有 200 亿美元的黄金储备，占世界黄金储备总量的 59%；工业产量占世界工业总产量的 56.4%；拥有世界船舶供应量的 50%；出口贸易在世界贸易总额（不包含苏联及其他社会主义国家）中所占比重从 1938 年的 14.5% 增长到了 23.4%。"正当美国成为一个富裕的、经济上膨胀为庞然大物的国家之时，欧洲许多地方

---

① Baldwin, R. Change in the Global Trading System： A Response to Shifts in National Economic Power ［J］. Protectionism and World Welfare, Cambridge, New York and Melbourne： Cambridge University Press, 1993： 80 – 98.

却仍然是如温斯顿·丘吉尔所称的 '瓦砾一堆',而且是为了自卫,许多国家还求助于华盛顿所诅咒的经济措施——进口管制、国有化、贸易优惠法、双边条约和津贴补助"①。

表 2.3　1937 年、1948 年世界工业总产量中所占比重　　　单位：%

时间	美国	英国	法国	德国	意大利	日本
1937 年	41.2	12.5	6.0	9.0	3.0	4.8
1948 年	56.4	11.7	4.1	4.3	2.1	1.5

资料来源：United Nations. Statistical Yeatbook [R]. 1948：87.

表 2.4　1946—1947 年世界主要工业国家农业生产指数

时间	美国	英国	法国	德国	意大利	日本
1946 年	131	112	83	64	86	79
1947 年	129	103	75	61	86	82

资料来源：The United States of America and West Europe. Translated from the Russian by David Skvirsky [M]. USSR：Progress Publishers，1975：21.

　　面临国外市场日趋缩小的严重威胁,美国认为有必要领导建立一个开放的国际贸易体系以使 "经济基础的稳固……如同政治基础的安全一样"②。对此,罗伯特·吉尔平认为,即使其他国家都实行贸易保护,自由贸易仍是一国的最佳选择,因为在这种情况下,保持经济开放的一方从便宜的进口中的获益仍然大于因出口受阻而造成的损失③。为实现其在经济领域领导世界经济的战略构想与目标,美国先是在 1944 年布雷顿森林会议上,领导成立了国际货币基金组

---

　　①　Thomas G. Paterson：Soviet – American Confrontation [J] Pacific Northwest Quavterly，1973：14.

　　②　Statement by President Roosevelt to Congress on 26 March 1945.

　　③　罗伯特·吉尔平. 全球资本主义的挑战——21 世纪的世界经济 [M]. 杨宇光，杨炯，译. 上海：上海人民出版社，2001.

织和世界银行，此后又明确提出应该建立一个 "国际贸易组织"（ITO），以便在多边基础上互相削减关税从而促进世界贸易自由化。1947 年夏季，美国发起举行了关贸总协定（GATT）第一轮关税减让谈判，并于同年 10 月起草了关税及贸易总协定，23 个与会国都接受了 "临时议定书"，经签署的 "临时议定书" 于 1948 年 1 月 1 日开始临时实施①。

GATT 以及此后扩围升级的 WTO 都是美国主导下的多边贸易体系，其规则是美国利益和意志的体现。由于削减贸易壁垒和 "非歧视原则" 是美国多边自由贸易政策计划的核心，因此 GATT 明确规定 "削减关税及其他贸易壁垒，取消国际商业上之差等（歧视）待遇" 为总的原则宗旨②，并在此基础上构筑起多边贸易规则体系的主体框架。GATT 的很多条款则是美国国内法的多边化，如 GATT 的祖父条款③就来源于美国并成为实现其 "国内法优先" 的法律依据，关税减让表源于美国 1934 年的《互惠贸易协定法》并成为其实现削减多边关税的重要工具，反倾销规定源于美国《1921 年的贸易法案》，"保障条款" 与 "一般例外条款" 源于 1942 年美国与墨西

---

① 郑伟民，黄苏，等．衰落还是复兴——全球经济中的美国［M］．北京：社会科学文献出版社，1998.

② 世界知识出版社．国际条约集 1945—1947［M］．北京：世界知识出版社，1959.

③ 最早的祖父条款出现在美国的 "杰姆克劳法"（Jim Crow laws，Jim Crow 是对黑人的蔑称），这些法律出现在 1890 年至 1910 年，适用于美国南部各州，旨在禁止黑人、土著美洲人和部分白人的选举权。原因是，1870 年以前各州实施的限制选举权法律被第 15 条宪法修正案废除，为了应对宪法的变化，南部各州重新制定法律，规定只有满足人头税（Poll Tax）和/或文化测试（Literacy Test）的要求，人们才能获得投票权。但这些法律规定了一个例外：所有在美国南北战争前获得投票权的人及其子孙后代，继续拥有投票权。换言之，这些子孙后代的投票权是继承 "祖父" 得来的。这条例外规定就成为 "祖父条款"。

哥的互惠贸易协定。

同样，WTO 的规则体系大多也是基于美国利益和意志。例如，《服务贸易总协定》（GATS）就是美国贸易主张的充分体现。"鉴于美国的比较优势转向服务业，以前与其他国家的相互开放在服务贸易领域不发生效力，因为服务业（不同于制造业）不受关贸总协定纪律的约束，且有广泛的非关税壁垒。美国需要包括服务业在内的能较好地反映'平均'开放的互惠性的新一轮谈判，没有这样的谈判，它的贸易伙伴将享有不公平的优势"①，因此美国在发起"乌拉圭回合"时坚持把服务贸易纳入多边谈判。同样，作为 WTO "三驾马车"之一的《与贸易有关的知识产权协定》（TRIPs）也是在美国的强烈推动下达成的。随着科学技术的迅猛发展，美欧等发达国家商品和服务中的知识含量升高，知识和技术在国际经济贸易中的地位随之上升，知识、技术和国际贸易之间的关系日益密切，知识和技术成为发达国家创造比较优势的根本基础，因此迫切希望把知识产权转变为国际贸易中的比较优势。

整体而言，多边贸易体制法律框架的设计是美国贸易意志的反映，是美国在其国内利益和国家利益的主导下，企图通过多边贸易规则来为自身服务的工具。因此，即便 20 世纪 90 年代前，区域贸易协定在世界多数地方有了很大发展，但美国在很长一段时间内对区域贸易协定持怀疑态度，认为它是对全球多边贸易体系和自由贸易制度的一种背离，会损害美国利益。

20 世纪 90 年代后，美国从多边贸易体制 "单轨" 立场转向多

---

① 贾格迪什·巴格瓦蒂. 风险中的世界贸易体系［M］. 北京：商务印书馆，1996：15.

边与区域并行的"双轨"立场。随着欧共体和日本的经济实力及在世界贸易中所占比重不断上升，美国在国际贸易谈判中的话语权逐步下降。1988 年，美国国会通过《综合贸易与竞争法案》，一方面强调对等互惠条件，要求进行公平贸易；另一方面体现出从多边主义逐步转向双边主义、建立区域性贸易集团的谋划，奠定了美国通过多边、区域、双边等多种方式推动国内经济增长的战略思想。1992 年，北美自由贸易区（NAFTA）建立，标志着美国贸易政策对于地区主义问题的重大态度转变，同时倒逼"乌拉圭回合"谈判加速结束。对此，美国贸易代表罗伯特·佐利克认为："美国在多条战线上的贸易自由化战略——全球的、地区的和单边的——推动了我们的杠杆功能并最大程度地促进开放市场。NAFTA 和 1993—1994 年第一次 APEC 峰会是为了说服欧盟结束'乌拉圭回合'。①"

多哈回合谈判陷入僵局后，美国对多边主义兴趣下降，将重点聚焦于区域和双边自由贸易协定。随着发展中国家的经贸实力和话语权的提高，美国在 WTO 中的领导力显著下降，无法左右多哈回合谈判进程，加之美国对多哈回合缺乏足够兴趣（多哈回合也称"多哈发展回合"，重点希望帮助发展中国家），因此失去了主导多边贸易体制的意愿。WTO 领导者的缺位，使多边贸易谈判缺乏推动力，加之贸易大国间分歧较大，难以协商一致，最终导致多哈谈判陷入僵局。在此期间，美国对多边主义的兴趣不断下降，对双边和区域自贸协议的兴趣不断上升。2001 年以前，美国签署自由贸易协定的国家有 3 个，到 2009 年，美国已同 20 个国家签署了双边贸易协定。奥巴马政

---

① Bernard K. Gordon. A high – risk trade policy [J]. Foreign Affairs, 2003, 82（4）: 105 – 118.

府上台后，美国基本放弃在多哈回合中提出新的谈判议题，将谈判重心向双边和区域贸易协定转移，在全球推动"三个T"，即《跨太平洋伙伴关系协定》（TPP）、《跨大西洋贸易与投资伙伴协议》（TTIP）、《国际服务贸易协定》（TISA），试图构建更符合美国利益的国际经贸新规则。这些协定在寻求扩大市场准入的同时，强化了规则和制度建设；除WTO框架下的传统议题外，投资规则、数字经济、竞争政策、国有企业、政府采购成为新一代区域贸易协定必不可少的内容。

特朗普政府上台以来，"逆全球化"和贸易保护主义措施不断，对多边贸易体制态度更加冷淡甚至抵制。特朗普上台后，对外贸易政策的基调是"美国优先"，反对自由贸易，强调公平贸易，"逆全球化"和贸易保护主义措施不断。一方面，美国对多边贸易体制态度由冷淡转为抵制，多次威胁退出WTO，持续阻碍上诉机构成员任命。另一方面，先是宣布退出TPP谈判，此后又主导并推动重新签署美韩贸易修正后协议、美加墨协议（USMCA）和美日贸易协议等。从策略上看，美国推动签订的自贸协议都是能充分发挥其主导作用，采取威逼利诱等手段推动达成的；而放弃TPP、抵制WTO的重要原因则是难以发挥主导作用。

（二）美国是全球化的最大受益者

全球化极大地促进了美国的生产率和产出。随着多边贸易体制不断削减关税和消除其他贸易投资壁垒，美国从中受益最多，贸易投资自由化使美国的经济、消费者和美国企业的自身经济利益得以最大化。美国总统经济顾问委员会认为，当其他国家和美国一起降低关税时，美国获得的利益最大。经济全球化使绝大多数美国企业与全球市场建立起更为密切的联系，为美国企业提供了更多的出口机会，实现了规模经济，建立了全球生产扩张网络从而降低了成本，提高了生产率。而为了在全球竞争中获胜，很多美国公司也在不断地学习新的管理经验，进行生产流程的创新、技术创新与金融创新。美国贸易代表办公室（USTR）的统计显示，从 1990—2000 年，美国经济增长的 1/5 归功于出口的增加。美国彼得森国际经济研究所曾在 2005 年专门研究了美国从经济全球化中的收益，发现 1950—2003 年，每 10 年由于更高的贸易水平而带来的人均 GDP 增长为5 000 美元，代表了这一时期所有的人均 GDP 增长了 1.45 万亿美元，每个家庭 GDP 增长了 12 900 美元①。2017 年，彼得森国际经济研究所更新了这一研究（见表 2.5）②，发现 1950—2016 年，美国从贸易扩张中共获益 2.1 万亿美元，相当于美国人均 GDP 增加 7 014 美元，每个家庭 GDP 增加 18 131 美元。该报告预测，2025 年美国贸易自由化的潜在收益可能高达 5 400 亿美元，人均国内生产总值增加 1 670 美元，每个家庭 GDP 增加 4 400 美元。

表 2.5 美国贸易增长带来的产出收益

时间	1950—2003 年	2003—2016 年	1950—2016 年
产出增长（10 亿美元）	1 864	191	2 056
人均产出增长（美元）	6 424	590	7 014
每个家庭产出增长（美元）	16 574	1 557	18 131

资料来源：Gary Clyde Hufbauer, Zhiyao（Lucy）Lu. The Payoff to America from Globalization: A Fresh Look with a Focus on Costs to Workers [J]. Policy Brief, Peterson Institue for International Economics, 2017.

---

① C. 弗雷德·伯格斯坦. 美国与世界经济——未来十年美国的对外经济政策 [M]. 朱民，等译. 北京：经济科学出版社，2005.

② Gary Clyde Hufbauer, Zhiyao（Lucy）Lu. The Payoff to America from Globalization: A Fresh Look with a Focus on Costs to Workers [J]. Policy Brief, Peterson Institue for International Economics, 2017.

　　全球化大幅提升了美国消费者福利。经济全球化下的世界多边贸易自由化有利于加强竞争，而这反过来又会降低成本。很多国家的经验都表明，更加开放的贸易政策有利于本国消费者福利的提高，对于美国消费者而言更是如此，因为本国消费者在更低的关税水平下可以买到更为便宜的进口产品。美国劳动部数据显示，1990—2004 年，美国进口商品价格指数年均增长 0.6%，远低于同期 2.2%的消费者价格指数增速[1]。同时，全球化使得美国消费者在购买商品和服务时有更多的选择，2008 年美国总统经济报告估计美国从进口商品种类的增长中获得的福利占美国 GDP 的 2.8%，也就是说对于每个美国家庭（平均每个家庭有 4 人）的福利超过 4 000 美元[2]。

　　全球化对美国就业的负面冲击有限，整体而言 "利" 远大于 "弊"。从整体福利水平来看，美国从经济全球化中受益最大，但美国国内不同阶层从中获得的好处又不尽相同，甚至差异巨大。全球化在为美国资本在全球范围内追逐高回报提供了更好的途径和去处，使资本拥有者可以在全球布局获取最大利益的同时，美国底层劳动者却面临着失业等工作被挤占的风险。1965—2000 年，美国制造业就业人数稳定在 1 800 万人左右，2001—2007 年下降了 18%。对此，美国政客、媒体和大众媒体等认为这是由日益扩大的贸易逆差造成的，媒体炒作的美国因贸易造成的失业份额为 1% ~20%。

---

① 资料来源：Department of Labor（Bureau of Labor Statitics）of the US.
② 资料来源：2008 Economic Report of the President.

　　然而，更为严格的经济学分析发现[1]，美国失业的主要原因在于技术进步和产业升级带来的生产效率提高，美国制造业失业的最主要原因是制造业的生产率相对服务业提高更快，其对失业的贡献度超过80%，美国对所有国家的贸易逆差仅贡献了美国制造业失业的16.3%。而彼得森研究所发现，2001—2016年，美国进口贸易每年引发的就业岗位流失量为312 500个，同期出口贸易每年创造156 250个就业岗位，填补了岗位流失岗位的一半。因此，贸易活动在美国人所有的失业原因中只占很小部分（不超10%），其余因素包括自动化、技术陈旧和经济衰退。近年来，更有研究[2]发现来自中国的廉价中间品，使美国的制造业产品获得更高的全球竞争力，由此带来消费者支出增加和就业扩张几乎完全抵消了中国进口竞争造成的失业。此外，进口自中国的产品和离岸外包大大降低了在美国的价格[3]，导致美国公司成本大幅节省，成本的降低使美国制造业企业能够将资源转移到它们与中国相比具有相对优势的行业，这反过来又导致这些公司的总体制造业就业和工资增加[4]。成本节约还使离

[1] Kehoe, T. J., Ruhl, K. J., Steinberg, J. B.. Global Imbalances and Structural Change in the United States [J]. National Bureau of Economic Research, 2013.

[2] Feenstra, R. C., Hanson, G. H. Foreign Investment, Outsourcing and Relative Wages [Z]. NBER Working Paper, 1995.
Adao, R., Arkolakis, C., Esposito, F. Spatial Linkages, Global Shocks, and Local Labor Markets: Theory and Evidence [J]. NBER Working Paper, 2019.

[3] Amiti, M., Dai, M., Feenstra, R. C. et al. How Did China's WTO Entry Benefit U. S. Consumers? [J]. NBER Working Paper, 2017.
Handley, K., Limao, N. Policy Uncertainty, Trade and Welfare: Theory and Evidence for China and the U. S [J]. American Economic Review, 2018, 107 (9): 2731 – 2783.

[4] Magyari, I. Firm Reorganization, Chinese Imports, and U. S. Manufacturing Employment [M]. Columbia University, Unpublished Manuscript, 2017.

岸外包公司能够扩大在岸就业，导致离岸外包行业整体就业增加[1]。彼得森研究所的报告认为[2]，贸易扩大化所产生的"利"要远远大于裁员（裁员成本包括失去报酬以及持续长期的失业状态）的"弊"。自2003年以来"利"与"弊"的比例为5∶1，若以第二次世界大战为测算起点，那么上述比例则扩大为50∶1。

（三）利益集团在美国对外经贸政策中的角色

在美国对外贸易投资政策形成过程中，美国建立了与私营部门协调的制度。这项制度是美国根据《1974年贸易法案》建立的，它为美国赢得肯尼迪回合谈判发挥了重要作用。因此，这项制度不仅在贸易法案中的地位得到不断加强，同时，也在美国的多边贸易谈判和双边贸易谈判中发挥了重大作用。美国的利益集团在贸易政策制定中的非官方角色一般为行业协会。这些行业协会由专业人员组成，是自我管理、自我保护的组织。在美国有超过2万家行业的、职业的和非营利的组织，他们以说服有关官员采取有利于他们的观点和利益的行动为目标。这些行业协会在美国贸易政策的制定过程中是一个非正式的、但十分重要的成员。特定的利益集团自我组织起来在"什么或哪个是好的贸易政策"的论辩中扮演不可替代的角色。事实上，每一个大的公司、农场主、进口商、出口商、消费集团、主要的对美出口商等都在华盛顿有常设机构。游说者们尽其所

---

① Kovak, B. K., Oldenski, L., Sly, N. The Labor Market Effects of Offshoring by U. S. Multinational Firms: Evidence from Changes in Global Tax Policies [J]. NBER Working Paper Series, 2017.

② Gary Clyde Hufbauer, Zhiyao (Lucy) Lu. The Payoff to America from Globalization: A Fresh Look with a Focus on Costs to Workers [J]. Policy Brief, Peterson Institue for International Economics, 2017.

能使贸易政策的制定者和普通民众相信他们的特定诉求是与整个国家的利益相辅相成的。他们的日常活动和努力主要包括两个方面：一是公共关系的努力。各利益集团的游说者们通过网站、演讲、研讨会等形式的活动努力使公众形成对该利益集团的良好印象。二是各利益集团通过细心地搜集完整的和及时的信息，努力使自己掌握和了解国内外相关的组织和人士正在做的可能影响该利益集团的各种活动。当一个来自政府部门的关于贸易问题的动议或投票在华盛顿悬而未决时，所有与该贸易问题相关的利益集团都将加强自己游说的努力，游说活动就会白热化①。

多边贸易谈判进程受美国国内利益集团的推动明显。从多边谈判的历程来看，GATT/WTO 多边贸易自由化的进程，主要是由美国和欧盟那些企图进入国外市场的国内利益集团所驱动的。在 GATT 的前几轮贸易自由化进程中，主要是因为欧洲共同体的成立以及欧洲共同体的不断扩张所带来的贸易转移威胁到了美国的国内利益集团，为此美国的利益集团为了扩大欧洲市场而推动了 GATT 的前几轮贸易谈判。而"乌拉圭回合"主要是由美国和欧洲的与服务业（尤其是知识产权）密切相关的利益集团推动，这些利益集团企图在20 世纪 80 年代宏观经济困难的时候扩大海外销售和利润。相反，多哈回合一直未能达成最终协议的重要原因之一，就是以美国为首的"北方国家"（发达国家）的多边谈判的要求者（贸易自由化利益的获得者）的大规模缺席造成的。因为美国在货物、服务和投资等领域单边或区域贸易自由化大大降低了这些利益集团寻求多边谈判

---

① 焦方太. 美国贸易政策制定体制的特点与借鉴 [J]. 国际经贸探索, 2005（3）.

的动机，因此美国等发达国家也不必非得通过在 WTO 内寻求多边谈判的结果来使本国的企业受益。即使在对于美国出口商而言存在很大利益的农业方面，也因为世界粮食价格上涨及农产品进口壁垒的不断降低，美国的农业出口商等与农业相关的利益集团对多哈谈判中农业谈判的兴趣也在降低。

随着全球化的深入推进，美国国内利益集团更加多元化、各自的主张和诉求也更加矛盾。尤其是 2008 年国际金融危机后，美国制造业等传统部门一直萎缩，出口下降，失业率攀升，出现了消费低迷和实体经济空洞化的严重状况，这导致贸易保护主义开始抬头，纷纷指责反对美国政府对外签署的自由贸易协定。尤其是美国积极推动 TPP 谈判时，就受到国内不同利益集团的阻挠和反对。例如，在农产品市场开放方面，美国国内在乳制品、食糖等的市场准入方面存在较大争议。在乳制品领域，在敦促加拿大开放乳制品市场的同时，美国也在千方百计避免对新西兰的开放给国内产业造成冲击；在知识产权保护方面，美国的知识产权保护制度被认为过于偏袒产业界的利益，尤其是 TPP 中的知识产区条款被认为是过于偏袒医药产业部门的利益，对此美国国内很多非政府组织（NGO）都表示反对；在投资开放和争端解决方面，尤其是在投资者与国家之间争端解决问题上，工会、消费群体和部分反全球化组织为一方，工业和服务业中的商业协会为另一方，双方存在严重分歧①。

---

① 金中夏．全球化向何处去——重建中的世界贸易投资规则与格局 [M]．北京：中国金融出版社，2015.

三、从中美贸易失衡看全球化收益分配

弗里德曼在《自由选择》一书中曾说过："一个社会若是把平等（结果平等）置于自由之上，那么最终的结果是既没有平等也没有自由""相反，一个社会若是把自由置于平等之上，那么最终不仅会增进自由，也会增进平等，后者可谓无心插柳之作"。[①] 特朗普贸易保护、反全球化的重要理由之一是美国常年存在的贸易逆差，认为美国的巨额贸易逆差是由 "不公平贸易" 所致，美国此前签署的多边和区域性自由贸易协议中的条款对美国是不公平和不利的，其主张实现贸易差额上的 "平等"。这种可以缩小贸易逆差的想法，导致对自由贸易的粗暴干涉，不利于全球产业分工的优化和整体福利的提升。从中美贸易失衡的分析可以发现，贸易失衡只是传统比较优势的体现，但全球产业分工链条下这种失衡并不意味着利益受损和分配不均，而是互利共赢的体现。

（一）共同利益的扩大与贸易失衡的发展

随着中国融入全球化的程度日益加深，中美之间共同利益不断扩大，已经成为彼此之间的最大贸易伙伴。2016 年，中国对美国进出口贸易占中国进出口贸易总额的比重为 14.1%，而美国对中国进出口贸易占美国进出口贸易总额的比重为 16.1%；2016 年中国和美国进出口贸易额占全球贸易的比重均为 11% 左右，分列第一大和第二大国际贸易国。同时，双边投资也是中美经济关系中的重要组成

---

① 米尔顿·弗里德曼，罗丝·弗里德曼. 自由选择 [M]. 北京：机械工业出版社，2014.

部分，1990—2016 年，美国在华投资总额达 2 280 亿美元。近年来，中国企业对美直接投资快速增长，2000—2016 年中国企业对美直接投资累计达 1 100 多亿美元，尤其是 2010 年后呈现快速增长势头，2016 年同比增长 3 倍以上，为 462 亿美元，极大地促进了美国的就业和经济增长。不少学者的研究①都表明，美国通过与中国的贸易提高了自身的整体福利。美中贸易全国委员会联合牛津经济研究院（2017）的研究②显示，2015 年中美双边贸易和双向投资为美国创造了约 260 万个就业岗位，为美国经济增长贡献了 2 160 亿美元，相当于美国国内生产总值的 1.2%。同时，2008 年中国超过日本成为美国国债的最大持有者。中美在贸易、金融领域形成如此高度的利益攸关，被美国财政部前部长劳伦斯·萨默斯称为一种 "金融恐怖平衡"③。

由于与美国、欧洲等发达国家的产业互补性较强，中美贸易规模迅速扩大的同时，两国间贸易失衡也不断加大。以中方统计口径计算，2006—2016 年，中国对美国贸易顺差从 1 442 亿美元增长到 2 540 亿美元，但对美贸易顺差占 GDP 比重却从 5.2% 下降到 2.2%；而以美方统计口径计算，同期美国对华贸易逆差从 2 341 亿美元增长到 3 470 亿美元，对华贸易逆差成为美国经常项目逆差的重要来源，1990—2016 年，美国经常项目呈现长期逆差且不断加大，经常项目

---

① Hsieh, G. T., Ossa, R. A Global View of Productivity Growth in China [J]. National Bureau of Economic Research, 2011.

Di Giovanni, J., Levchenko A A, Zhang, J. The Global Welfare Impact of China: Trade Integration and Technological Change [J]. American Economic Journal: Macroeconomics, 2014, 6 (3): 153–183.

② The China–U. S. Business Council. Understanding the China–U. S. Trade Relationship [R]. 2017.

③ Kempeu, Frederick. China Stage an Economic Balancing Act [J]. The Wall Street Journal (online), 2006.

差额占 GDP 的比重也从 - 1.3% 增长到 - 5.8%，但对华贸易逆差自 2008 年国际金融危机以来基本保持在 - 1.8% 左右，并未上升。

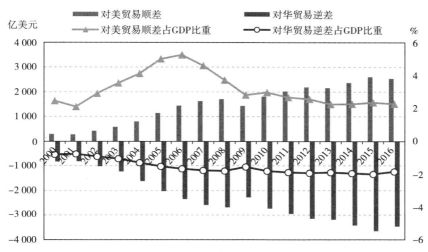

图 2.2　中美两国贸易失衡状况

(资料来源：根据 Wind 数据整理)

(二) 中美经贸失衡是利益分配不均吗

2008 年国际金融危机爆发后，在对危机原因探讨的过程中，美国政府和国内学术界把矛头和重心放在了"全球经济失衡论"上，其核心思想是：美国的贸易逆差和国际收支逆差就是全球失衡，而美国之所以出现贸易逆差和国际收支逆差，是因为某些国家拥有大量贸易顺差，而这些国家之所以有大量贸易顺差，是因为他们刻意"操纵或压低"本国货币汇率。因此，在 2010 年韩国 G20 会议上，美国就抛出了量化全球经济平衡的操作方案，但没有得到通过。2011 年法国 G20 会议美国再次把矛头指向全球经济失衡，试图制定量化经济失衡的共同指标，重订"经常收支的调整方式"，让失衡的责任更多地由创造真实财富的国家来承担。其目的则是推卸责任，并在多边和双边谈判中获得更多的经济利益。特朗普上台后再次拿美国的巨额贸易逆差 "说事"，并将其归因于他国的不公平贸易政策。事实上，对 "全球经济失衡" 的解释还是要多维、辩证、客观地来分析。

历史哲学的视角。从科学和哲学来看，运动是永恒的，所以不平衡是常态。平衡只是一个理想状态，而正是运动中的不平衡，才是发展的动力。在当代经济学理论中，即便有一般均衡理论，但所有政策和理论都是为不平衡设计的。过去几百年的经济史，就是几个国家在一定时期内领跑世界的不均衡发展史。蒸汽机时代的英国，独立后的美国，"二战" 后的日本，20 世纪 60 年代 "亚洲四小龙" 和现在的中国，都是在一个时期中经济快速增长的国家。有观点认为①，当前的全球经济失衡是盈余国家和赤字国家之间有意识的、稳定的安排，对此可称之为 "新布雷顿森林体制"，认为成功的经济发展是由净储蓄从贫穷国家向富裕国家的流动所推动的，而美国的经常项目赤字是布雷顿森林体制恢复的必然结果，这种观点有一定的代表性。20 世纪 80 年代以来，经济全球化深度和广度不断拓宽，各国经济贸易关系日益密切，相互依赖程度不断加深，促进了全球经济的快速发展，在此大背景下全球经济失衡进一步加大。

储蓄—投资缺口的视角。中美贸易失衡乃至全球贸易失衡都只是表面现象，其根本在于美国国家内部存在的投资与消费之间的失衡。美国经济长期以来一直有高负债、低储蓄的特征，美国消费支出占美国 GDP 的比重一直高达 70% 以上，而净储蓄占国民总收入比重从 1960 年的 11% 一直下降到 2009 年的 −2% （见图 2.3），而总

---

① Michael P. Dooley, David Folkerts – Landau, Peter M. Garber. Bretton Woods Ⅱ Still Defines the International Monetary System [Z]. NBER Working Paper 10332, 2009.

储蓄率相比中国也是低了二三十个百分点。对此, 有人认为是中国的储蓄率过高导致美国储蓄率下降, 进而导致中国对美顺差不断增多。事实上, 美国与中国储蓄率的变化在时间段上是不对应的, 美国储蓄率降低始于 20 世纪 90 年代中后期, 而中国储蓄率上升在 2002 年之后, 这说明美国储蓄率在包括中国在内的亚洲国家储蓄率上升之前早就开始下降了, 两者之间不存在显著的因果关系, 故将其归罪于中国储蓄率过高也是不对的①。虽然危机后美国的储蓄率有所上升, 消费有所下降, 但美国消费驱动经济模式长期 "不会变"。美国人的过度消费和储蓄不足造成了过度进口和贸易逆差。美国国内资本海外投资, 追求高回报率, 造成国内产能不足, 而美国长久以来形成的高消费传统导致国内需求旺盛, 只有通过扩大进口以满足国内消费, 因此美国贸易逆差必然存在。由此可以看出, 全球经

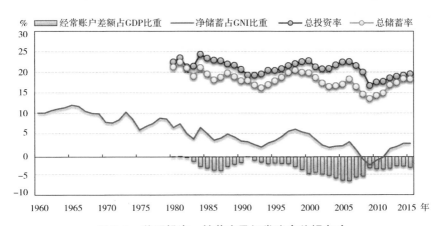

图 2.3 美国投资—储蓄率及经常账户差额变动

(资料来源: IMF, 美国经济分析局)

---

① 周小川. 国际金融危机: 观察、分析与应对 [M]. 北京: 中国金融出版社, 2012.

济失衡本质是由于美国等发达国家投资和消费结构的失衡，是由美国的财政和货币政策的失衡所导致。

全球价值链的视角。传统中美经贸格局中，"顺差在中方，利润在美方"是典型特点，但在全球价值链体系下，贸易差额已难以准确反映各国的贸易获益程度。美国跨国公司在逐利思想的指导下，导致传统贸易统计规则难以准确反映一国的贸易利益得失。传统的贸易统计主要是记录实物货物的价值，而没有知识产权的附加值出口轨迹。虽然中国对美国拥有巨额贸易顺差，但实际很大程度上是美国跨国公司从中获益最多，即"顺差在中国，利润在美国"。在全球产业链的分工合作体系中，美国获得了最大的增值和福利。从制造到服务的整体产业链，美国都占据高端位置，处于"微笑曲线"的两端。根据美国旧金山联储 2011 年一份研究报告的测算，中国制造或提供的产品和服务仅占美国消费支出的 2.7%，而且每一美元的"中国制造"产品中，包含约 55 美分美国制造的成分（包括提供设计、零部件、运输、营销和零售等）。据中国科学院的测算，2010 年到 2013 年，以贸易增加值核算的中美贸易顺差比传统方式统计的中美贸易顺差要低 48% ~ 56%，中美贸易顺差是货物性的顺差。德意志银行的研究报告认为，中美两国贸易失衡不代表经济关系失衡，从更全面的企业"总销售差额"[①] 来看，中美之间的不平衡曾经较大，但在过去十年间这种不平衡已经得到了修正，2018 年中国和美国企业各自从对方市场获得的利益是基本对等的。这一变化主要是

---

① "总销售差额"分为两部分，即美国的大量贸易赤字以及美国跨国公司在华子公司的在华巨额销售盈余（子公司渠道或 FDI 渠道）。报告认为这种基于所有权的差额调整能够更好地衡量两国之间的经济联系。

由美国子公司在中国的销售增长所推动。2010—2015 年，美国在中国的子公司贡献了其全球子公司销售额增长的 1/3。公司层面的数据显示，2016 年和 2017 年，美国公司在中国的销售额增速仍然超过了在其他地区的增速。

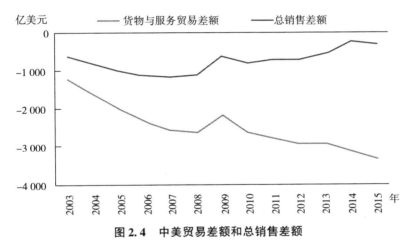

图 2.4　中美贸易差额和总销售差额

（资料来源：德意志银行）

表 2.6　2015 年中国与美国的总销售差额　单位：亿美元

美国向中国的货物出口	1 166	（a）
美国出口中其他国家子公司的贡献	156	（d）
美国子公司在中国的销售，不含出口	1 798	（b）
美国向其位于中国的子公司的出口	79	（c）
美国向中国销售的货物	2 728	（e）=（a）-（b）+（c）-（d）
美国向中国的服务出口	485	（f）
美国子公司在中国的服务销售	510	（g）
美国向中国销售的服务	995	（h）=（f）+（g）
美国向中国销售的货物服务	3 723	（e）+（h）
美国从中国的货物进口	4 841	（1）
中国出口中其他国子公司的贡献	1 059	（4）

续表

中国子公司在美国的销售	54	(2)
美国进口中运往中国子公司的部分	15	(3)
中国向美国销售的货物	3 820	(5) = (1) - (2) + (3) - (4)
美国从中国的服务进口	151	(6)
中国子公司在美国的服务销售	57	(7)
中国向美国销售的服务	207	(8) = (6) + (7)
中国向美国销售的货物服务	4 027	(5) + (8)
货物与服务贸易差额	- 3 675	
总销售差额	- 304	

资料来源：德意志银行。

比较优势的视角。比较优势是进行国际贸易和国际分工的基础，基于此，中国的比较优势在于相对廉价的劳动、土地和资本，因此对美国出口的商品主要是劳动密集型和资本密集型产品；相反，美国的主要优势在于高技术产品和现代服务业，但鉴于意识形态等原因美国一直对华进行高科技产品出口管制，导致美国无法充分发挥对华的比较优势，进而导致美国对华出口的产品竞争力不足，对华出口份额和规模不够。美国研究机构报告显示，如果美国对华出口管制放宽，对华贸易逆差可减少35%左右。

统计规则漏洞及缺陷的视角。一方面，服务贸易统计监管的缺失导致美国等发达国家服务贸易顺差被严重低估。中美之间的总体贸易格局一直表现为某些项目下的单向逆差，双方既有顺差又有逆差。在货物贸易领域，中国是顺差，美国是逆差；而在服务贸易和资本投资领域，美国是顺差，中国是逆差。在现行国际统计制度下，服务贸易领域大量的无形交易没有纳入监管和统计范围，如发达经济体以商业存在方式的服务贸易基本上都超过了现有的服务贸易额，美国的巨大贸易份额被遗漏，其服务贸易顺差数额被严重低估。另一方面，现行的国际原产地规则严重夸大了中国的顺差。所谓的国际贸易统计标准，是指大部分国家在贸易伙伴国（地区）的确认上采用"原产国—终达国"标准，但是在大量跨国生产或转口贸易产生后，判定原产国和终达国都出现了不确定性，这种标准的先天性因素造成了中美统计数据的不对称。因为转口贸易在中美贸易中占很大比重，而中国是按中国为原产国统计的，但美国对中国经中国香港转出口美国的产品是按中国香港地区作为中国的原产地而统计的，这样使美国的贸易逆差变大。根据中美两国贸易统计工作组测算，美国官方统计的对华贸易逆差每年都被高估了 20% 左右，例如 2017 年工作组分析结果显示美国对华贸易逆差被高估了 21%。

专栏 2 中国经常项目差额的变动趋势①

改革开放以来，尤其是自 2001 年中国加入 WTO 后，中国充分利用和发挥自身比较优势（如低廉的劳动力成本、较高的劳动力素质、相对完善的基础设施、完备的工业配套能力，以及广阔的国内市场等），成功融入全球化生产体系，有效承接了国际产业转移，全球资本加速流入中国，中国参与国际分工和全球产业链的程度不断加深，逐渐成为"世界工厂"，同时由于与美国、欧洲等发达国家和地区的产业互补性较强，中国的对外贸易规模迅速扩大，相对应的是经常项目顺差的迅速扩大。2001—2008 年，中国

---

① 袁佳，魏磊. 后危机时代中国经常项目变动趋势分析 [J]. 世界经济研究，2014 (8).

经常项目顺差从 174 亿美元增长到 2008 年的 4 200 亿美元，增加 4 032 亿美元，增长 24 倍；相应的经常项目顺差占 GDP 的比重从 1.3% 上升到 10% 左右。其中，中国对美贸易顺差占中国贸易顺差的大部分。2008 年国际金融危机以后，外需不振、劳动力成本上升等多重因素导致中国经常项目顺差在经历了多年的持续增长后大幅降低，降幅接近 40%。此后几年经常项目顺差呈逐年下降的趋势。在经常项目顺差下降前，经常项目顺差占 GDP 的比重就已经开始降低，经常项目占比从 2007 年的 10.1% 降至 2012 年的 2.3%，2016 年则为 1.9%，国际收支基本平衡，保持在国际社会公认的合理水平内①。那么未来，中国经常项目差额的变动如何？对经常项目差额占 GDP 的比重趋势的研究可以从投资—储蓄率缺口变动的角度去分析，此处将着重对中国经常项目差额的变动趋势进行分析，在分析中将根据经常项目的构成从货物贸易、服务贸易、投资收益与转移支付项目几个方面进行探讨。

一、货物贸易

从周期性和结构性因素看，未来中国货物贸易出口增速将逐步放缓。首先，从大周期角度来看，"二战"以来世界主要国家出口占全球总出口的比重很少超过 13%（美国除外），1972 年的联邦德国以及 1986 年的日本出口占世界的比重最高分别达到过 12% 和 10%，此后比重均逐步下降。即便是美国，在"二战"后出口比重也不断下降，在 1970—2000 年的 30 多年中保持了 10% ~ 12% 的份额徘徊又重归下降的趋势（见图 2.5）。这在一定程度上

① 国际上将经常项目差额控制在 GDP 4% 以内视为国际收支平衡的重要指标。

说明10%～13%是一个门槛，一国出口占世界比重达到这一水平线附近后很难继续提高，也说明达到这一水平的国家很可能国内和国外环境发生了变化，导致难以继续在世界市场中提高出口份额。目前中国货物出口在全球市场的占有率已达到10%以上这一临界线，在全球经济多元化格局越来越分散的今天，中国的出口市场份额继续提高难度很大。随着加入WTO红利的消失，出口增速将逐步放缓，货物贸易出口的高速增长期将成为过去式，未来出口难以继续维持加入WTO前十年的增速，未来5～10年中国出口市场份额有可能呈现下降趋势。其次，从小周期角度来看，2008年以来受国际金融危机和欧债危机的影响，外需低迷降低了中国出口增速，未来美国、欧洲等国家和地区经济复苏必然会促进中国贸易出口，短期内可能会导致货物贸易顺差扩大，但从中长期来看受经济结构性因素变动的影响，货物贸易出口竞争力相较于其他新兴市场国家将有所减弱，中国出口产品国际竞争将日趋激烈，出口增速很难回到历史高位水平。

结构性因素变动将导致中国出口产品国际竞争力相对减弱。国际上一般采用显示性比较优势指数（RCA指数）[①] 来衡量一国产业是否在国际贸易中占有优势，本书选取了中国、印度、墨西哥和东南亚国家，分别对其制造业中的劳动和资源密集型产业、

---

① 显示性比较优势指数是指一国某种商品或服务出口的比率对于该经济体总出口占世界总出口的比率之比。根据比值的大小来衡量该产业是否在国际贸易中占有优势。公式表示为 $RCA_{ij} = (X_{ij}/X_{it}) / (X_{wj}/X_{wt})$，其中 RCA_{ij} 是 i 国 j 产品的显示性比较优势指数，X_{ij} 是 i 国 j 产品的出口额，X_{it} 是 i 国出口总额，X_{wj} 是世界 j 产品的出口总额，X_{wt} 是世界总出口额，RCA 衡量标准一般有四个界限，当小于 0.8 时，说明竞争力极弱，RCA 处于 0.8～1.25 时，说明竞争力一般，RCA 在 1.25～2.5 时说明竞争力较强，RCA 大于 2.5 时说明竞争力极强。

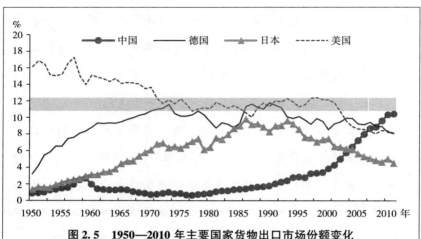

图 2.5　1950—2010 年主要国家货物出口市场份额变化

（资料来源：根据 UNCTAD stat 整理计算）

低技术密集型产业、中等技术密集型产业和高技术密集型产业的 RCA 指数进行测算，结果发现中国制造业 RCA 指数要高于其余三个经济体，尤其是在劳动和资源密集型产业方面具有很强的优势，但这一优势在近十年中已经逐步下降。此外，虽然中国的中、高技术密集型产业国际竞争力近年来有所提升，但整体上竞争力一般或稍强。而印度、墨西哥和东南亚国家在这两个产业方面的国际竞争力也在逐年提高，尤其是墨西哥在中等技术密集型产业方面的出口竞争力自 2007 年以来提高很快，2011 年的 RCA 指数为 1.7，远高于中国的 0.94（见图 2.6）。未来随着中国要素成本，诸如工资水平、土地价格、环境成本的不断提高以及人民币汇率升值等都将极大地提高国内企业生产成本，对我国目前依然为劳动和资源密集型产品为主的出口造成较大冲击。同时，虽然这几年高技术产品出口竞争力不断增强，但绝大多数高技术产品出口都是以外商投资企业为主导的，中国在其中更多的是扮演产品组装者的角色。也就是说中国的高技术产品出口严重依赖于在华外资企业的投资状况，随着中国要素成本的提高，更多的 FDI 将流向东南亚和墨西哥等国，这也将对中国高技术产品出口产生部分挤出效应。

货物贸易进口有望大量增加。历史上，人均 GDP 达到一定水平后对进口的需求会大量增加，对 1970—2010 年德国、日本、韩国和中国台湾地区人均 GDP 增长与进口的关系做简单的面板分析①，可发现人均 GDP 每增长 1 个百分点就能带动 1.1%～1.2% 的进口，

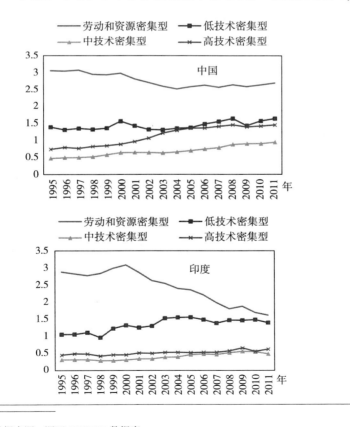

———————

① 数据来源：源于 ONCTAD 数据库。

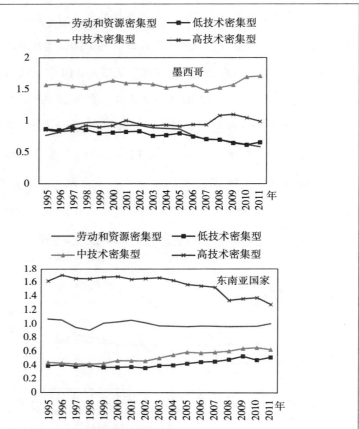

图2.6 中国、印度、墨西哥和东南亚国家分类别出口商品 RCA 指数

（资料来源：根据 UNCTAD stat 整理计算）

而韩国、中国台湾地区在 1986 年以后人均 GDP 分别超过 4 000 美元后，人均 GDP 增速每增加 1 个百分点就可带动进口增加 1.5 个百分点左右，德国和日本人均 GDP 增长对进口的带动作用更强（见表 2.7）。而目前中国人均 GDP 已经超过 4 000 美元，步入中等收入国家行列，未来进口需求将大幅增加，而且随着居民收入的不断提高，对高品质消费品的需求快速扩张，这有望进一步提高居民工资报酬并导致对进口产品的需求进一步提高。另外，随着城镇化、工业化进程的不断加快，中国对石油、煤炭等资源、能源性商品进口将持续增加，对粮食商品等的进口将继续快速增长。

表 2.7　人均 GDP 对进口影响的面板数据（固定效应）

1970—2010 年（德国、日本在 20 世纪 70 年代初人均 GDP 超过 4 000 美元）				1986—2010 年（1986 年后中国台湾地区、韩国人均 GDP 分别超过 4 000 美元）			
变量	系数	T 检验	P 值	变量	系数	T 检验	P 值
C	1.217***	8.271	0	C	-2.194***	15.276	0
德国	1.263***	31.196	0	德国	1.525***	12.330	0
日本	0.980***	29.630	0	日本	1.627***	9.998	0
韩国	1.116***	47.817	0	韩国	1.250***	18.395	0
中国台湾	1.178***	45.590	0	中国台湾	1.484***	15.276	0
R^2	0.983	因变量方差	11.48	R^2	0.956	因变量方差	12.28
调整后的 R^2	0.982	D－W 检验	0.36	调整后的 R^2	0.953	D－W 检验	0.38
F 检验	1 288.8	Prob	0	F 检验	286.757	Prob	0

注：***代表1%的显著性水平，**代表5%的显著性水平，*代表10%的显著性水平。

货物贸易巨额顺差有望逐步降低。传统出口优势的丧失和出口新动能优势的尚未建立，以及可能的大量进口，极有可能导致未来中国的货物贸易顺差持续下降。2014 年货物贸易顺差降至 2010 年以来的最低点，较 2010 年下降 68%；货物贸易顺差占 GDP 的比例从 2010 年的 4.5% 下降至 2016 年的 1.6%。可以预见，支撑中国过去 30 年外汇流入的基础性顺差正在逐步减少。

二、服务贸易

中国服务贸易逆差将呈扩大趋势。服务贸易是很容易被忽视的一个方面，因为 2008 年以前中国服务贸易一直为逆差，但逆差额度较小，均不超过 100 亿美元。但 2008 年国际金融危机之后，中国服务贸易逆差不断增加，从 2008 年的 118 亿美元增加到 2011 年的 550 亿美元，2016 年逆差高达 2 019 亿美元，增长了 17 倍。

从服务贸易国际竞争力的角度来看，中国服务贸易国际竞争力严重偏低。从显性比较优势指数（RCA 指数）来看，2001—2010 年中国服务贸易 RCA 指数均低于 0.5，而当 RCA 指数小于 0.8 时，就说明我国服务贸易竞争力极弱，就 2001 年与 2010 年相比，经过了 10 年的发展，RCA 指数反而从 0.50 下降到 0.45，说明我国服务贸易水平亟须提升。从贸易竞争优势指数（TC 指数）来看，我国服务贸易总体 TC 指数一直小于 0，也说明我国服务贸易不具有比较优势，这反映了我国服务贸易虽然保持了较高的增长速度，但总体竞争力并没有明显的改善，处于国际竞争的劣势地位。从服务贸易结构来看，各服务项目的竞争力差异较大，传统劳动密集型行业具有一定的优势（但旅游服务自 2009 年以来从净出口变为净进口，且逆差不断加大，竞争力不断减弱），而新兴的资本、技术密集型行业则普遍处于竞争的劣势。当然，也有积极的一面，即咨询服务国际竞争力不断提高，这很大一部分得益于服务外包的发展和咨询业开放程度较大。另外，较有贸易竞争力的行业是计算机和信息服务与建筑服务，但是这种竞争力优势也不是特别明显。无论是 RCA 指数还是 TC 指数都表明中国服务贸易国际竞争力偏低。从服务业开放水平来看，虽然中国加入 WTO 已经多年，但服务业开放水平依然偏低，且开放的程度远落后于货物贸易。许多服务行业的对外开放是在加入 WTO 后才真正开始试点、循序渐进的开放的，开放的步伐不是很快，加之国内居民对国外先进服务需求日益上升，这势必会导致服务贸易逆差进一步扩大，服务贸易差额占总贸易差额的比重也有望进一步提高。整体来看，当前部分货物产品的较高关税、进口登记制度等，以及服务业开放的严重滞后都对中国进口需求产生较大抑制，因此未来中国对外进口有着较大的增长空间。在货物贸易顺差减少和服务贸易逆差扩大的双重作用下，未来10年中国贸易顺差有望持续减少，贸易不平衡状况将有所改善，甚至不排除出现总贸易逆差的状况。

三、投资收益与转移支付项目

自2000年以来我国经常项目收益项除了2007年为顺差外，其他年份均为逆差，2000—2012年收益项逆差占GDP比重均值为0.4%。从短期来看，未来几年作为中国对外资产中重要组成部分的美国国债收益率仍将处于较低水平，中国的收益项逆差有增大的可能性。但从中长期来看，随着中国企业"走出去"步伐加快、规模增大，中国国外净资产将进一步增加，同时美国在其经济逐步复苏并退出量化宽松政策后，国债回报率将有所回升，这导致未来5～10年内中国收益项的逆差将逐步减少，且小幅顺差的可能性同样存在。经常项目转移多年来一直保持盈余状态，但占GDP的比重一直处于较低水平，且整体呈逐步降低的趋势，从2003年占GDP的1.05%降到2011年的0.35%，2012年更是在维持了多年的盈余之后首度转为逆差1亿美元。[①]随着人民币升值预期大幅减弱，转移项重新回到2003—2008年高位的可能性不大，未来极

---

① 根据国家外汇管理局"国际收支平衡表"相关数据计算。

有可能呈现小幅逆差的状态。

整体来看，未来中国经常项目差额变动除了受外需变动这些周期性因素影响之外，要素成本上升、储蓄率下降等结构性因素将扮演越来越重要的角色，而这两者都有助于推动中国贸易顺差的降低和服务贸易逆差的提高，进而降低贸易顺差和经常项目顺差。实际上，只要进口有助于提高中国经济结构转型和居民生活质量，即便是出现贸易逆差，经济社会也是健康的，反之，即便贸易差额为常年顺差甚至是巨额顺差，但如果是以资源能源的大量消耗和环境的破坏等全民福利损失为代价，那也是不健康与不可持续的发展方式。

四、中美如何避免 "修昔底德陷阱"

（一）中美合作前景广阔

2008 年国际金融危机后中国在全球事务中的战略空间进一步拓展。美国次贷危机发生后，中国在国际上的政治经济地位凸显。以中国为核心的发展中国家积极同美国等发达国家进行协调与合作，使全球经济迅速走出危机，成功地避免了 20 世纪 30 年代经济大萧条的重演。尤其是 G8 + 5 的后冷战对话机制由此作古，G20 峰会登上历史舞台，这意味着以中国为代表的新兴发展中国家首次以平等身份与传统西方发达国家坐在了世界治理的决策桌旁。而无论是 G20 峰会还是哥本哈根全球气候大会，中国都扮演着举足轻重的角色，中国在全球事务中发挥建设性作用的战略空间得到空前拓展。

随着中国国际政经地位的提升，全球性问题正日益成为中美对话的核心议题。在 2008 年国际金融危机发生之前，中美两国就已经是世界上最重要的两个经济体，而且在 2008 年国际金融危机爆发前的四年中，世界经济迅速发展，中美两国经济增长几乎占全球增长的一半。同时，作为全球最大的贸易国家，中美两国还是世界经济不平衡中的两大对立国：美国是最大的逆差国与债务国，而中国是最大的顺差国并持有巨额美元外汇储备。此外，两国还是世界两大阵营的领导者，美国是发达国家的代表，而中国是发展中国家的代表。

在后危机时代，全球政治与经济环境不但没有使管理中美关系变得更加容易，反而使这种管理变得更为困难，同时也更重要。[①] 美国前总统奥巴马表示，中美关系对于国际事务的影响将远大于其他伙伴关系对国际事务的影响：要解决世界上最重要的事件——包括全球金融危机、恐怖主义、气候变化和能源安全等问题，如果没有中美之间的共同合作将很难予以解决。在当今世界中，全球性挑战需要跨国性的合作来解决，尤其是需要最重要的国家之间进行合作。[②]

肯尼迪·华尔兹在《国际政治理论》一书中指出，"当面对为共同利益而开展合作的机会时，感到不安全的国家必须要询问将如何对收益进行分配。它们必须要问的并非'我们双方都能获益吗'

---

① Carla A. Hills. Thoughts about Managing the US – China Economic and Trade Relationship in the Years Ahead [Z]. The Dr. Scholl Foundation Lecture on US – China Relations, 2009.

② Barack H. Obama. Remarks at the United States – China Strategic and Economic Dialogue [J]. Daily Compilation of Presidential Documents, 2009.

而是‘谁将获益更多’。"① 如果双方都担心对方利用多得的利益和增加的能力，那么即使双方在合作的过程中都能获得丰厚的绝对利益，这一前景也不能促使它们进行合作。② 特朗普上台后，发表的一系列反贸易投资自由化的言论及采取的措施，表面看起来会对中美经贸关系带来一定的不确定性。尽管如此，从本质上看特朗普的"美国优先"思想并不是真的反对自由贸易，而只是希望在对外谈判中，获得更多讨价还价的空间和筹码，实现其所认为的"美国利益最大化"。这种思想在中美之间相互交融且越来越深、共同利益越来越多的背景下，会成为推动中美关系向前发展的重要基础。

中美需要就共同关注的利益在更高层次、更广范围进行磋商与协调。对于中美两国而言，分别作为全球第一大经济体和第二大经济体已经有近 10 年时间，二者 GDP 之和占世界 GDP 的比重近 40%。因此双方关系最重要的还是经贸关系，这也是未来中美在其他领域合作的基础。如同安全领域区分为传统安全和非传统安全两个部分一样，经贸领域同样也有传统和非传统经贸领域之分。

传统经贸领域指的是商品贸易、市场准入、服务业以及知识产权保护等，随着中国经济从外需驱动向内需驱动转型，双边贸易将趋于平衡，但如果美国能放开对华不必要的出口管制措施，中国对美进口可能会进一步增加，有利于充分发挥中美比较优势并实现贸易平衡。中美双边投资协定（BIT）谈判不仅符合双方利益，并可为

---

① 肯尼迪·华尔兹. 国际政治理论 [M]. 信强，译. 上海：上海人民出版社，2003.

② 肯尼迪·华尔兹. 国际政治理论 [M]. 信强，译. 上海：上海人民出版社，2003.

未来的全球多边投资规则奠定基础，如何尽快达成协议至关重要。

非传统经贸领域则涉及经济增长模式、投资、储蓄与社会保险、教育、劳动力问题、环境保护、医疗保健等，其范围更为广泛，合作空间更为巨大。后危机时代，中美双方不仅应该在传统经贸领域，而且应该在非传统经贸领域加强合作，寻找更多的共同利益，这样双边经贸关系发展就具有了持久的推动力，在这些非传统经贸领域的合作加强，也有助于双方在传统经贸领域减少摩擦，降低猜疑。

（二）中美经贸摩擦和冲突不可避免

后危机时代的中美经贸关系不仅由两国的共同利益构成，同时也包括两国的矛盾与分歧。彼此战略评估的模糊以及外来偶发事件的冲击，都会严重影响和制约两国正常贸易关系的开展。近年来，中美经济关系呈现出巨大的和日益增长的"复杂性"，随着两国经济相互依赖程度的加深，相互的关系就需要不断进行调整，但调整的过程常常是痛苦的，这就决定了中美两国在共同利益持续增加的情况下，由"痛苦的"调整所带来的分歧与冲突也越来越多，中美经贸、金融等领域的矛盾和摩擦日渐上升。

2008 年国际金融危机后，美国就把导致危机的原因很大部分归于"全球经济失衡"，并认为以中国为代表的发展中国家储蓄过多导致了此次金融危机。特朗普上台后，再次将美国的贸易失衡问题与人民币汇率、不公平贸易政策等捆绑起来，中美经贸摩擦加剧。美国相继对中国知识产权政策发起"301 调查"，对进口钢铁和铝发起"232 调查"，旨在针对从中国进口的太阳能电池板和大型洗衣机征收高额关税等，通过各种渠道和措施给中国施压。在投资领域，对外投资有利于中美两国创造就业，但美国日益高涨的对华投资保护主义措施导致中国对美投资面临的障碍和羁绊很多，尤其是近年来美国的外国投资委员会（CFIUS）对中国对美投资审查愈加严格，中国对美投资受阻案例数量较高（见表2.8）。

以上只是两国矛盾与分歧的冰山一角，中美之间围绕市场开放、公平竞争、贸易投资保护、知识产权、气候变化等问题的交锋在中长期来看依然会是矛盾重点。尤其是随着中国国力增强和国际影响力的不断扩大，中国在多边体系中的作用和角色也将成为中美博弈的焦点所在。正如美国阻挠其盟友加入由中国倡导筹建的亚洲基础设施投资银行的做法一样。①

表 2.8　2017 年在 CFIUS 审查中受阻的中国对美投资

交易	受阻情况
TCL 收购电子产品厂商 Inseego 的移动热点业务	撤销申请、取消交易
中国半导体投资基金 Unic Capital Management 收购美国半导体测试公司	撤回申请、重新报审
科瑞集团收购生物技术公司 Biotest	撤回申请、重新报审
腾讯和四维图新收购地图公司 Here 10% 的股权	未获 CFIUS 批准、交易取消
蚂蚁金服收购速汇金	未获 CFIUS 批准、交易取消
北京喜乐航收购机上娱乐系统供应商 GEE	未及时通过 CFIUS 审查、交易终止
中国泛海控股集团收购寿险公司 Genwworth Financial	撤回申请、重新报审
海航集团收购对冲基金 SkyBridge Capital	撤回申请、重新报审
中国华信能源有限公司收购精品投资银行 Cowen	未及时通过 CFIUS 审查、交易取消

① 美国曾对英国、韩国、澳大利亚和一些欧洲及亚洲国家施压，要求不要加入亚洲基础设施投资银行，但最终英国等国还是宣布正式加入。

（三）中美对话机制的发展历程及存在的问题

中美实力的此消彼长，中美双方都认识到 "修昔底德陷阱" 的危险性，双方都应努力避免 "碰撞"，防止两国关系脱钩。这就需要加强双方的对话沟通机制。按照新自由制度主义的理论，国家间可以通过建立国际制度来规范行为体行为，从而增强信息的透明性和承诺的可信性，并最终促成合作。①

从中美交往的历史和现实看，彼此的沟通和了解对战略判断的准确性至关重要。两国关系在持续发展的同时却又摩擦不断，重要原因之一就是美国对中国快速崛起后实力的担忧，加之双方缺乏战略层面的经常性交流和沟通机制，以致常常出现战略 "误判"②。基辛格在《大外交》中写道："美国政策同时要与北京睦谊，又要与北京认为对中国安全有潜在威胁的国家交好——这的确是美国的立场——华府与北京之间就必须定期、谨慎地对话。"③ 通过这种所谓的 "定期、谨慎地对话" 进而协调两国间的政治经济关系，这就是两国双边对话机制的基础。

中美之间最早的政策协调对话机制始于 20 世纪 80 年代初，当时由美国财政部和中国财政部共同举办的中美联合经济委员会（JEC），于 1980 年 9 月在美国华盛顿举行，由此揭开中美双边财经协调的序幕。此后，中美联合商贸委员会（JCCT）于 1983 年召开，对话在美国商务部、美国贸易代表以及中国负责贸易的副总理之间

---

① Robert Keohane. After Hegemony：Cooperation and Discord in the World Political Economy [M]. Princeton University Press, 1984.
② 刘长敏. 中美战略对话机制的发展及其解析——守成大国与新兴大国关系的新探索 [J]. 现代国际关系, 2008.
③ 亨利·基辛格. 大外交 [M]. 顾淑馨, 林添贵, 译. 海口：海南出版社, 1998.

展开。JEC 和 JCCT 等中美财经政策协调机制，在一定程度上争取到了美国对中国特色经济制度、政策以及相关措施的理解，促进了中国的改革开放，维护了中美经济的健康、稳定发展。还在一定程度上降低了两国相互采取不稳定经贸政策的可能性，缓解了大量的矛盾冲突，为中美关系的快速健康发展创造了较为良好的外部环境。

随着中美合作水平的不断提升，双方逐渐从关注短期热点转向长期问题。这时中美间需要对话这种形式作为两国经济沟通领域的机制创新，且其重要性日益提高，在此背景下中美于 2006 年举行了第一次战略经济对话（SED），2008 年国际金融危机后，升级为中美战略与经济对话（S&ED）。实际上中美战略与经济对话是将此前的中美战略对话和中美战略经济对话合二为一，使之成为一种"双轨"对话，这一对话机制比以前的战略经济对话机制规模更大、涉及两国部委更多。不仅如此，本国内部与两国之间不同的部委交叉协调，需要更加有效的"官僚统筹"，无疑将中美对话提升到新的高度。尽管如此，当前的中美对话机制依然存在若干问题。

第一，双方在对话机制中体现出的控制力不均衡。在中美对话机制中，议题的选择可以体现出国家利益诉求的关注面，而不同的制度安排则可以决定对话议题的偏重点，从而体现出哪一方主体对特定制度具有较大控制力。① 在以往的中美对话中，那"长长的议题清单"大半是由美国提出，且美国提出议题的质量和准备的详细程度都要高于中国，这就使中国在与美对话中处于被动地位。例如，此前中美对话中所重点涉及的气候变化、能源合作、人民币汇率和

---

① 王一鸣，田野. 中美战略经济对话的制度选择 [J]. 国际政治科学，2009（3）.

知识产权等都是美国政府执政理念和外交理念的真实反映，都是美国在向中国推销其制度模板。而中国国内所关注的中美贸易摩擦、产业结构的调整等却未成为主要议题。这种一边倒似的制度性说教很难体现双方对话的平等性，对双方合作也具有抑制作用。

第二，对话中双方利益诉求推进模式不同，中国利益诉求不够明确。一般而言，美国在多边或双边层面的谈判中，多是通过民众→利益集团→国会→政府行政部门→外交层面的途径，来实现本国政府、产业界和国民的利益。因此对于美国来说，中美建立定期对话机制首先就是美国国内的一种政治需求，这本身来说就是对美国舆论的一种交代，以告诉民众，"我们在对中国政府施加压力，在跟中国谈判"。美国政府力求证明 "我们不是对中国坐视不管的，我们是在谈这些问题"。① 而中国对外谈判的步骤则多是由政府主导，谈判结果由政府通过政策法规的形式推广到地方政府或产业界。这也是为什么在以往的中美谈判或对话过程中美国总能提出大量议题及相应的翔实证据的原因，而中国在这些方面则有所欠缺，结果就容易导致中国对国内各产业利益得失认识模糊，难以充分代表中国企业对外进行自身利益的诉求。

第三，现有对话机制缺乏灵活性，难以应对中美之间日益复杂而频繁的摩擦与争端。虽然中美对话机制层级不断升高、领域不断拓宽、重要性日益提高，凸显出中美愈加重视彼此间的沟通与协调，但从该对话机制属性来看，这一机制举行的频率从此前 SED 的一年两次变为 S&ED 的一年一次，虽然提升了 S&ED 的权威性，但也降

---

① 丁一凡. 中美战略经济对话的回顾与展望 [J]. 国际经济评论，2007 (6).

低了其灵活性与互动性。鉴于中美双方共同利益和矛盾分歧都在日益增多，对话频率的降低使双方无法充分利用该机制对双边和全球范围内出现的新情况和新变化进行沟通协调，不利于两国及时化解矛盾分歧。

加强中美对话有助于中国增强在双边和多边机制的影响。中美经济关系是全球化导致的全球分工和产业链转移的产物，因而不只是双边范畴，中美关系具有双边、地区和全球三层面内涵。① 因此，中美各种对话机制虽然是双边的，但也远超双边范畴，具有地区和全球意义的表征。② 从多边角度来看，中国和美国是推动多哈回合谈判的重要力量，也是重组全球金融监管体系的关键参与者，这意味着两国间的合作与交流将推动全球多边贸易体系和金融体制的发展与改革。不仅如此，当前亚太地区的多边机制发展非常迅猛，各种多边形式的论坛和组织对协调亚太各国的经济与外交发挥着重要作用，但如果中美两国在此方面都各筑各巢，反过头来不利于双方的互信与合作。因此未来中美双方需要采取非常积极和建设性的行动来推动其朝着理想的方向发展，对中国而言也可以在全球谈判中发挥更积极的作用，增强其对全球多边及双边政治与经济格局的影响。

（四）对改善中美对话机制的几点思考③

鉴于后危机时代两国的整体经济地位、面临的共同问题，乃至

---

① 王义桅. 中美关系步入机制化时代：对从经济战略对话到建立军事热线的理解 [J]. 新闻前哨，2007（7）.

② Peter S. Goodman. Paulson Gets Promise Only of Dialogue with China [J]. The Washington Post, 2006.

③ 张汉林，袁佳. 后危机时代中美对话新机制战略研究 [J]. 世界经济与政治，2010（6）.

国内政治格局等方面的变化和发展，未来两国对话从实质到内容都将出现明显的不同。可以预见，未来数年，世界仍将处于既有秩序受到冲击、新秩序尚待建立的特殊阶段，这增加了中美关系整体外部环境的不确定性，美国对华的经贸政策将会更趋强硬。因此，中美之间需要加强对宏观经济政策和货币政策的协调沟通，这不仅对双方意义重大，对全球经济稳定增长也作用巨大。

建立中美首脑峰会机制，全面提升中美对话层面与范围。目前，美国和中国已经有多个双边或多边委员会、对话机制、合作机制以及论坛等，这些机制都是为了解决中美关系中的经贸、环境、能源等各个方面所面临的问题，但发挥的作用还是有限。基辛格在美国国会中指出：“中国要美国帮助平衡它同强大邻国——日本、俄罗斯和印度的关系，至少在它发展到强大得足以靠自己的力量这样做之前。美国需要中国在这些问题上以及在中国台湾问题、朝鲜问题、核扩散和转让武器技术等问题上合作。这些问题至少在今后数十年中应该成为中美对话的关键部分。”① 随着中美对话议题逐渐偏重于战略性问题，且议题重要性不断增加，客观上也对提高对话机制等级提出了要求。一般而言，制度化程度越高的机制越能够对协议的执行形成有效的监督，以增强协议的公信力，扩大协议在国际社会上的“声誉效应”。② 对美国政府而言，受迫于利益集团而实行的背叛，常常有悖于美国的根本利益和外交政策，因而需要更高的制度

---

① 基辛格 1995 年 7 月 13 日在访华之后向国务卿克里斯托弗汇报，并在参议院外委会做证时所作的对中国的评价。

② Charles Lipson. Why Are Some International Agreements Informal？[J]. International Organization，1991，45（4）：598 – 509.

机制予以确认，增强中美协议的执行力，以增大美国对协议的背叛成本。① 因此，中美之间有必要建立首脑峰会机制，在此机制中，可实现中国国家主席—美国总统，以及两国多部门部长级定期的会晤，把对话机制的层面提高到元首级，提高对话层面和议题范围，使双方关系朝着一个理性、对话、多元的方向发展，并且实现峰会的定期举行。在此机制下，可设长期性的中美峰会协调沟通委员会，对共同关注的全球性问题、经济、环境、知识产权及日益增多的摩擦进行及时的协调与沟通，从而有效解决中美峰会机制缺乏灵活性的问题。

中国应充分利用中美对话机制，提出自己的利益诉求。由于中美两国国内都有众多难以获得彼此理解的复杂的政治与经济因素，因此中美对话的关键在于能否向对方的利益所在集团（或部门）施加影响，并利用这个集团（或部门）去影响其他群体。② 鉴于以往中美对话中议题提出质量和数量的巨大差异，在中美进一步互动合作的过程中，不仅是美国，中国也应当从中获得有利于自己发展的政策空间。③ 中国不应让中美对话机制单纯成为美国对中国施加压力的平台，应该充分准备，代表本国企业积极、及时、准确地提出对美国的利益诉求。要借鉴美国经验，在对话或谈判前就做好充分准备，议题的提出上应该对等、详尽，应该做好充分的工作，充分了解本国企业对美贸易、投资过程中的困难，代表自身企业和民众提

---

① 王一鸣，田野．中美战略经济对话的制度选择 [J]．国际政治科学，2009（3）．

② Eswar S. Prasad. Effects of the Financial Crisis on The U. S. – China Economic Relationship [J]. Cato Journal, 2009, 29（2）：234.

③ 宋国有．思考中美战略经济对话的未来 [J]．西部论丛，2008（7）．

出相应的利益诉求。尤其是对特朗普执政期间，对美贸易以及投资都可能会面临严重的保护主义措施，对此应着力于三点：一是放开对华高科技产品出口管制，充分发挥中美比较优势并实现贸易平衡；二是美国滥用贸易救济措施；三是减少和降低中国企业在对美投资所面临的日益增多的安全审查壁垒。

加强政府部门间的互动与利益协调。罗伯特·基欧汉和约瑟夫·奈认为，由于各政府部门的利益诉求具有差异性，如果在对外政策中不同的利益诉求缺乏足够的政策协调，就会为此付出沉重的代价。[①] I. M. 戴斯勒（I. M. Destler）也指出，虽然在整体经济政策目标上美国各行政部门是一致的，但在特定的经济事务中每个部门的目标又各有不同。[②] 例如，美国财政部更倾向于强调货币政策，而美国贸易代表办公室及美国商务部的侧重点则放在贸易方面。中国同样如此。而且在经济政策的制定方面，各部门的利益诉求同样存在差异，如中国的贸易政策和产业政策就经常存在冲突与矛盾。

建立新型中美对话机制则通过"双层互动"的形式，有助于协调两国政府部门利益诉求的差异。一方面可以加强中美两国政府部门间的互动。新中美对话机制使两国对口部门间通过对话的形式进行政策协调，并建立政府间的互信机制。另一方面可加强两国内部各部门间的互动与协调。对于中国而言，新对话机制可以加强外交部、财政部、商务部乃至国防部等各部委内部沟通的机会，从而可

---

① 罗伯特·基欧汉，约瑟夫·奈. 权利与相互依赖（第 3 版）[M]. 北京：北京大学出版社，2004.

② I. M. Destler. A Government Divided：The Security Complex and the Economic Complex [M]. The New Politics of American Foreign Policy，New York：St. Martin's Press，1994：132 – 147.

以更好地协调对话时的政治态度和决策。而在对话机制中美国则加强了部门间利益的协调并促进各政府部门间的互动联系。如中美战略与经济对话是由美国国务院和财政部共同负责，其中美国国务院主要负责中美战略对话部分，美国财政部负责中美经济对话部分；而对于中美商贸联合委员会，则是由美国商务部、美国贸易代表办公室联合负责，美国国务院负责协调（见图2.7）。

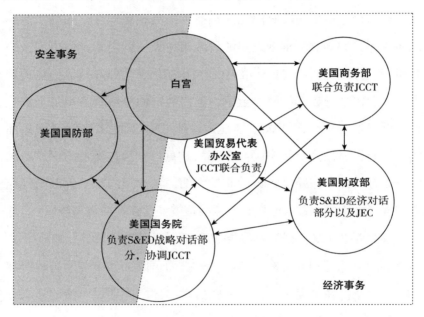

注：圆圈的面积代表各部门在对话中的重要性和影响力。

图2.7 中美双边对话中美国各部门间的互动

对中美对话机制要重视而不偏重，加强对外经贸关系的多元化。一方面，中美经济矛盾错综复杂，需要进一步扩大战略对话和共同磋商。当前的全球政治与经济环境不但没有使管理中美关系变得更加容易，反而使这种管理变得更为困难，同时也更重要。中美之间需要加强对宏观经济政策和货币政策的协调沟通，这不仅对双方意义重大，对全球经济稳定增长也作用巨大。另一方面，对中美对话机制要做到重视而不偏重。因为从本质上而言，随着中国经济实力的不断增强，其与发达国家的共同利益越来越多；但不容否认的是中国目前依然是一个发展中大国，与众多发展中国家的共同利益也非常多，而且在国际事务中，中国依然需要其他发展中国家的大力支持。因此，在加强中美对话的同时，要妥善处理与其他发展中国家的关系，争取得到其他发展中国家的理解与支持。同时不断拓宽海外市场，推动对外贸易投资市场的多元化。

进一步扩大开放是应对美国贸易投资保护主义的有效途径。进一步扩大开放是中美两国共同的政策诉求。客观来看，特朗普政府要求的"公平贸易"有一定的合理之处，因为相较而言，我国部分行业对外开放力度依然较低、政府保护依然较多，事实上这也不利于我国产业竞争力的提高和人民福利水平的提升。因此，党的十九大报告中也强调要以更大的力度、更实的措施全面深化改革、扩大对外开放，包括全面实行准入前国民待遇加负面清单管理制度；履行金融对外开放承诺，全面放开一般制造业，扩大电信、医疗、教育、养老、新能源汽车等领域的开放等。在强化国内竞争、提升效率和提高全民福祉的同时，也将进一步缩小中美贸易失衡状况。此外，全面开放格局的建立，也有助于中国对部分国家的贸易投资保护措施实施更有效的反制，同时又不会过多影响本国企业和消费者福利。

第二篇

全球化红利分配：中国的情况

　　《论语·季氏》第十六篇中有言："丘也闻有国有家者，不患寡而患不均，不患贫而患不安。盖均无贫，和无寡，安无倾。" 大概的意思是，无论是治国还是管家，不是忧虑物质的匮乏而是忧虑物质财富的分配不公，不是忧虑社会的贫穷而应忧虑社会的不安定，只要分配的公正就没有贫穷，社会和谐了就没有匮乏，安定了就不会垮台。

第三章　第一波分配效应：
经济全球化与收入差距

改革开放以来，中国成为全球化的最大受益者之一。全球化为中外产业资本的扩张提供了巨大的机遇，同时带来的就业效应和收入效应也非常显著。从世界范围看，资本回报率高于劳动报酬增长率是普遍现象，因为只有如此，资本所有者才有投资扩大生产的意愿。但如果资本回报长期过高，而劳动报酬增长长期较低，可能就存在资本对劳动的挤出效应，其中很可能伴随着制度缺陷、资源配置扭曲和市场失灵等。对于中国这样一个人口大国而言，"人口红利"是改革开放前30年最重要的比较优势和参与国际分工的重要基础，但同时也应该看到，绝对富余的廉价劳动力导致劳动报酬被长期压低，同时又使企业获得"全球化红利"之外的超额收益，而转轨过程中的制度缺陷使得资本和劳动的收入差距进一步扩大。

一、全球化对收入分配的影响：一个分析框架

（一）贸易全球化对收入分配的影响

经济全球化通过各国生产要素的比较优势，降低要素流动和交易成本，改变要素和商品价格及需求，进而影响对相关行业、商品

的劳动需求和劳动报酬，导致相关国家福利变化与调整。贸易自由化一直都是经济全球化的基础和核心，也是一国或地区参与经济全球化的原动力所在。对贸易利益分配问题的研究可追溯到亚当·斯密和大卫·李嘉图，他们提出的绝对优势理论和比较优势理论，分别阐释了一国参与国际分工的必要性以及贸易利益分配对本国福利分配影响的问题。18 世纪后期，亚当·斯密在《国民财富的性质与原因的研究》一书中，提出一国经济竞争力取决于其在某个产业的绝对成本优势。1817 年，大卫·李嘉图在其《政治经济学与赋税原理》一书中提出了比较优势学说，认为即便 A 国在所有商品制造中比 B 国都更具优势，但只要 B 国在某一种商品制造上的劣势相对不显著，那么使 A 国专注于更具优势的商品制造，B 国从事劣势相对小一些的商品制造，并通过交换可以同时优化两国资源配置和福利。

从国际经验来看，成本优势理论基本符合实际，即便在全球价值链体系下依然如此。尤其从 "二战" 后经济全球化的进程可以看到，国际产业转移都是基于各经济体的要素价格的绝对优势或相对优势基础上推动的。例如，"二战" 后美国、欧洲、日本等国的分工主要是基于战后欧洲和日本的资本和劳动力优势，其中日本经过 20 年左右的发展，到 1970 年，机械工业在制造业产值中所占比重已由 1951 年的 16.63% 上升至 38.89%。随着日本土地和劳动成本的上升，日本开始对韩国和中国台湾地区进行产业转移，1972 年日本对韩国的投资中，劳动密集型的纤维工业占到 61.6%，资本密集型产业的投资仅占 17.1%，随着韩国经济的发展和劳动价格的提高，日本开始向其转移钢铁、有色金属等资本密集型产业，1982 年日本对韩国投资中劳动密集型产业降至 29.6%，资本密集型产业则升至

42%。同样，20 世纪 80 年代开始，随着中国实施改革开放，"亚洲四小龙"的崛起和其国内劳动、土地等要素价格的提升，日本和"四小龙"开始将轻纺、玩具等劳动密集型产业转移到中国内地。

在分析贸易全球化对各国居民收入分配所可能产生的影响时，影响力最大是斯托尔珀—萨缪尔森定理。1941 年美国经济学家斯托尔珀和萨缪尔森合写的《保护主义与实际工资》一文中，提出关于关税对国内生产要素价格或国内收入分配影响的理论，被称之为斯托尔珀—萨缪尔森定理（The Stolper‐Samuelson Theorem，S‐S 定理）。其基本思想是：关税提高受保护产品的相对价格，将增加该受保护产品密集使用的要素的收入。如果关税保护的是劳动密集型产品，则劳动要素的收入趋于增加；如果关税保护的是资本密集型产品，则资本要素的收入趋于增加。把其研究结果扩大到一般国际贸易对收入分配的影响，就是当一国开放其贸易后，出口商品的数量会增加，且相对价格也会上升，那么该国富裕要素的回报率和收益率将趋于上升；而国外进口的增加以及要素的流入又会使该国的稀缺要素受损，结果就是国际贸易虽然能提高整个国家的福利水平，但是并不对每一个人有利，一部分人在收入增加的同时，另一部分人的收入却减少了。国际贸易会对一国要素收入分配格局产生实质性的影响。这也恰恰是为什么有人反对自由贸易。

本书在借鉴 S‐S 定理的基础上，希望从更为系统的角度描述经济全球化各方面对收入分配的影响。假设一国国内企业生产一单位产品需要用 a_L 单位低技能劳动者和 a_H 单位高技能劳动者，其中低技能劳动者工资为 w_i，高技能劳动者工资为 q_i，令 $q_i > w_i$，资金价格为 r_i，劳动力成本所占份额为 θ，资金成本份额为 $1 - \theta$，则生产该产

品的单位成本为

$$C = c\ (w,\ q,\ r) = B\ (wa_L + qa_H)^{\theta} r^{1-\theta} \tag{1}$$

假设该国有劳动密集型和技术密集型两种产业，由两家企业代表，分别为企业 A 和企业 B，企业 A 为劳动密集型，企业 B 为技术密集型，即 $\dfrac{a_{L1}}{a_{H1}} > \dfrac{a_{L2}}{a_{H2}}$，其各自的生产成本分别为 C_A 和 C_B：

$$C_A = c\ (w_1,\ q_1,\ r_1) = B\ (wa_{L1} + qa_{H1})^{\theta} r^{1-\theta} \tag{2}$$

$$C_B = c\ (w_2,\ q_2,\ r_2) = B\ (wa_{L2} + qa_{H2})^{\theta} r^{1-\theta} \tag{3}$$

分别对 C_A 和 C_B 微分，整理可得两企业对 w 和 q 的函数 $c'_A\ (w_1,\ q_1,\ r_1)$ 和 $c'_B\ (w_2,\ q_2,\ r_2)$，如下：

$$c'_A\ (w_1,\ q_1,\ r_1) = \frac{d\ [c\ (w_1,\ q_1,\ r)]}{B\theta r^{1-\theta}} = a_{L1} dw + a_{H1} dq \tag{4}$$

$$c'_B\ (w_2,\ q_2,\ r_2) = \frac{d\ [c\ (w_2,\ q_2,\ r)]}{B\theta r^{1-\theta}} = a_{L2} dw + a_{H2} dq \tag{5}$$

列为矩阵式为

$$\begin{bmatrix} c'_A \\ c'_B \end{bmatrix} = \begin{bmatrix} a_{L1} & a_{H1} \\ a_{L2} & a_{H2} \end{bmatrix} \begin{bmatrix} dw \\ dq \end{bmatrix} \tag{6}$$

从方程（4）和方程（5）可以看出，两式合并后的条件可以说是 S–S 定理的 "国内化"：S–S 定理的假设是两个国家生产两种产品，而本书的假设是一国内两个企业生产两种产品，但所得结论是一致的。把矩阵式（6）以 S–S 定理变化形式有

$$\begin{bmatrix} dw \\ dq \end{bmatrix} = \frac{1}{|A|} \begin{bmatrix} a_{H2} & -a_{H1} \\ -a_{L2} & a_{L1} \end{bmatrix} \begin{bmatrix} c'_1 \\ c'_2 \end{bmatrix}, \ \text{其中，} |A| = a_{L1} a_{H2} - a_{H1} a_{L2} > 0$$

$$\tag{7}$$

对于很多新兴经济体和发展中国家,以中国为例,在改革开放初期,拥有数量庞大的廉价劳动力,因此劳动力成本相对更为便宜,故像企业 A 这种劳动密集型企业在国际市场上更具竞争力,即国际市场对该国低成本的劳动密集型产品需求更大,从而会增加劳动密集型产业的就业,并由此带动该类产品价格和成本(c'_1)的上升,从而会提高该国低技能劳动者的工资(w),进而缩小了高技能劳动者和低技能劳动者之间的收入差距。同样,如果一国的技术密集型企业在国际市场上更具竞争力,那么国际市场对该国技术密集型产品需求更大,进而会导致该国技术密集型工人工资提高,扩大了高技能劳动者和低技能劳动者之间的收入差距。这说明贸易自由化通过价格机制的引导使一国按自身比较优势进行产业结构调整,从而提高具有比较优势的产业的就业和工资水平。反之,非优势产业部门的就业水平和工资水平将会相对降低。但贸易全球化是否会扩大或缩小收入差距,则应主要看该国的比较优势产业是什么,如果是基于高工资水平高技能劳动者的技术密集型产业作为比较优势产业,则会扩大收入差距;如果是基于低工资水平低技能劳动者的劳动密集型产业作为比较优势产业,则会缩小收入差距。

(二)资本流动对收入分配的影响

对于资本流入国而言,假设该国在外资进入深度和广度方面处于较低水平,由于技术水平较低、缺乏资金等,该国生产的产品为劳动密集型产品,其成本函数见方程(1),根据 Shepard 定理,该国企业对低技能劳动者的需求函数为

$$x_L(w) = \frac{d[c(w_1,q_1,r)]}{dq} = B\theta a_L \left[\frac{r}{wa_L + qa_H}\right]^{1-\theta} \qquad (8)$$

对高技能劳动者的需求函数为

$$x_H(q) = \frac{d[c(w_h, q_h, r_h)]}{dq} = B\theta a_H \left[\frac{r}{wa_L + qa_H}\right]^{1-\theta} \qquad (9)$$

假设 $T(z)$ 为外资进入的情况下该国生产劳动密集产品的函数，最优产量由国内企业和外资企业的生产共同决定，市场均衡时该国产品产量为 Z^*，则生产该产品需要的低技能劳动者数为

$$D_L(w) = \int_0^{Z^*} B\theta a_L \left[\frac{r}{wa_L + qa_H}\right]^{1-\theta} T(Z)dz \qquad (10)$$

同样，生产该产品需要的高技能劳动者数为

$$D_H(q) = \int_0^{Z^*} B\theta a_H \left[\frac{r}{wa_L + qa_H}\right]^{1-\theta} T(Z)dz \qquad (11)$$

那么该国对高技能劳动者的相对需求为

$$D\left(\frac{q}{w}, Z^*\right) = \frac{\int_0^{Z^*} a_H \left[\frac{r}{wa_L + qa_H}\right]^{1-\theta} T(z)dz}{\int_0^{Z^*} a_L \left[\frac{r}{wa_L + qa_H}\right]^{1-\theta} T(z)dz} \qquad (12)$$

在开放初期，由于有着庞大的廉价劳动力市场，即存在所谓的 "人口红利"，外资流入主要是为了利用当地的低成本劳动力，因此低成本的低技能劳动者比重（a_L）会相对上升，这意味着对低技能劳动者相对需求增加，导致低技能劳动者工资上涨（前提是劳动市场出清，能有效反映供求关系），收入差距缩小；如图 3.11 所示，随着市场的不断开放，外资流入带来的技术溢出效应会带动该国技术进步，生产单位产品的高技能劳动者比重 a_H 提高、a_L 下降，这意味着对高技能劳动者的相对需求增加（表现为 H/L 的增加），高技能劳动者相对工资上涨（从 E 点移动到 F 点，$\frac{q}{w}$ 提高，见图 3.1），

导致收入差距扩大。而且从实际情况来看，那些具有较高教育水平、管理水平和技术水平，以及拥有熟练劳动技能或特定生产要素的人，都会从 FDI 的增长中获得更多机会和收入。但由于资本流入国，尤其是像中国这样的发展中国家不同行业部门的开放程度不一样，外国资本难以均衡地流入每个行业。开放度较高的行业外国资本流入就较多，该行业的就业水平和工资水平就会提高；对于开放度较低的行业，国外资本进入较少，理论上该行业的就业水平和工资水平会较低。而对于资本输出国而言，由于资本从国内流出，导致国内工作机会的减少或薪酬降低，资本所有者则可以通过在全球寻求最佳投资组合和投资地区获得更多利润。于是在全球化的过程中，发生了经济剩余的分割向资本倾斜的现象，资本输出国内部收入分配的差距因此而扩大。

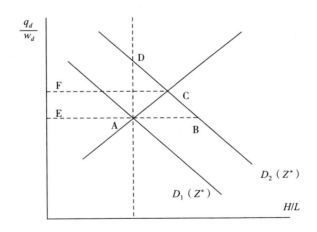

图 3.1　资本流动对收入分配的影响

（三）技术进步对收入分配的影响

技术进步是另一个影响收入分配的重要因素，贸易全球化和资本全球化会带来技术在国际间的扩散与转移（Grossman，Helpman；1991a，1991b），而由此带来的技术进步则可以反映对不同技术层面劳动力需求结构的改变，从而影响劳动力的薪资水平。随着技术的进步，发达国家和发展中国家会增加对高技术劳动力的需求，即 a_H/a_L 上升，从而会提高对此类劳动者的薪资报酬，相应会降低非熟练技术劳动者的需求和报酬。随着一国参与全球化程度不断加深，其经济水平和技术水平不断提高，直至时间点 A（见图3.2），由于对熟练技术劳动者需求明显增加，劳动力市场出现细分，熟练技术工人工资上涨，而非熟练技术工人工资下降至最低工资水平（W_0）。这说明对经济全球化参与程度的加深，会削弱政府对国内产业的保护力度，减少国内市场扭曲，强化市场功能，从而会导致生产要素相对价格的变化，尤其是可能导致低技能劳动者工资水平相对下降，更有可能使很多低技能劳动者失业，从而在全球化的时代中面临被边缘化的威胁。

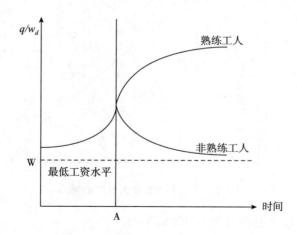

图3.2　技术进步对收入分配的影响

从实际来看，近些年来无论发达经济体还是新兴经济体，高技能工人劳动份额都出现了上升，而中低技能工人劳动份额都出现下降。1995—2009 年，全球中低技能工人劳动收入份额下降超过 7 个百分点，而高技能劳动工人的收入份额则增长了 5 个百分点。比如，美国在 1963—2012 年大学毕业生人数持续增加，但美国大学生的工资溢价（大学毕业生高于高中毕业生工资的百分比）从 1979 年的 48% 增加到 1987 年的 63% ，2012 年该工资溢价高达 96% ，比 1979 年增加一倍。[1] 从产业分布来看，近 20 年中美国的计算机、管理、法律、医疗、金融行业平均收入分别增长了 73% 、43% 、24% 、24% 、23% ，而绝大多数低技能行业收入增长迟缓，建筑、制造、安装维修、农业平均收入仅分别增长 4% 、7% 、7% 和 0。再如，墨西哥在 1985 年加入关税与贸易总协定（GATT），并进行了广泛的贸易与投资自由化改革。在 1985 年中期到 1987 年底该国进口许可证覆盖从 92% 降到 25% ，平均关税税率从 23.5% 降到 11.8% ，与此同时外国直接投资占总投资的比重从 1.4% 上升到 9.8% 。而在 1985 年之前，墨西哥工资不平等的趋势在下降，而在 1984—1990 年，白领阶层的实际小时工资增长了 13.4% 而蓝领阶层工资降低了 14%[2][3] 。

（四）如何看比较优势的"动态演进"

从理论分析框架可以看出，经济全球化对劳动收入分配的影响

---

[1]　Elhanan Helpman. Globalization and Wage Inequality ［Z］. NBER Working Paper 22944, 2016.

[2]　Feenstra, R. C. , G. Hanson. Foreign Investment, Outsourcing and Relative Wages ［Z］. NBER Working Papers, 1995.

[3]　In R. C. Feenstra, G. M. Grossman, D. A. Irwin, et al. The Political Economy of Trade Policy: Papers in Honor of Jagdish Bhagwati ［J］. MIT Press, 1996: 89 – 127.

相对复杂，很难得出直接明确的结论是会扩大收入差距还是缩小收入差距，这主要取决于一国的劳动和资本的比较优势的 "动态演进"。

第一，贸易全球化对收入分配的影响主要取决于该国劳动力的比较优势。如果该国的劳动力主要是廉价的、受教育程度较低的非熟练工人，比较优势是劳动密集型产业，那么对外贸易可以缩小该国收入差距；如果该国劳动力是以高工资水平的熟练劳动力为主，其比较优势为技术和知识密集型产业，那么对外贸易会不利于那些教育水平较低的非熟练工人，进而扩大该国收入差距。

第二，资本全球化对收入分配的影响会随着资本流入国比较优势的变化而改变。一般而言，当一国比较优势为低成本廉价劳动力时，资本流入会缩小收入差距；而当资本流入国比较优势转变为技术密集型产业时，资本流入会扩大收入差距。相比之下，对资本输出国而言，资本流出会导致本国收入差距扩大。

第三，金融深化会导致资金所有者收入相对非熟练劳动者收入有所提高，扩大收入差距；而资金所有者与熟练劳动者之间的相对收入比难以确定。

第四，技术进步会导致生产要素相对价格的变化，尤其是可能导致非熟练劳动者工资水平相对下降，更有可能使很多非熟练劳动者失业，从而扩大收入差距。

二、全球化对居民收入分配的影响： 经验与实证

（一） 全球化的就业和收入促进效应显著

中国成功地融入全球化体系并提供了大量就业岗位。城乡二元结构是中国经济的显著特征，随着开放型经济的发展，对外进出口的快速增长和外资流入创造了大量的就业岗位，释放了农村大量的闲置劳动力，大量人口从农村转移到城市、从农业转移到第二、第三产业。开放初期，东部地区承接了来自日本、中国台湾、中国香港等地的加工贸易 （如来料加工、来件加工等），对廉价劳动力的需求旺盛，导致大量工作岗位和就业机会集中于东部沿海地区，大量劳动人口从中西部向东部沿海发达省市转移流动。有测算估计，改革开放前 30 年，外贸直接和间接带动就业人数达到 1.8 亿左右，特别是加工贸易，带动了 60% 左右的农业人口进入工业化进程，大量富余的农村人口转化为 "人口红利"。据商务部测算 （见表 3.1），2010—2018 年，中国仅货物出口就拉动了近一亿人次的就业量，2011 年货物出口拉动的就业达到峰值 1.14 亿人次，2013 年后，货物出口拉动的总就业有所下降，并在 9 000 万人次波动，2018 年我国对外贸易出口总额再创新高，其中货物出口拉动的本国就业为9 988 万人次，其中一般贸易拉动 7 898 万人次，占货物出口拉动就业的 79.1%，是出口拉动就业的主要力量①。

---

① 商务部. 全球价值链与中国贸易增加值核算研究报告 ［R/OL］. （2019）. http： // gvc. mofcom. cn/en/article/nnews/201902/4242_1. html.

表3.1 2010—2018 年中国货物出口带来的就业情况

年份	每百万美元出口拉动的就业（人次）			总出口拉动的就业（万人次）		
	货物出口	加工贸易	一般贸易	货物出口	加工贸易	一般贸易
2010	61.8	29.1	90.8	9 760	2 153	7 607
2011	60.1	27.5	85.7	11 399	2 298	9 101
2012	45.9	29	58.1	9 401	2 506	6 895
2013	46.5	28.9	57.8	10 277	2 485	7 792
2014	37.8	23.8	46.2	8 842	2 102	6 741
2015	40.3	26.5	47.7	9 159	2 116	7 043
2016	40.6	26.3	48.0	8 509	1 881	6 628
2017	40.3	26.1	47.5	9 129	1 983	7 146
2018	40.2	26.2	46.7	9 988.3	2 090.7	7 897.6

资料来源：商务部. 全球价值链与中国贸易增加值核算研究报告 ［R/OL］. （2019）. http：//gvc. mofcom. gov. cn/en/article/nnews/201902/4242_1. html.

同时，对外贸易也极大地拉动了农业部门的就业。以 2018 年为例（见表3.2），总的货物出口拉动的就业中有 29.7% 为农业就业，一般贸易出口拉动的就业中农业部门的就业占比为 33.3%。加工贸易生产过程中较多地使用进口的原材料，因此对国内基础性产品的消耗相对较少，从而使间接拉动的农业部门就业数量所占比重较低，为 16.3%。就非农业就业而言，2018 年货物出口一共拉动了 7 020 万人次就业，其中一般贸易拉动了 5 270 万人次。服务贸易出口拉动的就业总量与货物出口相比较小，2018 年共拉动 1 221 万人次就业，其中非农就业 994 万人次①。

---

① 商务部. 全球价值链与中国贸易增加值核算研究报告 ［R/OL］. （2019）. http://gvc. mofcom. gov. cn/en/article/nnews/201902/4242_1. html.

表 3.2　2018 年中国出口带来的就业分布情况

	每百万美元出口拉动的就业（人次）		总出口拉动的就业（万人次）		农业就业所占比重（%）
	全部就业	非农业就业	全部就业	非农业就业	
总出口	41.5	29.6	11 209	8 014	28.5
货物贸易出口	40.2	28.2	9 988	7 020	29.7
其中：加工贸易	26.2	22.0	2 091	1 750	16.3
一般贸易	46.7	31.2	7 898	5 270	33.3
服务贸易出口	56.5	46.0	1 221	994	18.6

资料来源：商务部. 全球价值链与中国贸易增加值核算研究报告 ［R/OL］. (2019). http：//gvc. mofcom. gov. cn/en/article/nnews/201902/4242_1. html.

就业市场的活力与就业岗位的增加，大幅提高了城乡居民收入水平。从人均 GDP 角度来看，1986 年中国人均 GDP 为 280 美元，仅相当于世界平均水平的 9.3%；2014 年中国人均 GDP 增长到 7 590 美元，已相当于世界平均水平的 70%，进入中等收入水平国家行列。恩格尔系数①反映的是食物支出在总支出金额中所占的比重，是衡量一个家庭或一个国家富裕程度的主要标准之一。图 3.3 显示，无论是城镇还是农村居民，中国的家庭恩格尔系数整体都呈现下降趋势，2018 年城镇和农村家庭恩格尔系数都降至 30% 以内，城乡居民富裕程度整体呈现上升态势。总之，全球化带来的就业效应和收入效应非常显著，不仅提供了大量的就业岗位，有效提高了居民收入水平，同时还大幅降低了贫困人口数量。

---

①　一般来说，在其他条件相同的情况下，恩格尔系数较高，作为家庭来说则表明收入较低，作为国家来说表明该国穷困。反之，恩格尔系数较低，作为家庭来说则表明收入较高，作为国家来说则表明该较富裕。恩格尔系数达 59% 以上为贫困，50% ~59% 为温饱，40% ~50% 为小康，30% ~40% 为富裕，低于 30% 为最富裕。

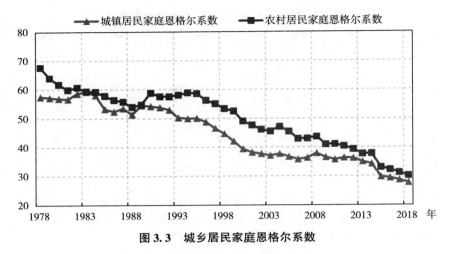

图 3.3 城乡居民家庭恩格尔系数

（资料来源：根据 Wind 数据库整理计算）

（二）从平均主义到收入不平等

改革开放前，中国的收入差距非常小。改革开放前很长一段时间，中国的居民收入基尼系数仅为 0.16。这主要是计划经济时期采取的"大锅饭"制度所致，即职工无论干多干少，干好干坏，都不会影响个人工资分配，工资分配存在严重的平均主义。这种旨在结果平等的绝对平均主义，严重地压抑了人们的积极性、主动性和创造性，导致要素资源配置的严重扭曲和经济发展的严重滞后，最终反而导致人民生活水平的下降与恶化。

改革开放后，居民收入差距不断扩大。除极少数产品外，绝大部分产品的价格都已放开，生产要素市场的构建也不断推进，如建立了双向选择的企业用人制度、商业用地使用权转让实现了"招、拍、挂"、利率市场化取得重要进展、汇率弹性明显增强等。按照"效率优先、兼顾公平"的原则，鼓励一部分人通过辛勤劳动和诚实经营先富起来，先富带动后富。随着土地、资本、专利等生产要素被允许参与收入分配，逐步形成了生产要素按贡献参与收入分配的格局。但随着中国参与全球化程度的不断提高，在居民整体收入不断增长的同时，居民收入差距却也日益拉大。

从整体来看，我国居民收入分配格局的演进呈现"一快一高"两大特征。一是收入不平等恶化速度快。随着技术的进步和资本的全球流动，全球范围内收入差距都存在扩大的趋势，而中国的速度无疑更快。图 3.4 显示，改革开放的前 30 年中，中国最富的 1% 人群的收入增速为年均 8.4%，底层 50% 人群的收入增速为年均 4.5%，而美国最富的 1% 人群的收入增速为年均 3%，底层 50% 人群的收入增速为 0。1978 年，中国比美国和法国都要平等，而 2015 年，中国的不平等程度超过了法国，并且接近美国。[①] 中国已经由改革开放初期世界上居民收入最平均的国家之一，变成世界上居民收入差距较大的国家之一。二是收入不平等程度高。中国的居民收入基尼系数从 20 世纪 80 年代初的 0.2~0.3 一路上升，90 年代中后期就已超过 0.4 的国际警戒线水平（见后文图 3.26）。根据中国国家统计局数据，21 世纪的前十年中国的基尼系数基本维持在 0.48~0.49，而一般认为基尼系数超过 0.5 则可认为该国收入差距悬殊。从国际对比来看，中国已成为全球收入差距较大的国家，因为发达国家的基尼指数在 0.24~0.36（美国偏高，接近于 0.5），虽然大多数发展中国家基尼系数相对较高，但也在 0.4 左右。

---

① Piketty, Thomas, Li Yang, et al. Capital Accumulation, Private Property and Rising Inequality in China, 1978—2015 ［J］. National Bureau of Economic Research, 2017.

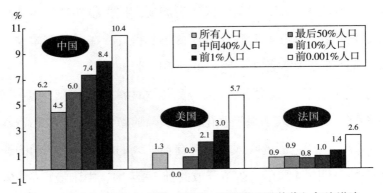

图 3.4　1978—2015 年中国、美国、法国居民税前收入年均增速

（资料来源：Petri，Peter A．，Michael G．Plummer and Fan Zhai．The Trans – Pacific

Partnership and Asia – Pacific Integration：A Quantitative Assessment ［J］．

Washington：Peterson Institute for International Economics，2012）

尽管如此，居民收入基尼系数依然存在低估的可能性。Piketty 等（2017） 利用帕累托插值法估算了中国的居民税前收入分布，结合收入所得税数据、国民收入数据以及财产数据对其修正，并获得最终税前收入分布，结果发现 1978—2010 年，中国收入最高的 1% 人群在全部人群收入中比例从 6% 上升到 15%，而中国统计局的入户调查数据则显示同期该指标从 3% 上升到 7%，存在严重低估（见图 3.5）。对此，王小鲁（2012） 也持类似观点，他认为由于中国的灰色收入主要集中于高收入居民中，但这部分收入很难被统计和观测到，导致这部分居民的实际收入远远大于统计值。①

居民收入差距主要表现在地区间、城乡间、行业间收入差距的持续扩大，这三个方面是造成全国居民收入分配格局恶化的重要因素。

---

① 王小鲁．灰色收入与发展陷阱 ［M］．北京：中信出版社，2012．

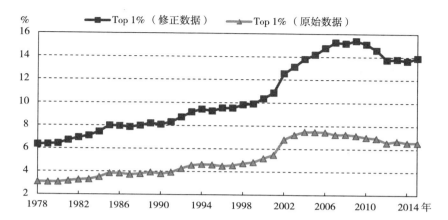

注：原始数据来源于中国统计局公布数据，修正数据是 Piketty 等基于住户收入调查数据利用帕累托插值法（Blanchet，Fournier and Piketty，2017）估算税前收入分布。而后结合收入所得税数据、国民收入数据以及财产数据对其修正，并获得最终税前收入分布。

图 3.5　中国收入最高的 1% 人群收入占比：原始数据与修正数据

（资料来源：Petri, Peter A., Michael G. Plummer and Fan Zhai. The Trans – Pacific

Partnership and Asia – Pacific Integration：A Quantitative Assessment ［J］.

Washington：Peterson Institute for International Economics，2012）

一是地区间居民收入差距不断加大。1980—2010 年，东部地区经济增速远高于中西部和东北地区，东部地区 GDP 所占比重从 1980 年的 42% 增加到 56%，上升了 14 个百分点，此后有所下降，截至 2016 年东部地区经济体量占比为 54%；而中西部地区经济体量占比变化则呈 "U" 形，改革开放的前 20 年比重一直呈下降趋势，直至 21 世纪以来西部大开发、中部崛起战略的实施，中西部地区经济增速明显加快；相较而言，东北地区 GDP 占比则一直呈下降趋势，即便 2004 年以来多次提出东北振兴的口号和战略，但依然未能改变东北地区经济增长缓慢的现实，其占全国 GDP 的比重从 1980 年的 13% 一路下降到 2016 年的 7%，下降近一半。从整体来看，基于人均 GDP 计算的地区间经济发展差异巨大，且呈现倒 "U" 形。麦迪森的计算表明①，2005 年中国 31 个行政区之间的居民人均收入差别为 10 : 1，从全球来看也算 "登峰造极"，相比之下，20 世纪 80 年代，巴西的地区间收入差距为 8 : 1，墨西哥为 6 : 1，美国只有 2 : 1。泰尔指数（Theil Index）是衡量地区间收入差距（或不平等度）的另一个常用指标，1978—2016 年中国人均 GDP 的泰尔指数②整体呈现发散后收敛的态势（见图 3.6），1990—1994 年泰尔指数迅速扩大说明人均 GDP 差距不断提高，此后一直维持在 0.19 的较高水平。2006 年西部大开发战略实施后一段时间呈现收敛态势，2016 年中国人均 GDP 的泰尔指数为 0.14。同全国人均 GDP 差距相比，从东、中、西部地区的人均 GDP 差异看，东部地区各省份人均 GDP 差异最大，中部地区各省市人均 GDP 差异最小，近些年各地区内部经济发展差距也有所降低。

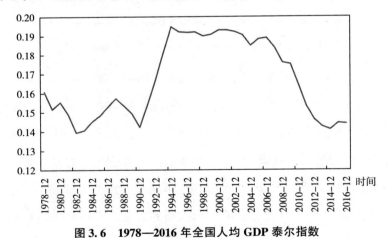

图 3.6　1978—2016 年全国人均 GDP 泰尔指数

① 安格斯·麦迪森. 中国经济的长期表现　公元 960—2030 年［M］. 伍晓鹰，马德斌，译. 上海：上海人民出版社，2008.

② 此处泰尔指数的计算公式为 $T = \frac{1}{N} \sum_{t=1}^{N} \log \frac{\overline{Y}}{Y_t}$，其中 T 为泰尔指数，N 为样本数量，$\overline{Y}$ 为全国人均 GDP，Y_t 为各省人均 GDP。

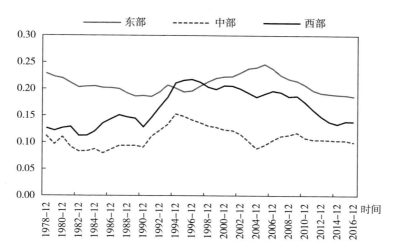

注：东部地区包括北京、天津、上海、河北、辽宁、山东、江苏、浙江、福建、广东、广西共11个省（市、自治区）；中部地区包括山西、内蒙古、吉林、黑龙江、安徽、河南、湖南、湖北、江西共9个省（市、自治区）；西部地区包括四川、贵州、云南、西藏、陕西、甘肃、青海、宁夏、新疆共9个省（市、自治区）。

图 3.7　1978—2016 年东部、中部、西部地区人均 GDP 泰尔指数

二是城乡间居民收入差距显著。城乡收入差距在中国收入差距中扮演着重要的角色，城乡分割的二元结构是造成总体收入差距扩大的重要原因，有研究表明居民城乡收入差距贡献了中国总体收入差距的40%~60%。一方面，城乡居民间收入差距越来越大。1980年，城乡收入差距为2：1左右，2009年扩大到3.3：1（见图3.8），Piketty 等（2017）的计算则更高，为3.7：1[①]，而亚洲其他各国的城乡收入差距在1.3：1到2.2：1[②]。不过，近些年来农村收入增速要高于城镇家庭，2010—2012年，农村家庭人均收入增长了33%，

---

　① Piketty, Thomas, Li Yang, et al. Capital Accumulation, Private Property and Rising Inequality in China, 1978—2015 [J]. National Bureau of Economic Research, 2017.

　② 安格斯·麦迪森. 中国经济的长期表现　公元960—2030年 [M]. 伍晓鹰，马德斌，译. 上海：上海人民出版社，2008.

同期城镇家庭人均收入增长28%，这在一定程度上缩小了城乡差距，2015 年城乡收入差距比降至 2.9：1。另一方面，从城乡内部收入分配情况来看，农村的收入不均等状况更为严重。在 2012 年以前农村基尼系数要高于城镇基尼系数，这一状况自 2010 年前后有所好转，农村基尼系数从 2010 年的 0.4 降到 2013 年的 0.34，同期城镇基尼系数基本维持在 0.35 左右（见图 3.9）。

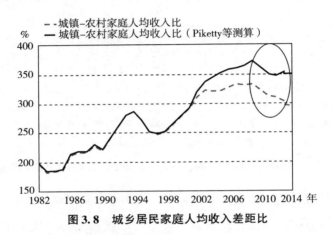

图 3.8　城乡居民家庭人均收入差距比

（资料来源：根据 Piketty（2017）及 Wind 数据计算）

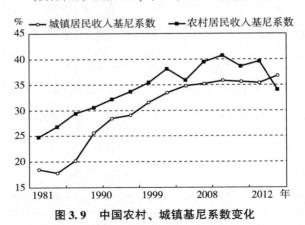

图 3.9　中国农村、城镇基尼系数变化

（资料来源：World Bank，PovcalNet）

三是行业收入差距不断扩大。主要表现为高技术劳动者与低技术劳动者收入差距不断扩大。随着技术的进步和国内外市场的扩大，对高技术劳动力的需求不断增多，进而提高了对此类劳动者的薪资报酬，相对而言会降低非熟练技术劳动者的需求和报酬。Xu 和 Li（2007）用世界银行从中国 5 大城市抽取的 1 500 个企业的数据来研究中国企业对高技术工人需求上升的原因，发现贸易开放对中国工资差距产生负效应，贸易开放令主导企业采用高技术工人的技术，增加了对高技术工人的需求。图 3.10 显示，2010—2015 年，信息技术行业、金融行业、科学研究、技术服务和地质勘查业等技术和教育水平较高的行业薪酬较高，而农业、传统低端服务业（如住宿餐饮业、建筑业、居民服务业）等的劳动报酬则处于较低水平。从发展趋势看，改革开放前 30 年中国居民的劳动收入差距较大且在持续增大，但近年来开始出现下降趋势。从图 3.11 可以看到，知识密集型的信息产业与劳动密集型的农业平均工资之比，在 2004 年达到4.7 的高点后，逐步降至 2016 年的 3.6，而金融业平均工资与农业、制造业、住宿餐饮等传统服务业的平均工资之比，也从 2008 年前后开始下降。

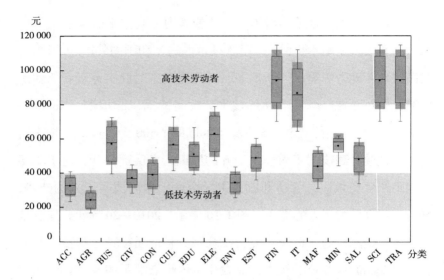

注：AGR—农、林、牧、渔业，MIN—采矿业，MAF—制造业，ELE—电力、燃气及水的生产和供应业，CON—建筑业，TRA—交通运输、仓储和邮政业，IT—信息传输、计算机服务和软件业，SAL—批发和零售业，ACC—住宿和餐饮业，FIN—金融业，EST—房地产业，BUS—租赁和商务服务业，SCI—科学研究、技术服务和地质勘查业，ENV—水利、环境和公共设施管理业，CIV—居民服务和其他服务业，EDU—教育，CUL—文化、体育和娱乐业。

图 3.10 2010—2015 年行业分类平均劳动报酬箱线

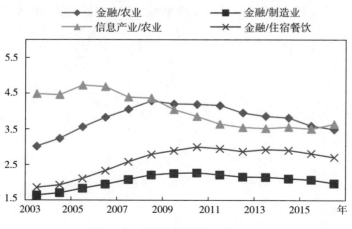

图 3.11 不同行业平均工资之比

（三）实证结果及与理论框架的"异同"

IMF（2007）曾估计过经济全球化对全球主要国家收入分配的影响，本书借鉴以上思路，并在此基础上根据中国参与全球化的特点进行模型修正，把金融全球化变量换作金融深化，因为中国参与全球化的进程主要表现为贸易全球化以及投资全球化，而中国的金融市场及资本项目存在开放时间晚、开放程度低等问题，样本时间段太短，对收入分配的长期影响难以体现。作为替代，加入金融发展深化变量，用以衡量开放条件下中国金融市场的发展对收入分配的影响，把以上变量作为衡量收入分配差距的解释变量，以人均所得基尼系数为被解释变量。通过 OLS 进行回归估计（见表3.3），结果发现：

第一，贸易全球化显著扩大了中国的收入差距。衡量贸易全球化的指标为贸易依存度，贸易依存度的变化可以反映对外贸易在国民经济中所处地位的变化。贸易依存度又可细化为出口依存度和进口依存度，分别代表出口和进口在国民经济中的地位。1978—2006年，中国的贸易依存度从9.6%上升到历史峰值64.2%，此后逐步下降至2015年的35.7%；同期，出口依存度从4.6%上升到2006年的35%，此后下降至2015年的20%，而进口依存度则从5%上升到2006年的28.9%，此后下降至15.1%。实证结果发现，贸易依存度与基尼系数显著正相关，其中出口依存度与基尼系数显著正相关，进口依存度与基尼系数负相关但不显著。对此的解释是，改革开放前30年中，加工贸易是中国外贸出口的主力，但加工贸易的地理分布失衡导致东西部发展差距较大，同时组装加工需要的是大量廉价劳动力，导致在创造大量工作岗位的同时，工人工资增长有限但资本回报巨大。

第二，外资依存度与收入差距显著正相关。外资依存度指标衡量的是外商直接投资在国民经济中的比重。中国的外资依存度整体呈现倒 "U" 形走势，1984 年只有 0.6%，1996 年达到历史最高的 4.8%，此后逐步下降最终稳定在 1.1% 左右。实证结果发现，外资依存度对基尼系数的影响为正面，且效果显著，说明外资依存度的提高同样会拉大中国的收入分配差距。对此的解释与加工贸易类似，因为在前期外资对华投资主要集中于东部沿海地区，且集中于加工贸易等行业，由此导致地区发展的失衡以及行业工资差距的扩大。

第三，金融深化扩大了收入差距。衡量金融深化的指标为私人信贷占 GDP 的比重，1978—2015 年，这一数值从 50.7% 上升到 152%。但实证研究发现，金融深化程度的提高并未使所有人受益，相反可能受益的只是少部分富人或优质企业，结果扩大了收入差距。这也与中国以银行为主的间接融资体系以及不健全的信用体系建设有关，银行等金融机构只能将大多数存款贷给国企、优质私企以及有财产担保抵押的中高层收入群体，且由于这些贷款对象资产信用较好导致贷款成本相对较低；相反小微企业以及贫困家庭则由于缺乏足够的抵押担保品等很难从银行贷款融资，或者贷款成本相对较高。最后的结果就是银行吸收了大量的居民储蓄存款，但贷款只支持了少部分人和企业，某种程度上形成"穷人补贴富人"的现象。

第四，劳动生产率提高也和基尼系数呈显著正相关。随着技术进步带来劳动生产率的提高，进而提高了企业效益，但工资上涨赶不上企业利润的增长，劳动生产率提高所带来的收益绝大多数都转变为资本收益，导致以工资为主要收入来源的中低收入人群与有着投资收益的企业家、高管等高收入群体的收入差距进一步拉大。

表3.3　经济全球化对基尼系数的影响估计结果

	1981—2015 年	1984—2015 年	1984—2015 年	1984—2015 年	1984—2015 年
贸易依存度	4.997***	4.365***	2.77***	2.517***	
	(9.768)	(7.355)	(4.759)	(4.377)	
出口依存度					5.789**
					(2.142)
进口依存度					−1.05
					(−0.31)
外资依存度		8.418*	9.888***	9.217**	9.375**
		(1.775)	(2.675)	(2.484)	(2.531)
金融深化			1.416***	1.444***	1.28***
			(4.486)	(4.762)	(3.817)
劳动生产率 （滞后2期）				2.764*	
				(1.841)	
常数项	0.221***	0.228***	0.14***	0.126***	0.165***
	(10.929)	(9.176)	(5.097)	(4.596)	(4.744)
调整后的 R^2	0.743	0.691	0.821	0.841	0.829

注：1. 括号内为 t 检验值，***代表1%的显著性水平，**代表5%的显著性水平，*代表10%的显著性水平。

2. 贸易全球化的替代变量为贸易依存度，计算公式为：贸易依存度＝进出口总额/GDP，其中，出口依存度＝出口额/GDP，进口依存度＝进口额/GDP；资本全球化的替代变量为外资依存度，计算公式为：外资依存度＝实际利用外资额/GDP；对于金融全球化，由于中国参与全球化的进程主要表现为贸易全球化以及投资全球化，而中国的金融市场及资本项目存在开放时间晚、开放程度低等问题，样本时间段太短，对收入分配的长期影响难以体现。作为替代，加入金融发展深化变量，用以衡量开放条件下中国金融市场的发展对收入分配的影响，计算公式为：金融深化＝私人部门信贷/GDP；以全社会劳动生产率作为技术进步的替代变量。以上变量作为衡量收入分配差距的解释变量，以人均所得基尼系数为被解释变量。

3. 所有数据来自 Wind 数据库，相关变量均为一阶单整。

从整体来看，无论是经验分析还是实证研究，都表明中国参与经济全球化的进程扩大了中国居民收入差距，而本书的理论分析框架结论则认为中国改革开放前期会缩小收入差距，理论与现实之间有着明显的差别。造成这种差别的原因可能有很多，且很大部分与中国的特殊国情有关，例如廉价劳动力存在"市场失灵"、区域发展差距过大，等等。此外，一些体制机制性因素没有体现在理论模型中，但这些体制性对资源配置造成了扭曲，导致居民收入差距的扩大。这些原因都将在下文进行探讨。

三、资本与劳动收入分配失衡

全球化红利与人口红利的有机结合，造就了中国经济增长的奇迹。在此过程中，尽管全球化红利带来的就业效应和收入效应非常显著，但相较而言，资本从全球化的受益程度显然大于劳动的受益程度。从世界范围来看，资本回报率高于劳动报酬增长率是正常现象，因为只有这样，资本所有者才有投资扩大生产的意愿。但如果资本回报过高，劳动报酬过低，可能就不太正常、不太合理了。这种情况下，资本对劳动的挤出，很可能伴随着制度缺陷、资源配置扭曲和市场失灵等。

（一）全球化和人口红利与资本高回报率

全球化红利带来了中国企业利润的高增长。随着改革开放的不断深入，中国逐步从计划经济转型为市场经济，市场机制的建立和市场壁垒的降低释放了巨大的生产力。特别是中国加入 WTO 后，在拥有大量廉价劳动力这一最大比较优势的背景下，成功地利用加工贸易方式快速融入全球价值链，对外出口快速发展，海外市场不断拓展，企业竞争力与企业效益不断地提高。在此期间，中国工业利润额整体保持了高速增长, 2000 年中国工业利润总额增速高达92%, 2003 年为也高达 44% (见图 3.12)。

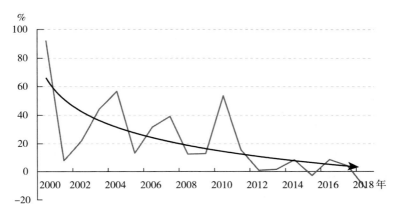

图 3.12 工业企业利润总额同比

(资料来源: 根据 Wind 数据整理)

中国企业的资本回报率一度远高于国际平均水平。资本的相对稀缺和劳动力的绝对富余导致资本的高回报与劳动力的低报酬, 尤其是"人口红利"的存在, 进一步扩大了企业的利润和资本回报, 使中国的资本回报率显著高于国际水平, 也长期高于经济增长率和劳动生产增长率。例如, 1993—2008 年中国平均税后资本回报率在12% ~14% (见图 3.13)[①], 高于同期年均经济增速, 中国的资本回报率一度高于世界主要经济体 (1978—2014 年美国实际资本回报率

① 许多国内外学者都曾对我国的资本回报率进行测算, 但争论较大。例如, 世界银行 (Kuijs, 2005) 通过统计数据计算中国国有企业资本回报率, 发现 1998 年时仅 2%, 但 2005 年已增至 12.7%。Shan (2006) 则认为世界银行高估了中国企业的利润, 其计算的结果平均仅为 8% ~9%。Bai 等 (2006) 和 CCER (2007) 基于不同的核算体系, 分别从宏观层面和微观层面系统性地测算了我国的资本回报率, 二者估计的税后资本回报率与 Shan (2006) 的 8% ~9% 相近。白重恩和张琼 (2014) 测算的 1993—2007 年企业税后资本回报率从 19.3% 降到 11%。

稳定在6% ~8% ，日本等其他主要发达经济体则基本稳定在5% ~
6.5% ）。而皮凯蒂（2014）的研究发现，在过去的二三百年间，发
达国家的平均资本回报率在5% 左右，1990—2012 年年均增长率降
至3.5% 。同时，皮凯蒂认为资本回报率高于经济增长是收入差距和
贫富差距扩大的重要原因，过去几十年发达国家收入差距扩大的主
要原因就在于资本回报超过经济增长。不过，随着近年来劳动力工
资水平的上涨，中国的比较优势发生动态演进和转移，受此影响，
中国企业的投资回报不断下降，2013 年仅为不足5% 。从工业利润
总额来看，2008 年下降为13% ，2018 年甚至为负值。

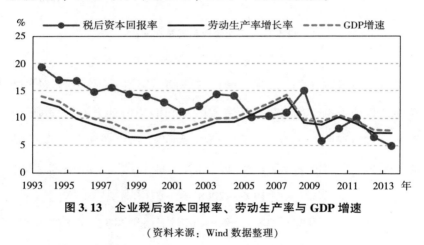

图3.13　企业税后资本回报率、劳动生产率与 GDP 增速

（资料来源：Wind 数据整理）

（二）"人口红利陷阱"导致劳动力市场失灵

"人口红利陷阱"导致广大低技能劳动者报酬被长期压低，未能
充分享受开放红利带来的成果。农村劳动力的跨地域流动，既有助
于资本利用廉价劳动力扩大再生产，也有利于提高就业并获得收入，
无论对于地方政府、用工企业还是劳动者本人而言，都是一个"帕
累托改进"的过程，都能从中获益而没有受损者。但相对于政府部

门和企业部门而言，那些受教育程度较低的劳动者由于工资薪酬水平被长期压低，未能充分享受到开放红利带来的成果。

从国际上看，虽然不同国家差异比较大，但整体而言各国劳动收入份额在长期内基本保持不变，大部分国家的劳动收入占国民收入的比重在 65% ~ 80%[1]。但 1980 年以来，世界上大部分国家的劳动所得份额都在下降。1980—2011 年，全球劳动所得份额从 64% 下降到了 59%。过去 20 年中，世界五大经济体中有四个劳动收入份额出现了下降，但中国下降得最为严重[2]。尤其是改革开放前 30 年，中国的劳动力市场，尤其是廉价劳动力市场工资增长缓慢，导致劳动收入份额持续下降。无论是基于投入产出中间使用表，还是实物交易资金流量表两种方法核算，都能得到这一结论。从更通用的资金流量表的计算来看（见图 3.14），1992—2011 年中国劳动者报酬所占比重从 54.6% 降至 47%，下降了 7.6 个百分点。不过，随着 2004 年、2008 年中国相继实行最低工资标准、新《劳动法》[3] 等强化劳动保护的法律，劳动者权益保障力度不断提高，劳动者报酬占比下降的趋势才逐步得以缓解，基于资金流量表的劳动者报酬占比在 2017 年回升至 51%。居民劳动收入（工资性收入和经营性收入之

① Gollin, Douglas. Getting Income Shares Right [J]. Journal of Political Economy, 2002, 110 (2): 458 – 474.
② Karabarbounis, Loukas, Brent Neiman. The global decline of the labor share [J]. The Quarterly Journal of Economics, 2013 (129): 61 – 103.
③ 中国的最低工资标准制度于 2004 年开始实行，而新《劳动法》则于 2008 年正式实施，规定了劳动者正常的工资调整机制。

和) 在居民收入中所占比重最大①,因此住户部门初次分配收入占比变动趋势与劳动者报酬占比变动趋势基本相同。

图 3. 14　1992—2016 年中国劳动者报酬占比

(资料来源:Wind 数据库)

低技能劳动力市场的供求关系在某种程度上很像凯恩斯所说的 "流动性陷阱"②,对此可称之为 "人口红利陷阱"。通过劳动力市场的供需分析可以更清楚地说明 "人口红利陷阱" 问题。如图 3.15 所示,横轴代表劳动力供给,纵轴代表工资水平,低技能劳动者的供给曲线为 S_L,高技能劳动者的供给曲线为 S_H。在改革开放初期,低技能劳动者数量非常充足,可认为处于无限供给状态;而高技能劳

---

①　居民收入不仅包括劳动收入,还包括股权收益、债权收益等财产性收入和转移性收入,对有些人或家庭而言,财产性收入在居民家庭收入中的比重反而更大。从国家统计局的数据分类看,农村居民家庭人均收入中,经营性收入比重最大,其次是工资性收入(比重越来越高);而在城镇居民家庭人均收入中,工资性收入比重最大但比重逐渐减小。需要指出的是,国家统计局对居民收入构成的调查中,很有可能在很大成分上低估了居民财产性收入的比重,这有可能和受调查居民的样本构成及结构有关。

②　流动性陷阱(liquidity trap)是凯恩斯提出的一种假说,指当一定时期的利率水平降低到不能再低时,货币需求弹性就会变得无限大,即无论增加多少货币都无法改变市场利率,从而使货币政策失效。

动者的供给相对有限，符合正常商品供给曲线。由于"大锅饭"制度导致的绝对平均分配，低技能劳动者与高技能劳动者工资差异很小。在改革开放初期，对劳动力的需求相对较小（需求曲线为 D_1），低技能劳动者的工资价格为 W_{L1}，高技能劳动者工资略高于低技能劳动者（$W_{H1} > W_{L1}$，收入差距为 $gini_1$）。随着参与经济全球化程度的加深，对劳动力的需求增加（需求曲线为 D_2），尤其是以加工贸易为主的出口增加导致对低技能劳动者需求较大，但此时由于低技能劳动者供给呈绝对富余状态，故工资水平不变或缓慢上涨（$W_{L1} \approx W_{L2}$）。S_L 曲线的 OB 段就是所谓的"人口红利陷阱"阶段①，即在此时间段内虽然对劳动力的需求不断增加，但由于廉价低技能劳动者供给过剩，导致其工资报酬被长期压低。与此同时，随着中国经济结构和产业转型升级的不断推进，对高技能劳动者需求增大，导致其劳动报酬价格升高（$W_{H2} > W_{H1}$），进而造成高技能劳动者与低技能劳动者收入差距扩大（$gini_2 > gini_1$）。需要指出的是，这种由于人力资本差异所导致的收入差距扩大，与此前的平均分配主义相比是巨大的进步。因为在市场竞争的环境下，人力资本的回报率大幅提高，专业技术人员、科研人员、管理人员和企业家等可通过自身具有的技术和管理等专业优势，获得较高的劳动报酬，这种市场化的激励机制是提升劳动生产率和促进经济发展的重要动力。

---

① 张汉林，袁佳. 经济全球化、中国收入分配与"人口红利陷阱"[J]. 财经研究，2011（6）.

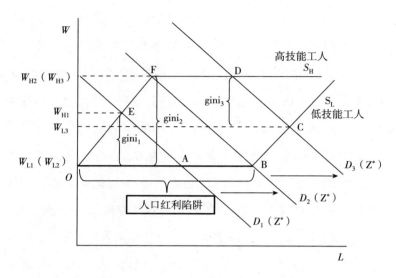

图 3. 15 "人口红利陷阱"导致收入差距扩大

随着"人口红利"的消退和劳动力市场结构的转变，居民收入差距开始缩小。2001 年中国加入 WTO 后，参与经济全球化程度进一步加深，对劳动的需求进一步增加。但随着人口老龄化的逐步到来，廉价劳动力数量开始减少。2004 年前后"刘易斯拐点"到来，农业就业人口从 2004 年的 3. 4 亿降到 2005 年的 2. 8 亿（见图 3. 16），全国开始出现用工荒、招工难现象。同时，随着中国教育普及度的不断提高和高校毕业生的大幅增加，中国受高等教育的人口数量越来越多，初级教育人口数量越来越少。2004—2014 年，小学和初中文化程度的人口数量从 844 人/千人下降到 695 人/千人，而高中以上文化程度人口数量从 225 人/千人上升到 295 人/千人（见图 3.17）。结果就是，随着劳动力数量的持续减少，非熟练劳动力不再是无限供给，长期被压抑的劳动报酬开始增长（W_{L3}）；而教育培训水平的提高以及职业教育、大学教育覆盖率的显著提升，高等教育人口的大幅增加，导致熟练劳动力供给大幅增长，某种程度上也可以认为其处于无限供给状态，故可假定其工资水平将会增长放缓（$W_{H3} \approx W_{H2}$），意味着长期内收入差距会有所减小（此时收入差距为 $gini_3 < gini_2$）。从这个角度而言，如果仅从劳动者报酬角度来看，一国贫富差距会呈现先升后降的趋势，也就是呈现库兹涅茨的倒"U"形曲线。

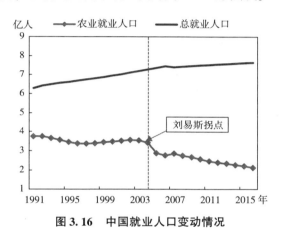

图 3. 16　中国就业人口变动情况

（资料来源：统计局数据计算）

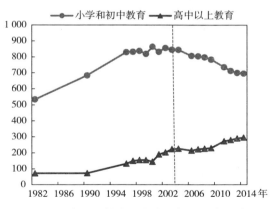

图 3. 17　中国受教育程度人口数量（每千人）

（资料来源：CEIC）

目前，劳动报酬的倒"U"形曲线在中国已经显现。尤其是近年来在一线城市及部分核心二线城市，由于对一些生活类服务业需求的上升，如幼儿保育、快递物流、建筑施工等服务需求的快速增长，这些行业的工资水平快速增长。以北京为例，2014 年北京很多行业的蓝领劳动者工资早已超出普通白领——拉面师月薪12 000 元；公交司机月薪8 000 元；搬运工月薪8 000 元；拌凉菜师傅月薪6 000元，每周还休息 4 天；而诸如月嫂、速递员等工资水平也比较高。在北京市人社局发布的 2014 年度90 个职位工资指导价位中，这种趋势也得到了印证：包括发电运行值班人员、储运人员、西式面点师、铸造工等36 个蓝领岗位综合价位的年平均工资均达到 5 万元以上，都比上一年有较大幅度增长。这些行业的从业人员绝大多数受教育水平相对较低，但行业属性和服务功能却使其在短期缺乏替代性，其工资水平却可能超过本科或研究生学历毕业生。

对于这种现象，"波兰尼悖论"或许能够解释。匈牙利籍英国哲学家卡尔·波兰尼（Karl Polanyi）曾提出一个著名的理论——"人类所知远胜于其所能言传（We can know more than we can tell）。"该理论指出，人类能够从事的一些简单的活动，实际上需要的理解力比我们预想的要多出很多。这样的知识很难被机械、自动化或计算机所替代——对此他称为隐性知识（tacit knowledge）。尽管计算机能够有日益增长的性能，能有人脑无法比拟的速度与准确性，却无法完成在人脑看来非常简单的事情。比如与人类交流、驾驶汽车①、从事具有一定创造性的工作等。波兰尼的理论在人类工作自动化与

---

① 当前随着人工智能技术的迅速发展，机器取代人类进行交流、驾驶汽车已经逐渐成为现实，但技术的完善依然有很长的路要走。

智能化的进程中得到了验证。他将需要有高度创造性、直觉、问题解决能力、劝说能力且需要较高教育水平的工作归类为"抽象"工作,将需要有应变能力、视觉语言理解能力、人际交流能力的,并不需要较高教育水平的工作归类为"手工"工作。这两类工作非常难被自动化的机器替代。所以,技术水平和自动化水平发展的结果是工作不断向两极分化:具有高学历、高技术要求的工作和低学历、低技术要求的工作的份额持续增长,而需要中等学历,能被高度自动化机器替代的工作的份额持续缩减。这种劳动力市场上,高技能和低技能劳动者就业增加,而中等技能劳动者就业下降的现象,在发达经济体均早已出现(见图3.18)。

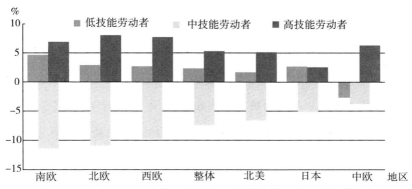

图3.18 1995—2015年发达经济体不同技能劳动者就业份额变化

(资料来源:WTO, IDE - JETRO, OECD, UEBE, World Bank. Global Value Chain Development Report 2019:Technological Innovation〔R〕. Supply Chain Trade, and Workers in a Globalization World, Geneva, Switzerland, 2019)

专栏3 中国 "人口红利" 真的消失了吗

随着劳动要素不断由低生产率部门向高生产率部门流动，全社会整体的生产率也随之提高。1978—2010 年，"人口红利" 对中国经济增长的贡献可达 1/5 ~ 1/4 的水平。但随着时间的推移，中国人口出生率不断降低并保持稳定，人口结构开始出现新的变化，人口老龄化问题愈加突出。近年来，少儿在总人口中的占比达到历史最低的 16.5% 左右，老年人占比则在几十年的持续上升中在 2014 年末首次超过 10%。2010 年，15 ~ 59 岁的劳动年龄人口占比在达到 74.5% 以后开始持续下降。结婚意愿自 2014 年来均处在负值区间，出生人口同比增速则自 2016 年后表现出断崖式下滑。与此相对应的是，全国的总抚养比在 2010 年达到最低点 0.34 之后开始上升，2018 年末上升到 0.4。具体对养老保险而言，剔除 60 岁以上部分人口的赡养比例在 2018 年已达到 42.99%，增速提升明显。从整体来看，"人口红利" 对经济增长的贡献率呈逐步下降的趋势，而资本存量对经济增长的贡献率则逐步上升，同时技术进步的贡献率则呈现倒 "U" 形变化趋势（见表3.4）。

表 3.4　"人口红利"对经济增长的贡献

时间	各要素对经济增长的贡献（%）				人口红利（%）		
	K	h	L	A	h＋L	D	h＋L＋D
1978—2010 年	49.10	6.56	12.00	32.33	18.57	5.33	23.90
1978—1980 年	40.42	10.02	22.14	27.42	32.16	11.85	44.01
1981—1990 年	40.54	6.27	22.53	30.66	28.80	9.42	38.22
1991—2000 年	46.57	8.04	6.56	38.83	14.60	2.14	16.73
2001—2010 年	62.79	4.34	3.89	28.98	8.23	2.49	10.71

注：K 代表资本存量，h 代表平均人力资本水平，L 代表劳动力，A 代表技术进步和制度红利，D 代表抚养比。其中，h＋L 表示劳动力数量和质量带来的"人口红利"，h＋L＋D 代表总体的"人口红利"。

资料来源：社科院人口所.中国人口与劳动问题报告 NO.17——迈向全面小康的共享发展[R]. 2016（39）.

但就此得出中国"人口红利"消退的说法还为时尚早。一方面，此说法忽略了人口就业结构对"人口红利"的重要影响。目前大多数关于"人口红利"的研究，都只是考虑劳动年龄人口数量这一因素。对于经济结构稳定的发达国家而言，劳动要素投入数量变化也许就是人口对经济影响比较核心的内容。但中国正处于二元经济结构的转换过程中，大量的人口从农村转移到城市、从农业转移到第二、第三产业，推动中国城市化、工业化水平的提高。尽管劳动力从农业向第三产业转移不如向第二产业转移对经济增速的拉动作用明显，但整体而言劳动要素是不断由低生产率部门向高生产率部门流动的，全社会整体的生产率也会随之提高，进而促进资源配置效率提高和经济增长。

另一方面，此说法忽略了人口质量的影响。传统的"人口红利"主要是指在中国二元经济结构下从农村转移到城市的受教育水平较低却又数量庞大的农民工，但这种说法忽视了劳动力质量提升对劳动力数量减少的抵消所用。内生经济增长理论告诉我们人力资本对经济增长的重要性，这一理论已经被众多国家的发展实践和广泛的实证研究所证实。过去30多年，中国义务教育、中等教育、高等教育都有了长足的发展，国民受教育水平显著提高，生活水平、医疗条件也显著改善，人均预期寿命大幅增加，在人口老龄化加速发展的今天，人口质量也应该成为人口红利的重要来源。

随着高技能劳动者"人口红利"的形成，未来受高等教育的劳动力也将面临激烈的市场竞争，可能会导致劳动报酬增长放缓。因此，未来应着眼于如何为越来越多的受过高等教育的劳动力提供更多的就业机会，这是解决高技能劳动力收入增长放缓的重要途径。对此，一方面，鼓励大众创业创新，创造更多就业是途径之一；另一方面，则要进一步扩大服务业的对外开放，通过发展中高端服务业、服务外包等方式，充分发挥中国人口质量红利的优势，进而提升中国服务业的国际竞争力。

（三）制度性因素对资本和劳动分配格局的影响

改革开放的前30年间，在初次分配中企业部门对居民部门存在明显的"挤出效应"。从国民收入的初次分配情况来看，企业部门和居民部门间呈现此消彼长的关系（见图3.19）。自20世纪90年代以来，企业部门的初次收入分配占比持续增长，从1992年的18%上升到2008年的28%，提高了10个百分点，2008年国际金融危机后持续下降，2018年降至25%左右。1992—2011年，以资金流量表计算的企业营业盈余则从30.9%上升至39.8%，上升了9个百分点。而

居民部门的初次收入占比从 1996 年最高的 67.2% 下降到 2008 年的
57.6%，下降了约 10 个百分点，2009 年后有所提升。从图 3.20 可
以看出，企业和居民收入的初次分配之比与基尼系数呈正相关关系，
即当企业部门初次分配比重上升而居民部门比重下降时，居民收入
基尼系数扩大；当企业部门初次分配比重下降而居民部门比重上升
时，居民收入基尼系数缩小。

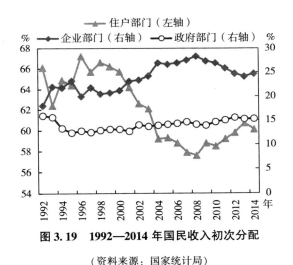

图 3.19　1992—2014 年国民收入初次分配

（资料来源：国家统计局）

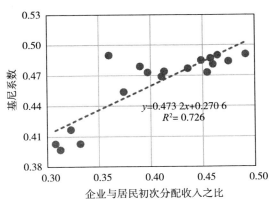

图 3.20　基尼系数与企业居民初次分配收入比

（资料来源：作者计算整理）

"人口红利陷阱"导致企业部门对居民部门产生"挤出效应"，制度的不健全加剧了这一趋势。

一方面，户籍制度、劳动保护制度等不完善导致劳动报酬被长期压低。从劳动力供求关系来看，绝对富余的劳动人口是中国劳动力价格被长期压低的主要原因，但劳动力市场毕竟不能完全等同于普通商品市场，应该有一系列制度保障劳动者收入增长的权益。但很长一段时间内，由于户籍制度改革迟缓、最低工资标准和工资增长机制等劳动市场保护机制的欠缺，成为抑制劳动报酬增长的一只"有形的手"。例如，户籍制度的存在，导致农民工在工资和福利方面受到一定的歧视，也制约了农村劳动力向城市转移的彻底性，使得日益壮大的农民工群体成为城市的边缘人[①]（被称为流动人口）。此外，由于很长一段时间都缺乏对劳动者权益的充分保障，如最低工资标准的监管、执行不到位导致企业工人工资低于最低工资标准，大量非国有企业的工人特别是在私营企业工作的农民工，相对企业而言处于弱势地位。在此期间，拖欠、克扣劳动者工资，超时劳动、推卸劳动者劳保和社保责任的情况频繁出现，人们也经常从媒体上看到"血汗工厂"的有关报道。直到 2004 年、2008 年相继实行最低工资标准、新《劳动法》[②] 等法律，随着"人口红利"逐步消退，劳动报酬的正常增长才得到比较充分的保障，劳动报酬占比下降的趋势才逐步得以逆转。

---

① 蔡昉. 四十不惑：中国改革开放发展经验分享 [M]. 北京：中国社会科学出版社，2018.

② 中国的最低工资标准制度于 2004 年开始实行，而新《劳动法》则于 2008 年正式实施，规定了劳动者正常的工资调整机制。

另一方面，市场机制的不完善加剧了资源配置的扭曲，使资本回报更多倾向于企业。改革开放前 30 年，在"GDP 挂帅"导向下，政府部门过度追求经济增长速度，因此更为重视对企业部门的利益诉求，为招商引资出台了一系列优惠政策，并通过行政手段干预金融机构为国企、政府融资平台等提供融资，政府的过度干预资源配置导致的要素价格信号扭曲，进一步加大了资本对劳动的挤出。

一是"GDP 锦标赛"模式下，地方政府为招商引资以低廉的土地价格和税收优惠等多种方式为企业投资提供大量实质性补贴。长期以来，地方政府把 GDP 作为经济发展的首要目标。在官员考核晋升与 GDP 增长挂钩的背景下，地方政府为了扩大招商引资，在基础设施方面投资巨大，但与民生领域相关的支出则占比较低，并以非常低的土地出让价格提供给企业。这导致很多企业受益于基础设施投资，同时很多外商投资企业都从事加工贸易，加工贸易主要是劳动密集型产业，由于中国劳动力成本低廉且能获得土地、税收等优惠措施，这些企业往往能获得超额利润，结果导致资本和劳动收入差距的进一步扩大。

二是国有企业的"财务软约束"和地方政府的"隐性担保"扭曲了金融资源配置，降低了资金的配置效率。尤其是对国企、政府融资平台等而言，"隐性担保"的存在加剧了市场的信贷配给扭曲。在庞氏博弈（Ponzi Game）中，借款者可以一直借新债偿还旧债利息，在此情况下每一名贷款者都不用担心自己的收益，也不会对借款者实行严格的约束。同样，这种缺乏"财务软约束"的情形也发生在国企身上，政府对国有企业存在的"父爱主义"导致很多国企都存在"财务软约束"的问题，以银行为代表的贷款者会认为政府将救助那些国有亏损企业，进而产生了"隐性担保"的预期。拥有"隐性担保"的企业的违约概率要小于没有"隐性担保"的企业，故银行更愿意向前者提供低成本的信贷支持，总量充裕的流动性会优先进入"隐性担保"的企业而不是进入小微企业和"三农"等薄弱环节。甚至，地方政府对金融机构的信贷行为进行行政干预，如通过行政命令或财政存款等方式强制或诱导银行对地方国企和政府融资平台进行融资贷款，进一步扭曲了信贷资源配置。黄益平和陶坤玉（2011）通过测算认为，资本市场扭曲是所有要素市场扭曲中最重要的市场扭曲，资本生产者补贴相当于整体生产者补贴的40%。同时，预算软约束降低了企业财务约束和破产可能，增强了负债动机。

三是金融体系的不健全，导致居民储蓄对企业融资成本进行了补贴。作为一个发展中国家，中国经济社会的发展离不开政府、企业的投资，这就需要大量的资金作为支撑，而中国长久以来的高储蓄率则为资本积累的形成提供了必要条件。中国储蓄率长期居高不下，2011 年最高达到 GDP 的 52%，此后逐步下降到 2016 年的 44%，但依然很高①。在高储蓄率背景下，由于利率市场化尚未放开，居民存款利率很低，银行可以获得大量的低成本存款。国企和富裕阶层通过银行获取低成本资金扩大生产经营，这意味着信贷配

---

① 中国的储蓄率高主要是因为居民和企业储蓄率较高，如 1993—2003 年居民储蓄率一直保持在 50% 以上，此后逐步降低但依然保持在 45% 左右，而企业储蓄率自 2000 年以来有所下降但也基本维持在 40%。居民储蓄率较高可归结于民族文化传统（如东亚的儒教文化提倡节俭、自律、克制等）、人口结构与经济增长阶段、医疗社保体系不健全等。而企业储蓄率较高，则与企业利润率较高（同国际相比），以国有企业为主的中国企业分红制度不健全，以及中国经济转轨过程中未能充分解决企业成本/利润扭曲等问题有关，这也是有观点认为应该将国有企业股权或更多的利润划拨社保基金的重要原因。

给的金融抑制导致低成本的居民储蓄补贴了资本收益。需要指出的是，大多数国有银行和股份制商业银行信贷资金来源中，小微企业、工薪阶层和农民群体贡献了很大一部分。这种广大居民存钱，少数企业和个人获得贷款的模式特别像一个"漏斗"。"漏斗"的顶端开口较大，允许所有人存钱进来，但最终"漏斗"的底部出口很小，只会将资金贷给少部分企业和个人。尤其是在信用体系和其他产权抵押担保体系还不健全的情况下，普通人群和贫困人群很难通过信用或知识产权等其他产权抵押方式获得贷款，那么在银行占主导地位的间接融资体系中就很容易导致"漏斗效应"的发生，使银行等金融机构更愿意借钱给富人或精英群体，而且借贷数量越高表现出来的结果就是金融深化程度越高。结果就是资本收入份额的提升以及劳动收入份额下降。实证研究也证明，中国金融深化程度的提高显著扩大了居民收入的基尼系数。

四是由于环境保护存在体制缺陷，地方政府为了能够吸引企业投资而牺牲本地的环境资源。由于环境污染的负外部性没有内生化，传统的项目及企业成本核算体系难以充分反映其对环境的影响，相关的环境成本难以计入产品和交易的成本中去。这导致许多污染性项目的回报率高于融资成本，污染行业的投资冲动仍然强烈。而由于污染导致的居民健康问题则要居民自身埋单，增加了居民的医疗支出。亚洲开发银行和清华大学在 2013 年的研究报告中指出，中国的空气污染每年造成的经济损失，基于疾病成本估算相当于国内生产总值的 1.2%，基于支付意愿估算则高达 3.8%。① 上述体制机制

---

① 绿色金融工作小组. 构建中国绿色金融体系 [M]. 北京：中国金融出版社，2015.

问题，使得企业投资成本远远小于社会成本，并获得来自社会财富转移的外部收益，进而促使财富进一步向企业转移，扩大收入差距。

四、开放失衡与地区发展差距

中国的 "春运" 被誉为人类历史上规模最大的、周期性最长的人类大迁徙。30 多年来，在 40 天的时间里春运大军从 1 亿人次增长到 2015 年的 37 亿人次，相当于让非洲、欧洲、美洲、大洋洲的总人口搬一次家。春运的一大特点是从沿海外向型经济发达省市向内陆经济欠发达省市之间的人口流动，其背后隐藏的主要原因就是中国区域间经济社会发展水平参差不齐，资源配置不平衡，导致居民生活及收入水平差别较大。这使得越来越多人口从经济欠发达的内陆地区向沿海发达地区流动，从农村地区向城市流动。中国区域经济社会发展差异大的成因很复杂，既有历史、地理、人文、风俗等内生因素，也受制度和政策等动态外生因素影响，政策制度因素中很重要的一个方面就是对外开放政策的区域性失衡。

（一）开放失衡的 "极化效应"

新制度学和发展经济学家缪尔达尔（G. Myrdal）在其著作《经济理论和不发达地区》（1957 年）中，提出了著名的 "循环累积因果效应"，该理论认为，市场力量的作用一般趋向于强化而不是弱化区域间的不平衡。在发展初期，各地区经济水平基本是一致的，如果此时某些地区受到外部冲击或其他力量的作用，经济增长速度快于其他地区，区域间的经济发展就会出现失衡，这种不平衡发展到一定程度会导致地区间的人均收入、工资水平、利润率以及整个经济发展的水平出现差距，而且在循环累积因果的作用下导致发展快的地区更快，发展慢的地区更慢，地区发展差距逐渐扩大。在经济循环累积过程中，这种累积效应有两种相反的效应，即回流效应和扩散效应。前者指落后地区的资金、劳动力向发达地区流动，导致落后地区要素不足，发展更慢；后者指发达地区的资金和劳动力向落后地区流动，促进落后地区的发展。

总之，循环累积因果论认为，经济发展过程首先是从一些较好的地区开始，一旦这些区域由于初始发展优势而比其他区域超前发展时，这些区域就通过累积因果过程，不断积累有利因素继续超前发展，导致增长区域和滞后区域之间发生空间相互作用。赫希曼（A. O. Hirshman）提出的"极化涓滴效应"与此理论非常相似。赫希曼认为，如果一个国家的经济增长率先在某个区域发生，那么它就会对其他区域产生作用。为了解释方便，他把经济相对发达区域称为"北方"，欠发达区域称为"南方"。北方的增长对南方将产生不利和有利的作用，分别称之为极化效应和涓滴效应。

自 20 世纪 80 年代以来，中国最主要的区域政策都是围绕着改革开放展开的，但不同区域开放步伐是不同步的，开放力度也是不均衡的，整体来看东部地区的开放步伐最快，开放优惠政策也最大。而且这种地区偏向性开放优惠政策不仅表现在对区域省市的开放开发上，也表现在东、中、西部地区所设立的国家级开发区上①。这些国家级开发区在区域间的地理分布不仅数量不平衡，在对外进出口和利用外资方面的巨大差异更是使得这些国家级开发区在经济规模、

---

① 主要是指国家级经济技术开发区、高新技术产业开发区、保税区、边境经济合作区、出口加工区和其他国家级开发区。

质量和发展水平上差距更大。此外，受"梯度发展理论"影响①，国家投资重点也主要放在东部地区，以便充分利用东部地区地理优势、经济优势和工业基础，充分利用国内外两个市场。

一方面，区域间的对外贸易存在着极大不平衡，中西部地区开放严重不足。改革开放以来，东、中、西部地区对外贸易依存度均呈上升趋势，这说明东、中、西部地区对外开放水平均在提高。1985 年东部地区外贸依存度为 20%，此后东部与中西部对外开放的差距不断扩大，2006 年其外贸依存度一度达到 90%，2008 年后随着国际金融危机导致的外需减弱、产业结构升级和内需增强等多重原因，东部地区对外贸易依存度不断下降，这与全国的走势是一致的（因为东部地区对外贸易占比最大），30 多年来贸易依存度走势整体呈现倒 "U" 形。相比之下中西部地区外贸依存度 1985 年仅为 4% 左右，此后逐年提高，2015 年其外贸依存度达到 10% 左右的水平，但部分地区外贸依存度还是只有 4%～5%。其中，对于东部地区而言，北京、上海、广东和其他东部省市外贸依存度最高，开放程度和深度提高很多，而辽宁、河北、广西等省份的外贸依存度则偏低。

另一方面，东西部外商直接投资（FDI）的严重失衡导致"中心—外围"模式突出。FDI 不仅对中国整体国民经济，并且对中国区域经济增长产生重要影响。改革开放之初，FDI 高度集中于东南沿海地区，尤其是珠江三角洲地区。随着中国区域对外开放的梯度推进，国外直接投资也由东南沿海地区，逐渐"北上"和"西进"。尤其是在 1992 年邓小平南方谈话以后，全国的 FDI 不仅在数量和规

---

① 这一理论认为中国经济发展应像阶梯一样，从东部、中部到西部，一步一步地往上去。

模上跃上了一个新的台阶（1993 年 FDI 的合同金额达 1 114.36 亿美元，是 1979—1992 年的总和），而且投资的区域分布也呈现出由东部沿海逐步向中西部地区渗透的趋势。1991—2000 年东部沿海地区的 FDI 占全国 FDI 份额由 92% 下降到 87.8%；西部地区 10 省区的情况变化不大；中部地区 FDI 所占份额由 4.8% 提高到 9.1%。但整体而言，无论是外资依存度还是人均利用外资，东部地区都远远领先于中西部地区，其中既有存量的积累原因，也有开放政策、地理因素和营商环境等原因。而且由于加工贸易等原因，外商投资又与外贸进出口密切相关，这导致东部地区的对外开放程度远高于中西部地区。

根据"循环累积因果效应"，开放优惠政策会使原本就拥有地理优势、资金优势和人力资本优势的东部地区更具有吸引力，进而吸引更多的资金、劳动力涌入东部地区，进一步促进其经济发展。众多鼓励对外开放的优惠政策和措施多数是给了东部地区，这固然是考虑到东部地区基础设施较为完善、外商投资较多、发展较为完备的因素，但也进一步挤占了外资对中西部地区进行投资的空间，并导致金融资源和人力资本在地区间流动和分配的失衡。同样的情况发生在城市与农村之间，由于长期的城市投资偏向政策，很多金融机构在农村设点都是只存不贷，而如农村信用社、农业银行等金融机构由于经营目标、服务对象以及规模实力等使农村社会化金融服务缺位，信贷投入不足。而且，农村金融机构大多只是开展存、贷、汇等传统商业银行业务，而贷款在期限、利率、额度等方面都难以满足现代农村对资金的基本需求。从整体来看，长期以来农村资金被城市抽走，大量农村形成了一个"低收入—低资本形成—低收入"

的恶性循环。

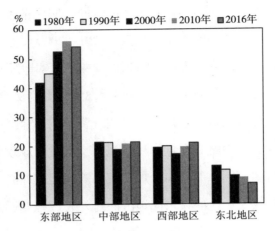

图 3.21　中国四大区域 GDP 占比

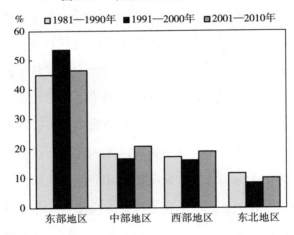

注：此处东部地区包括北京、天津、上海、河北、山东、江苏、浙江、福建、广东、广西共 10 个省（市、自治区）；中部地区包括山西、内蒙古、安徽、河南、湖南、湖北、江西共 7 个省（市、自治区）；西部地区包括四川、贵州、云南、西藏、陕西、甘肃、青海、宁夏、新疆共 9 个省（市、自治区）；东北地区包括辽宁、吉林、黑龙江省（市、自治区）。

图 3.22　四大区域固定资产投资占比

（资料来源：根据国家统计局数据计算）

从国际经验来看,那些积极参与经济全球化的国家经济增长速度都很快,而且收入呈现收敛状态;那些没有参与到全球化进程的国家不仅相对收入水平下降,绝对人均收入水平也在下降。中国的经验亦是如此,东、中、西部开放的环境、政策的失衡导致区域间增长差异扩大,进而导致各区域人均 GDP 差异较大。因此,中国地区发展差距不是由扩大开放造成的,而是由地区间市场开放程度的不一致导致的。开放程度越高的地区,从全球化中的获益就越多,发展就越快,居民收入就越高;开放程度越低的地区,从全球化中的获益就越少,发展越落后,居民收入就越低。图 3.23 和图 3.24 显示,东部沿海地区的外贸依存度和外资依存度较高,人均 GDP 也比较高;中西部和东北地区外贸依存度和外资依存度都相对较低,人均 GDP 也比较低。

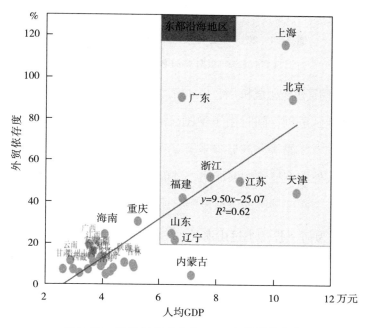

图 3.23 2015 年各省人均 GDP 与外贸依存度

(资料来源:根据 Wind 数据计算整理)

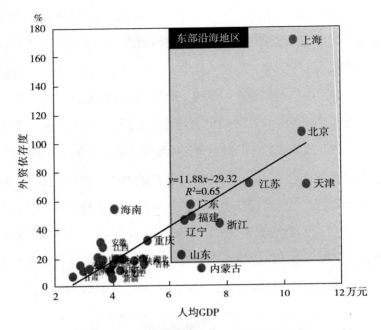

图 3.24　2015 年各省人均 GDP 与外资依存度

（资料来源：根据 Wind 数据计算整理）

2008 年国际金融危机后，以加工贸易为主的东部沿海地区的外向型经济受到重创，同时由于中国区域协调发展战略的实施，土地和劳动力成本高昂等，部分产业开始从东部向中西部转移，这使得中西部地区外向型经济发展加快，进而带动了整个经济的快速增长，使得东部与中西部地区的发展差距有所缩小。

（二）为何 "投资不过山海关"

对中国而言，全球化红利体现在多个方面，其中最重要的一点就是通过扩大对外开放倒逼改革，很多改革措施、改革领域和改革区域，都是因开放而推动，因开放而倒逼，因开放而兴起，对外开放极大地提高和完善了中国法治化、国际化、便利化的营商环境。

改革开放以后，中国东部沿海地区凭借其率先改革开放带来的体制创新优势，经济发展十分迅速。以广东省为例，作为资源并不丰富的省份，广东在发展开放型经济中取得了令人瞩目的成绩。当时作为中国最早对外开放的"窗口"，广东在吸引 FDI 方面具有绝对优势，1984 年中国东部沿海地区吸收各种形式的外商投资占全国的 96.73%，其中广东就占到 73.42%。2000—2002 年广东外贸进出口占全国的比重一度高达 35%，它引导广东以至全国融入全球经济一体化的浪潮，成为广东经济链条中重要的组成部分。正是依靠外向型经济的带动，以优惠政策、减税让利为手段吸引外商直接投资，积极发展以加工贸易为主的进出口贸易，直至实行"引进来"与"走出去"战略并举，广东经济保持高速增长，并一举成为中国经济第一大省，成为中国改革开放的"试验田"与"排头兵"。而作为改革开放的"窗口"和"实验田"的深圳，充分利用国家的特区优惠政策，从 20 世纪 80 年代初一个人口不到 3 万的贫穷边陲小镇，发展到目前常住人口近千万，无论是 GDP 还是人均 GDP 都名列前茅的一线城市。开放的经济体制营造出良好的营商环境，根据世界银行的排名，广东营商环境在全国省会城市名列前茅，其中开办企业时间排名第 3 位，政府执行合同排名第 1 位。广东的经验表明，推动高水平的开放创新和经济发展，除了利用好自身的比较优势和要素禀赋外，更要优化制度供给：一是要大力改革创新、深化开放程度，解放思想，完善市场经济体制机制，提升本地创新环境的国际竞争力、营造良好的营商环境。二是大力发展开放型经济，打破要素跨境流动壁垒，有效吸收、利用和整合外部资源。

与广东相比，作为"共和国长子"的东三省土地肥沃、物产丰富。20 世纪 80 年代之前一直是中国重要的工业基地，有着雄厚的工业基础，传统重工业制造业发达，钢材、亚麻纺织、军工、化工、电力设备、汽轮机等产品一度全国领先，且煤炭、石油等自然资源丰富。同时，东北地区教育资源丰富，人力资源密集，高端人才丰富。但近些年来，体制性、结构性及资源性等问题凸显，整个东北地区经济发展出现明显减速降温，经济增速持续在全国排名倒数，经济发展环境也不断恶化。

2016 年，在全国经济增速有所回升的大背景下，东北的辽宁、黑龙江和吉林三省经济增速分别为 -2.5%、6.1% 和 6.9%，增速排名分别是倒数第一、第三和第六名。对于作为沿海省份的辽宁经济增长出现断崖式下跌甚至是负增长，原因有很多，其中统计数据作假而引起的数据 "挤水分"① 是重要原因之一。但从时间序列的纵向观察可以看到，辽宁经济下滑其实由来已久，"挤水分" 虽然对经济下滑有负面作用，但并非主要原因。开放型市场经济体制的落后、营商环境恶劣是东北经济发展迟缓的根本原因，"开门招商，关门打狗" "投资不过山海关" 等都是形容东北地区营商环境较差的。由于东北地区基本缺席了前 30 年的国内改革开放，相当于新中国成立后几十年都受计划经济体制的影响，政府官员和普通民众的思想和观念都比较僵化。东北的开放型经济体系建设滞后主要表现为两方面：

一方面，对外开放的程度明显滞后，成为制约东北三省经济发展的最大短板。以 2014 年为例，当年东北三省占全国经济总量的

---

① 2014 年，中央巡视组首次对辽宁进行巡视便发现其经济数据弄虚作假现象，2016 年更明确指出："一个时期辽宁全省普遍存在经济数据造假问题"。2017 年 1 月，辽宁首次对外确认了数据造假问题，并表示要认真地 "挤水分"，夯实经济数据。

9%，但进出口总额却仅占全国的 3.6%。从外贸依存度来看（见图
3.25），2014 年东北三省对外贸易依存度为 19.8%，低于全国平均
水平 28.2 个百分点；到了 2016 年，黑龙江省外贸依存度仅为
7.1%，吉林省为 8.2%，辽宁省为 25.9%①，而全国外贸依存度为
32.7%，可以说整个东北地区在对外贸易方面位列全国之末。外资
企业进入数量少，实际吸引外商投资规模也落后于多数中西部省份。

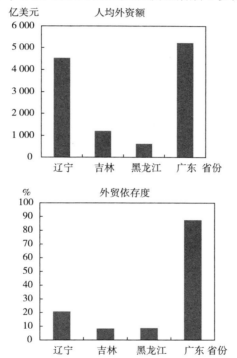

注：东北地区包括辽宁、吉林、黑龙江省（市、自治区）。

图 3.25　东北地区与广东对外开放指标比较

（资料来源：根据 Wind 数据整理）

---

①　数据来源：海关总署综合统计司. 中国外贸进出口年度报告 2017 ［M］. 北京：中国海关出版社，2017.

另一方面，对内开放严重不足，政企不分、行政垄断等一系列问题导致东北地区投融资环境较差，营商成本高。从世界银行营商环境报告可以看出，东北地区在开办企业的时间和成本方面都远高于东部沿海发达省市，在执行合同方面更是在 30 个省会城市中排名靠后。而且东北地区经济结构、就业结构、经济活动等仍然以"国有"为主，2014 年东北地区国有企业资产规模以上工业总资产的比重达 60% 左右，但全国的平均数字只有 10% 左右，比全国高了 50 个百分点。这种国企比重较大的情况导致国企效率低下，且要进入国企工作往往要通过找关系、走后门等方式才能进入。与此同时，非公有制经济发展落后，民营经济发展严重不足，市场活力不强。根据中华全国工商联合会 2016 年发布的中国民营企业制造业 500 强中，东北三省总共只有 9 家（辽宁 7 家，吉林和黑龙江各 1 家），不仅数量极少，竞争力也不强。民营经济偏弱，导致国际竞争力弱、抗风险能力较差，难以形成产业集聚效应和规模效益，限制了整个东北地区经济的发展和就业拉动。

僵硬的体制机制和恶劣的营商环境，导致高端人才和青年劳动力流失严重，资金汇集能力较差，进而又对东北经济增长产生负面影响进而形成恶性循环。

从资金集聚能力和效率来看，由于金融发展滞后，加上对外开放程度落后于全国绝大部分地区，东北企业的发展和技术创新无法通过金融渠道筹集足够的资金。而且由于资本最大化逐利的天性，吸引投资就必须要有明确的市场和利润，市场欠发达、经济效益低下导致陷入了吸纳资金能力不强的恶性循环。近年来东北地区存贷款余额和总量在全国占比逐年下降，已经由 2003 年的 7.8% 和 8.6%

下降到 2015 年的 6.2% 和 6.7%。资金汇集能力较弱导致对实体经济支持作用不足，特别是与东北振兴的需求之间有较大差距。虽然近年来东北地区金融业增加值占本地区国内生产总值的比重有所提升，由 2003 年的 1.9% 增加到 2015 年末的 3.8%，但与全国平均水平的8.5% 仍有很大差距，而且差距不断扩大。

从人力资本角度来看，市场不开放、活力低，营商成本高企、就业机会少等一系列因素导致东北人才流失严重，这对经济增长造成较大负面冲击。有估算显示，剔除人口自然增长因素，2010—2015 年东北三省人口净流出 24 万，这种人口持续流出的趋势已在东北持续了 20 多年，且流出的基本都是年轻人和高端人才，这使得东北老工业基地积累起来的人才优势荡然无存。年轻人的持续外流也加剧了东北地区的人口老龄化，同时从生育率来看，东北地区生育率极低，2016 年，辽宁、黑龙江和吉林的人口出生率分别降至6.6‰、5.55‰ 和 6.12‰，与 12.95‰ 的全国平均水平相比差距不断扩大。2010 年东北的人口结构是两头少、中间多的纺锤形，但随着超低生育率和年轻人口的持续流出，纺锤形将很快变成倒三角形。低出生率及人口的持续流失导致东北地区的人口自然增长率出现负增长，2016 年辽宁、吉林及黑龙江三省的人口自然增长率分别为−0.18‰、−0.05‰ 和 −0.49‰，远低于 5.86‰ 的全国平均水平，作为最重要经济要素的人口资源的负增长，对东北地区经济发展造成了极大的负面影响。

专栏4　制度的力量：近现代日本和印度发展的比较

　　无论是古典经济增长理论还是新经济增长理论，都有无法解释现实情况的时候，因为在经济增长内生因素一定的条件下，外生的制度因素作为影响经济增长的非传统因素，可以在很大程度上影响经济增长。例如，通过对比日本和印度经济发展史，就可以发现资本积累、劳动数量、受教育水平等都难以完全解释二者经济增长的差异，因为经济制度和文化的力量及对经济增长的影响并未纳入模型考虑中，而且事实上这一指标也很难被量化处理。

　　弗里德曼在《自由选择》一书中曾对日本、印度进行过对比分析，就是讲1947年印度独立之后的30年与1867年日本明治维新后30年内的发展及原因进行了对比。弗里德曼发现，尽管印度独立和日本明治维新之间相差80年，但两国在两段经历的开始时期各方面情形都十分相似，如都拥有悠久的文明和高度复杂的文化、高度结构化的人口[①]，都经历了重大的政治变革。而且相较日本，印度的发展潜力更大，英国的殖民地统治为其培养了大量高素质领导人和技术人员、物质资源更为丰富、外部流入的资源和支持更多，但最终却是日本经济迅速发展成为国际政经舞台上的重要力量，而印度经济却几乎停滞不前，贫富差距不断拉大，贫困人口大量存在，发展大幅低于所有人的预期。对此，有人认为是由两国的社会风俗、国民特性不同所致，但弗里德曼认为这个

---

　　① 日本是一个由大名（封建主）和农奴组成的封建社会，而印度实行严格的种姓制度，最高级别为婆罗门，最低级别为贱民。

说法不完全正确，因为 1867 年的日本国民习性在外界看来也是"游手好闲、耽于享乐"，缺乏发展成为富强国家的特质；但后来人们对日本民族的评价却变为"善学求变、吃苦耐劳"。而那些认为印度人懒散怠惰、不思进取的观点，却忽视了印度人在很多国家和地区都是成功的企业家，成为当地经济进步的动力。

由此可以看到，经济和社会进步并非都取决于整个民族的品行和行为，而取决于该国实行的政治经济体制。弗里德曼认为，导致日本和印度在各自的 30 年内发展出现巨大差异的重要原因在于，"日本依靠市场体制，使深藏于国民中的活力和创造力得以释放，其活力之强，创造力之大谁都不曾料到。同时，日本防止了既得利益者阻挠制度变革，并使其经济发展接受效率准则的严格检验。而印度则依靠政府管制，严重挫伤了国民的创造性，或者说，将国民创造性白白耗散于无用之地。同时，印度保护各种既得利益，使其免遭变革之侵害；在印度，决定何者生存的准则不是市场效率，而是官僚们的认可。"[①]

无论是日本与印度的比较，还是广东与东北三省的比较，都充分说明了一个事实：讲求市场机制和效率的经济体，在市场规律作用下，在经济利益推动和诱导下，市场主体通过供求、价格、竞争的变化，自动采取不同的市场经济行为，或通过扩'增'大生产或经营规模，或收缩减少生产或经营规模。同时市场机制通过其自身具有的激励和约束机制，鼓励企业和个人通过加强研发

---

① 米尔顿·弗里德曼，罗丝·弗里德曼. 自由选择［M］. 北京：机械工业出版社，2014.

创新、提高服务品质等方式实现自身的生存与发展能力，强制性制约着市场活动的参与者及时调整自己的经济行为，从而实现市场主体经济运营的自我平衡以及资源配置的优化，最终的结果是效率的提升、社会福利的改善和居民收入水平的提高。

（三）实证研究——基于省际面板数据

从总量来看，各地区的经济增长同开放程度、资本投入程度、人力资本情况等都有着比较强的相关性，但是单纯的数据模拟并不具有完全的说服力，因为直接的利用绝对量进行线性回归会产生多重线性问题。假设各地区的生产函数为一般的形式：$GDP = F（A，K，H）$，假设各地经济增长与开放程度密切相关，则各地生产函数为 $GDP = open \times F（A，K，H）$，其中，$H$ 表示受高等教育人口；K 为资本投入量；A 表示其他随时间改变的因素，如技术水平、生产效率、经济的波动等因素；$open$ 为全球化程度，可用贸易依存度代替。将生产函数两侧微分并除上各地人口总额，加入地区虚拟变量（dummy variables），上式变为

$$g_{GDP_{it}} = \beta_1 + r_i d_i + \beta_2 g_{TR_{it}} + \beta_3 g_{K_{it}} + \beta_4 g_{H_{it}}$$

其中，$g_{GDP_{it}}$ 为人均 GDP 变化；$g_{TR_{it}}$ 为贸易依存度，用以代表全球化程度；$g_{K_{it}}$ 为人均固定资产投资额；$g_{H_{it}}$ 为大专以上学历人口占总人口比重，代表人力资本变化；t 表示各年的数值；i 分别表示各省市，如果是东部省市虚拟变量 $d_i = 1$，其他省市 $d_i = 0$。在这个基本模型基础上，可以分别加入人均利用外资额变化以及人均固定资产投资贷款变动等对人均 GDP 的影响。通过建立混合效应面板数据模型（见表3.5），可以发现：

表 3.5　影响人均 GDP 增长因素的省际面板估计模型（混合效应模型）

时间	1993—2015 年	1993—2015 年	2003—2015 年	2003—2015 年
外贸依存度	0.118 *** (9.842)	0.058 *** (4.447)	0.079 *** (5.153)	0.098 *** (4.494)
人均利用外资		0.100 *** (8.980)	0.082 *** (6.221)	
人均固定资产投资	0.694 *** (87.008)	0.637 *** (64.790)	0.589 *** (42.293)	
人均固定资产投资贷款				0.314 *** (13.441)
大专以上人口占比			0.018 *** (9.834)	0.304 *** (8.629)
地理因素（虚拟变量）	0.143 *** (5.979)	0.059 ** (2.384)	0.079 *** (2.751)	0.161 *** (3.714)
常数项	3.039 *** (444.495)	3.100 *** (47.186)	3.486 *** (29.858)	6.724 *** (46.574)
加权统计 R^2	0.932	0.938	0.949	0.726
未加权统计 R^2	0.958	0.961	0.959	0.731
P 值	0	0	0	0
样本量	709	709	372	372

注：1. 括号内为 t 检验值，＊代表 1% 的显著性水平，＊＊代表 5% 的显著性水平，＊＊＊代表 10% 的显著性水平。

2. 分别采用 1993—2015 年中国 31 个省份的数据为样本（其中由于数据原因部分模型时间样本有所减小），为横截面数据和时间序列数据混合的综列数据（panel data）集。其中东部地区包括北京、天津、上海、河北、辽宁、山东、江苏、浙江、福建、广东、广西共 11 个省（市、自治区），中部地区为山西、内蒙古、吉林、黑龙江、安徽、河南、湖南、湖北、江西共 9 个省（市、自治区），西部地区包括四川、贵州、云南、西藏、陕西、甘肃、青海、宁夏、新疆共 9 个省（市、自治区）。所有数据均根据中国统计年鉴公布的各年相关数据整理。

③虚拟变量说明：如果是东部省市虚拟变量 $d_i = 1$；其他省市 $d_i = 0$。

第一，对外开放程度与地区经济发展密切相关。外贸和外资的区域分布失衡，导致以加工贸易为主的外向型经济主要集中在东部沿海地区，进而对东部地区的经济发展、就业、收入的促进作用明显。这一结论在面板模型估计中得以验证，外贸依存度和外资依存度越高的地区，人均 GDP 越高，开放程度的差异导致地区间经济发展的差距，进而导致收入差距拉大。

第二，资本投入与地区经济发展水平显著正相关。一方面，从人均固定资产投资来看，资本投入与地区经济发展关系密切。另一方面，人均贷款额也与人均 GDP 增速显著正相关，说明一地区资金集聚能力越强，对其经济增长的贡献也越大。2000—2013 年，东部地区的贷款余额占总贷款余额的比重从 57.6% 上升至 60.5%，而中部地区贷款余额所占份额下降，从 2000 年的 25.3% 下降至 2013 年的 20.8%，西部地区所占份额略有上升，从 2000 年的 17.1% 上升至 2013 年的 18.8%。这进而造成地区经济发展的 "马太效应"，使中西部在对外开放和开展对外经济贸易合作的进程落后于东部地区。

第三，人力资本水平差异是导致地区发展差距的重要因素。一个地区的经济发展水平与该地区的人口受教育程度关系密切，受教育水平越高，越有利于该地区的发展；反之亦然。由于东部地区发达的经济、较好的营商环境、深厚的文化教育资源等，东部地区的大专以上毕业生占比明显要高于中部地区和西部地区，如北京、上海等地大专以上毕业生占总人口比重分别为 36% 和 25%，一般中西部地区只有 2%~9%，导致欠发达地区人力资本下降，结果就是发达地区与欠发达地区人力资本差距越来越大。

第四，地理因素和地区经济发展水平密切相关。地理区位自古就是影响地区经济发展水平的重要因素，例如港口因素——世界上绝大多数发达国家及经济发达省市都是沿海或沿江、沿河等。实证研究发现，地理因素与人均 GDP 增长显著正相关。改革开放以来，东部沿海地区凭借天然的便利交通条件创造出市场化程度更高的经济环境和更加开放的市场，贸易自由化和投资的流入是中国沿海地区改革开放后经济增长的主要因素。[①] 尤其是中国改革开放之初，地理环境和交通运输条件所带来的成本优势，成为东部地区开放性经济发展的重要因素。

中外历史证明，市场越开放的地区，市场化程度就越高，资源配置效率也较高，实现的经济增长和发展速度也就越快。反之，市场开放程度低、市场机制不完善、市场发育不健全的地区，资源配置效率低下、政企不分的现象严重，资本市场发育严重滞后，导致市场交易效率低下，商业盈利率不高，最终导致地区经济活力不强。虽然中国的地区间收入差距不断扩大是多种因素综合作用的结果，而其深层次的政策根源在于"开放与制度差距"，需要开放和制度创新来协调区域经济增长，缩小地区间经济发展差距。

五、中国是否已跨过库兹涅茨拐点

2009 年以来，中国居民收入差距开始缩小。2009—2015 年这段时期内，中国居民收入的整体差距稳步收窄，基尼系数呈小幅稳步下行态势，但 2016—2018 年又有小幅回升（见图 3.26）。从整体趋势线来看，库兹涅茨倒 "U" 形曲线初步形成，那么这是否意味着中国迎来了 "库兹涅茨拐点"？

---

① Jian, Tianlun, Jeffrey D. Sachs, et al. Warner. Trends in regional inequality in China [J]. China Economic Review, 1996, 7 (1).

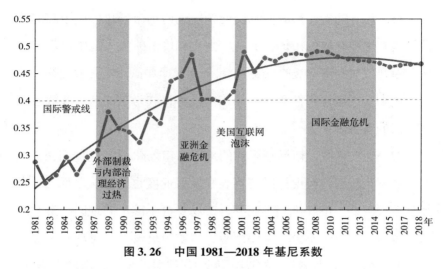

图 3. 26　中国 1981—2018 年基尼系数

（资料来源：1981—2002 年数据来自相关测算，2003—2018 年数据来自国家统计局）

　　"库兹涅茨拐点"是否到来要看这种转变到底是趋势性的还是暂时性的，如果是长期趋势性的，则意味着中国已经过了这个拐点；如果是受外部冲击所导致的短期变化，则难以完全确认"拐点"是否到来。根据上文分析，影响收入差距的因素主要分为市场性因素、制度性因素和周期性因素，其中市场性因素和制度性因素可以决定收入差距的趋势性变动，而周期性因素则决定收入差距的短期内变动。

　　市场性因素，主要是指劳动力市场供求关系发生改变所导致的收入差距变动。从全球化对收入分配的一般性影响来看，高学历、熟练技术劳动者工资和低技能劳动者工资收入会继续扩大，中国参与全球化的过程也是如此。这种由市场供求关系决定劳动工资相对此前的平均主义分配而言进步巨大，低技能劳动和高技能劳动报酬差别的扩大、高人力资本和低人力资本报酬差别的扩大，有利于充分发挥市场的资源配置功能和效率的提升，很大程度上有利于提高生产率和促进经济发展。而随着中国低技能劳动力数量的减少以及高等教育人口的迅速增长，近几年来在部分省份劳动力供求关系发生了一定程度的逆转，低技能劳动力尤其是服务业方面的人口需求相对提高，这也成为行业间以及城乡间居民收入差距减少的重要原因。尤其是外出农民工收入不断提高，且其收入增速是农村居民收入中增长幅度最快的，这有助于缩小城乡收入差距。从整体来看，随着劳动市场供求关系的转化，未来行业间收入差距的扩大趋势有望得以控制，这对于收入分配的影响是积极和正面的。

　　制度性因素，主要包括政府在缩小收入差距方面采取的一系列政策措施。与市场化导致的收入分配差距拉大相比，由于缺乏劳动报酬正常增长的制度保障、倾斜性的地区开放优惠政策、不健全的社会保障体系甚至腐败等制度缺陷所导致的收入差距扩大的影响是完全不同的，制度缺陷和政策倾斜对国民收入的正常分配产生严重干扰，也破坏了正常的经济秩序，造成要素配置的扭曲和生产率的下降。同时，以市场为主导的收入分配体系难以充分保证收入分配的有效性和合理性，这也是此前中国的廉价劳动力市场工资报酬长期低增长的重要原因。2008年后，中国正式实施了新《劳动法》，通过提高最低工资水平、缴纳三金、明确加班报酬以提高劳动者收入。新《劳动法》实施以来，各地不断地提高低收入人群的收入水平和最低工资收入标准，大多数省份最低工资标准涨幅在10%以上，部分省份超过20%，以上都为低技能劳动者劳动报酬的增长提供了充分的保障。而且，改革开放初期由于开放和改革政策的区域性失调所导致的区域发展差异，也随着国家持续推进的西部大开发和中部崛起战略，不断加大对中、西部地区的转移支付等而有所缓解。此外，近些年随着社会保障制度的逐步完善，大量转移的农村劳动力逐步纳入已有的社会保障体系，加上脱贫攻坚工程的实施，农村人均可支配收入实际增速持续快于城镇居民，城乡居民收入差距不断缩小。以上措施的实施与落实、深化等都有助于缩小地区间、行业间和城乡居民间的收入差距。从整体来看，随着劳动保护制度、收入分配制度和社会保障制度的趋于完善，制度性因素对缩小收入差距将会是积极正面的。

周期性因素，主要是指金融危机等外部冲击导致中国收入差距缩小。改革开放以来，中国经过了四次危机冲击和经济下行（见图3.26），分别是1988—1991年的经济下行，主要是美国、欧洲等外部经济制裁和国内治理经济过热所导致，亚洲金融危机导致的出口大幅下滑与经济下行，美国互联网泡沫破裂导致的外需不振及出口下降，以及2008年国际金融危机导致的外需大幅下滑和经济下行，而在这四次危机冲击期间基尼系数也均出现了下降的趋势。危机期间往往会导致收入差距缩小，原因可能主要表现在几个方面：一是危机导致包括股票、房地产等资产价格大幅下降，使这些资产的持有者财富缩水，导致财产性收入大幅降低，进而缩小收入差距；二是2008年国际金融危机以来，多数产业投资回报率降低，企业的平均利润率降低，尤其是由于外需下降导致的出口加工企业利润下降进而使资本性收入下降，与此同时由于劳动保障机制的建立以及工资价格刚性，导致普通劳动者劳动收入基本不变或下降幅度相对较小，整体导致劳动收入份额占比上升，资本收入占比下降，进而导致收入差距有所降低，基尼系数开始下降。尤其是2008年以来中国各地最低工资上涨幅度较大，而企业利润增幅相对较小，成为基尼系数持续降低的重要原因。但未来随着全球经济复苏，外需增强将有助于企业效益向好，投资回报率的提高可能会导致资本回报率提高，进而可能会扩大资本报酬占比、缩小劳动报酬占比，导致收入差距扩大。

可以看出，虽然未来中国居民收入分配面临着一些积极因素，尤其是近年来中国的收入再分配政策已经显示出积极的效果，而且目前还在不断完善公平公正的收入分配制度，同时随着中国经济由高速增长转向高质量发展，劳动生产率和全要素生产率在中长期可能会有所提高，中等收入群体规模不断扩大，这些都有助于收入分配的改善。但同时也面临诸多挑战和不确定性。例如，随着全球经济复苏可能带来的资本回报率上升，以及由此导致资本回报率高于经济增长率和劳动生产率增长率，进而扩大居民收入差距。或者，随着前些年各地不断大幅上调最低工资标准，一些劳动密集型企业工资成本上升过大，未来各地大幅上调工资标准的可能性较小，可能会对工资的上涨幅度产生一定负面影响。再或者，随着技术水平进步造成的劳动替代性越来越强，劳动力成本的快速上升导致"机器换人"的步伐可能加快，这可能会对一些劳动密集型产业工人造成影响。渣打全球研究（2016）[①] 对珠三角 290 家制造商调研发现，48% 的企业会考虑自动化或简化流程，以应对劳动力短缺；不到 1/3 的人会考虑将产能转移到内陆或外移。而一些知名公司已经用工业机器人代替大量工人，如生产苹果和三星产品的富士康在 2016 年就

---

① Standard Chartered Global Research. Global Supply Chains：New Directions ［R］. Standard Chartered Global Research，London，2016.

用工业机器人取代了 6 万名工人。总体而言，鉴于中国的基尼系数依然高于国际警戒线水平，且未来面临一系列负面因素的挑战，不排除收入差距有所反弹呈扩大态势。

第四章 第二波分配效应：
经济金融化与贫富差距

全球化为中国的产业资本扩张提供了巨大的机遇，很多人利用前 30 年的改革开放成功地挖到了"第一桶金"。但 2008 年国际金融危机后，实体经济资本回报率大幅下降，在大规模经济刺激计划的背景下产业资本逐步向金融资本转移，中国的金融业发展程度和深度迅速提高。但金融资源供求失衡，信贷扩张扩大了金融资源分配不均等状况，进而导致收入差距和贫富差距的扩大。不过，如果深入分析，可以发现金融深化、信贷扩张只是造成资产价格泡沫和贫富差距扩大的表层原因，深层原因在于中国的土地、财税、金融监管不健全等体制机制性因素。

一、新现象： 收入与财富分配格局的分化

（一）厘清收入与财富的关系

收入不能完全衡量一个人或一个家庭的福利水平，因为收入水平不能等同于财富水平，收入差距大小也不足以反映当前的社会问题，以财富差距来衡量不平等性显示形式更为严峻。但在讨论财富分配前，首先要厘清财富和收入的概念，这两者既有联系又有所不

同。首先，收入是一个流量概念，是由货币的赚取或收取的流动率来衡量的，它是在一定的时期内测度的，其大小有时间维度。例如，说一个人月收入 1 万元，或年收入 10 万元等。而财富则属于存量概念，是某一时刻所持有的财产，其大小没有时间维度。存量与流量之间有密切的联系，一方面，流量来自存量，如一定的居民收入来自其特定的财富；另一方面，存量只能经由流量而发生变化，如居民的新增财富是靠其创造的新收入来计算的。

按照国家统计局的划分标准，居民可支配收入（I）包括工资性收入、转移性收入、经营性收入和财产性收入。其中工资性收入主要是居民的工资，经营性收入包括居民的劳务和商业买卖收入等，转移性收入包括公积金、养老金等，财产性收入是指居民通过自身拥有的财产所获得的利息、租金、分红等的收入。一般而言，劳动收入（I_L）包括工资性收入和经营性收入两部分。在中国，居民的灰色收入所占比重比较大，且灰色收入主要集中于高收入群体（王小鲁，2007）[①]，很多是伴随着腐败而产生，但囿于数据限制在此暂不考虑。

居民财产（P）包括动产、不动产和知识产权，一般家庭拥有的主要是动产和不动产两大类。其中，像动产中的股票、债券、存款等都可以获取收益，房地产出租租金也能获取收益，这些收益加起来就是居民的财产性收入，假设 r 为居民财产综合收益率，则居民财产性收入表达式为 $p = P \times r$。假定转移性收入在一定时间内不变而不予考虑，则居民的当期收入中除劳动性收入外，财产性收入也

---

① 王小鲁（2007）认为，中国的灰色收入包括非法收入、违规违纪收入、按照社会公认的道德观念其合理性值得质疑的收入以及其他来源不明的收入。

是居民收入的重要组成部分，财产性收入主要与个人财富存量及投资收益率有关。

当期收入与财产的关系为 $I_t = I_{l,t} + P_{t-1} \times r$

当期财产与收入的关系为 $P_t = I_{l,t} + P_{t-1} \times (1 + r)$

则居民的财产积累公式为 $P_t = \sum_{n=0}^{t-1} I_{l,t-n} \times (1 + r)^n + P_{t-n-1} \times (1 + r)^{n+1}$

可以看出，居民的当期财富是其往期劳动收入和往期财富收益之和，且呈指数级增长。这说明：一是投资收益率越高，居民的收入就越高，财富积累的速度就更快。很多情况下，富裕阶层的投资渠道更广，投资收益率更高，因此财富积累的速度较普通居民更快。二是即便投资收益率相同，初始财富越多，居民的财富就越快，后期的贫富差距就越大。同样，居民的历史收入也能影响其财富积累，历史劳动收入越高，其财富积累也会越快。这表明，贫富差距具有较强的惯性特征，即期贫富差距显著受到前期贫富差距状况的影响。有研究认为，影响中国收入分配的核心在于初始财富分配格局，而非劳动力报酬（徐忠、张雪春和张颖，2011）[①]。

居民财产—收入比公式：$\dfrac{P_t}{I_t} = \dfrac{1 - \alpha}{r} + 1$

其中，$\alpha = \dfrac{I_l}{I}$ 为劳动性收入所占比重，$1 - \alpha$ 为财产性收入所占比重。

由此可以看出，居民财产—收入比的变动取决于两方面：一是

---

① 徐忠，张雪春，张颖. 初始财富格局与居民可支配收入比重下降趋势 [J]. 金融研究，2011（1）.

劳动性收入占总收入的比重，劳动报酬份额越低，财产—收入比就越高；换言之，如果财产性收入比重越高，财产—收入比就越高；二是资产收益率，资产投资收益率越高，财产—收入比就越低。由于这里的资产投资收益率是一个整体概念，其中包含股票、债券等金融资产的收益率以及房屋出租收益。需要指出的是，以上推导中对财产收益的刻画只是局限于股票、债券等金融资产的收益率，以及房租收益等，并没有考虑房地产价格变动的情况，毋庸置疑房价上涨将直接带来居民财富的升值，并提高居民的财产—收入比。

（二）危机后中国贫富差距显著扩大

2008 年国际金融危机后，中国的居民收入差距有所减小，但财富分配差距却显著扩大。从总量上看，中国家庭财富总量巨大。根据国家统计局 2014 年 1‰人口变动抽样调查，2014 年全国家庭户数共有 4.45 亿，估计全国家庭总财产为 197.4 兆元。从财富分配情况来看，现在很难有详尽可靠的数据，因为这不仅涉及对财产或财富的定义问题，还涉及调查统计上的难度问题。但无论哪种方法，都可以看出我国居民财富分配不均等状况越发严重。

从北京大学谢宇等（2017）的调研报告可以发现，2014 年全国家庭净财产均值为 44.4 万元，中位值为 18.8 万元。在其他各个分位数的分布上，全国有 25% 的家庭财产小于 7.2 万元，75% 的家庭小于 39.7 万元，顶端 10% 的家庭财产高于 80.6 万元，顶端 5% 的家庭高于 123.0 万元，而最高 1% 的家庭则在 327.3 万元以上。[①]

---

① 谢宇，张晓波，李建新，等.2016 中国民生发展报告 [M].北京：北京大学出版社，2017.

2012—2014 年两年间，中国家庭平均净财产增长了 5.2%。按分位数从低往高排列，中层家庭的财产增长比例高于底端和顶端两端的家庭，中位值和 75% 分位数上的增长比例超过 19%，而 25% 分位值上的增长比例为 14.3%，95% 分位值上的增长比例为 9%。中层家庭财产的快速增长有利于降低整体的财产不平等水平，但顶端和底端家庭的财富差距仍然巨大。2014 年中国家庭财产基尼系数达 0.7，顶端 1% 的家庭拥有全国总财产的 29.7%，顶端 5% 的家庭拥有财产比例达 46.6%，顶端 10% 的家庭拥有财产比例达到 57.7%；而底端 50% 的家庭拥有财产比例仅为 8.1%，底端 25% 的家庭拥有财产比例不到 1%（见表 4.1）。从整体来看，我国居民财富差距扩大程度远高于收入差距扩大程度。

表 4.1 2012 年和 2014 年中国家庭财产分布情况

时间	0 ~ 25%	0 ~ 50%	75% ~ 100%	90% ~ 100%	95% ~ 100%	99% ~ 100%	基尼系数	90/10 比率
2012 年	1.2	7.5	78.8	62.1	51.7	35.3	0.73	32.9
2014 年	0.9	8.1	76.4	57.7	46.6	29.7	0.7	53.7

资料来源：谢宇，张晓波，李建新等.2016 中国民生发展报告［M］. 北京：北京大学出版社，2017.

瑞信财富报告也对中国成人人均财富进行了调查和趋势性刻画（见图 4.1 和图 4.2）。中国成人人均财富从 1999 年的 5 672 美元稳步增长到 2015 年的 22 864 美元，增长了 4 倍；同期中国成人财富中位数从 2 703 美元增长到 4 885 美元，增长不到 2 倍。中位数更能说明财富的概率分布情况，成人财富中位数远低于平均数，而且两者之间的差距越拉越大，说明多数人的财富水平低于平均值，是"被平均"了。成人人均财富差距缺口越来越大，其基尼系数也从 2009

年的 0.69 增长到 2015 年的 0.82,高于日本、英国等发达经济体,接近美国和印度,同时增幅远高于以上国家。

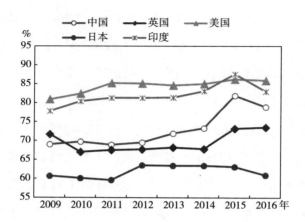

图 4.1 主要经济体财富基尼系数

(资料来源:瑞信财富报告)

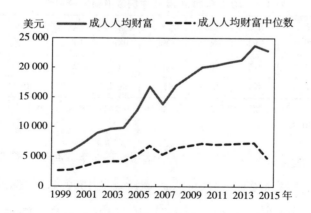

图 4.2 中国成人人均财富及中位数变动

Piketty(2017)也对中国财产分配情况进行了研究。他们通过中国家庭收入调查(CHIP)和中国家庭追踪调查(CFPS)微观数据库来估算财产分布,并结合胡润财富排行榜利用上述插值法进行修正,并获取最终数据。从图 4.3 可以看出,最富 10% 人群的财产占全部财产的比重从 1995 年的 40% 上升到 2015 年的 67%。中间 40% 和最低 50% 的财产比重持续下滑,降低到 2015 年的 25%、5% 附近。[1]

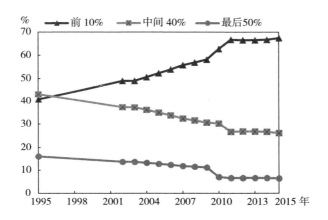

图 4.3 1995—2015 年中国财富不平等状况

(资料来源:Piketty, Thomas, Li Yang, et al. Capital Accumulation, Private Property and Rising Inequality in China [J]. National Bureau of Economic Research, 2017)

居民财产—收入比不断提高,财产性收入对居民总财产贡献越来越多。如前所言,虽然中国居民收入不断增长,但居民收入差距不断扩大;虽然居民财产水平不断增长,但居民贫富差距不断扩大。而且财富基尼系数要高于收入基尼系数,说明财富分配的不平等更甚于收入分配不平等。如图 4.4 所示,1978—2015 年中国财产—收入比不断扩大,由 350% 上升至 700%,其中居民财产—收入比由 115% 上升到 487%,政府部门财产—收入比由 257% 略降为 223%,

---

① Piketty, Thomas, Li Yang, et al. Capital Accumulation, Private Property and Rising Inequality in China [J]. National Bureau of Economic Research, 2017.

基本保持不变。① 由此可以看出，导致中国财产—收入比扩大的主要是居民部门。居民的财产—收入比不断提高，意味着居民财产增长速度要高于收入增长速度，说明劳动收入对其总财产的贡献越来越小，而居民财产（如房地产、股票和债券等）更能决定一个家庭财产几何、财富多寡。

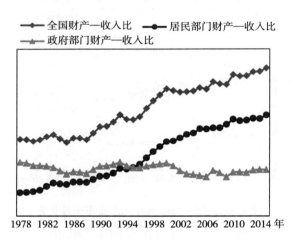

图 4. 4　中国居民和政府部门财产—收入比

（资料来源：Piketty, Thomas, Li Yang, et al. Capital Accumulation, Private Property and Rising Inequality in China［J］. National Bureau of Economic Research, 2017）

二、金融资源分配失衡与贫富差距

全球化为中国的产业资本的扩张提供了巨大的机遇，很多人利用 30 年的改革开放成功地挖到了 "第一桶金"。但 2008 年国际金融危机后，实体经济资本回报率大幅下降，在大规模经济刺激计划的

---

① Piketty, Thomas, Li Yang, et al. Capital Accumulation, Private Property and Rising Inequality in China ［J］. National Bureau of Economic Research, 2017.

背景下产业资本逐步向金融资本转移，中国的金融业发展程度和深度迅速提高。但由于金融资源供求失衡，信贷扩张扩大了金融资源分配不均等状况，进而导致收入差距和贫富差距的扩大。

（一）中国的金融发展是否过度

自 20 世纪 70 年代开始美国等发达国家在金融创新的带动下，产业资本逐步向金融资本转移，经济日益呈现出"金融化"趋势。以 M_2/GDP 衡量的金融发展程度也表明全球各经济体的金融总体规模不断扩大。2008 年国际金融危机爆发后，各国政府都采取了以大规模经济刺激为金融体系"补血"，如美国共推出了四轮量化宽松政策，而英国、日本及欧洲中央银行也都实施了大规模的货币宽松政策。2014 年，全球各经济体 M_2 占 GDP 的比重比 1980 年提高了 57.6%，其中高收入经济体提高 77.4%，增速快于中、低收入经济体。在外部冲击下，中国也采取了大规模的经济刺激计划，货币政策环境进一步宽松，中国经济的货币化、金融化趋势明显。从衡量金融发展和深化程度的几个重要指标来看，如货币供应量、金融业增加值、国内私人信贷等指标与 GDP 的比值都显著高于国际平均水平。

从 M_2 与 GDP 的比值来看，改革开放初期，我国 M_2 与 GDP 占比低于全球平均水平，甚至也低于中低收入经济体的平均水平，但 20 世纪 90 年代以来，经济货币化程度开始加速，广义货币增长率远超国内生产总值增速与通胀率之和，M_2/GDP 开始稳步上升，1998—2008 年 M_2 年均增速基本保持在 20% 以下。2008 年国际金融危机爆发后，随着中国的货币政策环境进一步宽松，M_2 规模呈现加速上涨，M_2 增速与 GDP 增速的"剪刀差"也呈扩大态势。M_2 增速在 2009 年再次升至 27%，M_2/GDP 也迅速提高并不断攀升，并于 2015

年超过200%，超过大多数经济体。

从金融业增加值占 GDP 的比重来看，2005 年以来中国金融业增加值占 GDP 比重开始加速上升。2010 年随着中国经济下行压力增大，GDP 增速一路下行，金融业增加值增速则从 2011 的 7.7% 快速上行至 2015 年的 15.9%；与此同时，金融业增加值占 GDP 的比重快速攀升，2015 年和 2016 年分别高达 8.5% 和 8.35%，高于同期美国、英国等金融大国（2015 年美国为 7.1%，英国为 6.4%，日本为 4.4%），而从历史上看这些国家金融业增加值占 GDP 之比多数年份也多在 8% 以下（见图 4.5）。

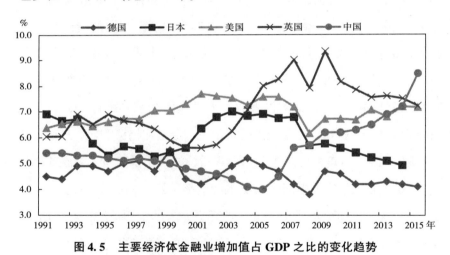

图 4.5　主要经济体金融业增加值占 GDP 之比的变化趋势

（资料来源：Wind 数据库）

从国内私人部门信贷占 GDP 比重来看，长期以来中国资本市场发展滞后，虽然直接融资比重从 2003 年的 3.9% 提升到 2016 年的 27.2%，但依然是以银行业为主的间接融资为主，这导致大部分社会融资需求都需要通过银行信贷来解决。随着金融市场的发展和金融深化程度的不断加深，中国私人部门信贷占 GDP 比重从 1978 年的

50%上升到2016年的156%，提到了100多个百分点，高于全球国内私人信贷占GDP的比重均值增加幅度（87.2%）。

金融发展的根本目的在于服务实体经济，因此衡量金融发展程度是否适度的标志是金融体系服务实体经济的功能是否得到了增强。但金融发展对经济增长的促进作用是非线性的，甚至可能是倒"U"形曲线的关系，也就是说只有当金融发展水平达到一定程度，其对经济增长才有很大的促进作用，在这个阈值之外对经济增长的影响是不确定的，甚至是负面的（Rioja和Valev，2004b；Shen和Lee，2006）。不同研究发现这一阈值并不确定，如Stephen等（2012）研究发现，对发达经济体而言商业银行对私人部门信贷与GDP之比的临界点是90%，超过这个临界点可能是有害的；而Arcand等（2012）的研究认为这一临界点值为110%，超过这一阈值的金融深化不利于经济的发展。对于这一现象的解释，可以理解为金融部门发展越快，越会损害实体经济的发展，因为金融部门和实体经济部门争夺社会稀缺资源。

中国金融发展和深化程度的提高是经济增长的需要和必然结果，但促进经济增长的效率在不断降低。随着实体经济规模的发展壮大，中国金融市场规模必然会快速增长，金融市场广度和深度的不断提升，社会融资规模、M_2占GDP比重、信贷占GDP比重等指标必然会不断上升，进而促进金融服务实体经济发展和供给侧结构性改革。但从近年来中国金融资源配置促进经济增长的效率来看，其边际效率出现递减现象。2007—2015年，货币信贷扩张对经济拉动的效果逐渐减弱，单位 GDP 需要的资本投入量从 3.5 上升到 6.7①。

尤其是 2008 年国际金融危机以来，中国经济逐步从高速增长向中高速增长转变，实体经济活跃度相对较弱，在这种背景下金融活跃程度的突然上升，也反映出相当一部分资金存在配置错位，进入了虚拟经济而没有为生产部门服务。

（二）金融资源分配失衡扩大贫富差距

中国金融业的飞速发展并未实现足够的金融包容和金融普惠。如果将大型企业、政府组织以及富裕阶层看作传统金融组织服务的领域，将中小微企业以及大众工薪阶层和农户看作小微金融服务的领域，会形成一个金字塔形状的金融需求结构图（见图 4.6）。金字塔图的顶端是大企业和社会富裕阶层，底端是小微企业和低收入群

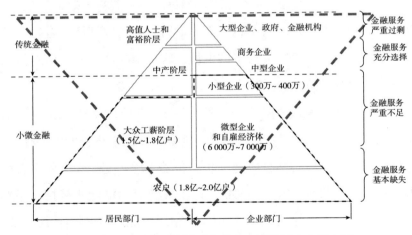

图 4.6　金融供求结构错配与普惠金融的巨大市场空间

（资料来源：中国人民大学小微金融研究中心）

---

① 中国金融论坛课题组. 通过供给侧结构性改革有效化解高杠杆风险——兼论杠杆率水平和结构的分析框架［R］. 中国金融论坛圆桌会议论文系列，2016.

体，中部是中型企业以及中等收入群体。但是从中国社会以及大部分发展中国家来看，金融服务供给大量集中于金字塔的顶部，少量金融服务集中于金字塔的底部。于是，形成了一个倒置的金融供给金字塔。将金融需求金字塔与金融供给金字塔重叠，显示出严重的金融供求结构失衡，或者说金融资源的错配。在金融需求的金融塔顶端，云集大量金融机构，金融服务过剩，市场竞争激烈，但绝大多数的金融资源集中配置到大型企业、政府和富裕阶层，形成金融资源的过度供给；在金字塔的底端，且数量巨大的中低收入阶层则具有巨大的需求，但却只能获取少量的金融资源，导致金融供求结构出现严重失衡。①

第一，金融资源过度集中，信贷资金主要向国企和富裕阶层集聚。按照全社会固定资产投资比重计算，1980 年国有企业所占的比重是 82%，占全社会信贷总量的 99%，2012 年国有经济的比重降至 26%，但是以国有企业为主体的大中型企业所拥有的信贷总额的比重依然达到 60%。在信用体系建设不完善等配套体系机制尚不健全的背景下，金融深化程度的提高使得金融资源更多地向国有企业、大企业和政府项目、房地产等领域倾斜。因为银行等金融机构出于安全性等因素考量，更愿意将资金以较低的利率贷给资产质量好、信用记录好、抵押担保价值高、还款能力强的国有企业和富裕阶层。银行对国企、大中企业以及富裕阶层的贷款量不断增长，这些企业或富裕阶层从银行取得廉价资金后又可通过资本投资进行设厂扩大生产，或投资房地产、股票等金融资产方式实现财富规模的再扩大。

---

① 贝多广，李焰. 普惠金融：中国金融发展的新阶段 [M]. 北京：人民出版社，2016.

这意味着由于信贷扩张带来的收入增长中，分配给租金和利润的部分占据主导地位，分配给普通劳动者收入的部分相对有限，从而扩大了收入差距。而且，高净值人群的投资收益率一般都明显高于普通居民，更高于存款类理财产品收益。从图4.7可以看到，储蓄率、私人部门信贷占比与居民财产收入比正相关性很强。

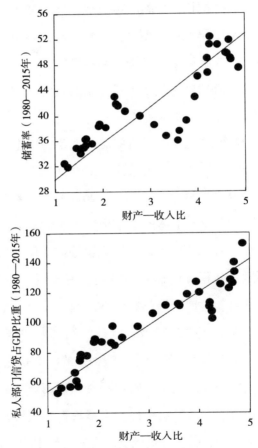

图4.7 储蓄率、金融深化与财产—收入比散点

（资料来源：Piketty, Thomas, Li Yang, et al. Capital Accumulation, Private Property and Rising Inequality in China [J]. National Bureau of Economic Research, 2017）

第二，金融对中小微企业、"三农"等薄弱环节支持不够，金融发展的包容性不足。小微企业贡献了全国80%的就业，70%左右的专利发明权，60%以上的GDP和50%以上的税收，在经济发展过程中起着非常重要的作用，但2018年小微企业贷款占比仅为20%左右，远低于小微企业对经济增长的贡献度，金融市场的发展与深化却并未相应解决小微企业"融资难"的问题。私人企业和小微企业更多只能依靠留存收益、"金融漏损"及民间金融为自身经营和发展提供资金（Song、Storesletten和Zilibotti，2011；刘瑞明，2011）。一方面，国企、"僵尸企业"等对信贷资源的过度占用导致对小微企业、"三农"等薄弱环节形成强大的信贷"挤出效应"。相对于国企和大型企业而言，小微企业、"三农"及低收入人群存在管理不完善、信息统计不规范、缺乏抵押物等问题，信息不对称更加严重，尤其是在金融抑制的环境中，更容易受到银行的信贷歧视，很难从银行贷款融资，或者贷款成本相对较高，而贷款也更容易向大型企业倾斜。卢峰和姚洋（2004）的研究发现，金融资源从享有特权的国有部门通过商业信用等渠道流向受到信贷歧视的私人部门，私人部门的金融资源大多依靠这种从国有部门的"漏损"来获取。

第三，众多的民营和中小企业由于自身在资本实力、业务运营、技术创新等方面明显弱于国企和大企业，导致外部评级一般比较低，难以充分利用金融市场进行直接债务融资。此外，区域间和城乡间金融发展不平衡的矛盾也非常突出。中西部地区和农村地区正规金融业渠道不畅，金融服务供给严重不足，这些地方对金融产品和服务的使用情况明显落后于东部地区和城市。虽然部分中西部地区精准扶贫贷款增速较快，但信贷、保险等金融服务资源仍然主要集中在东部地区。而且，在中国的市场化改革过程中，一些金融机构从农村和边远山区撤离，严重削弱了中低收入群体应该获得的基础性金融服务。由于金融投资理财产品渠道缺乏，很多金融创新产品的发行对象往往面向城市居民，农村的投资渠道仍然狭窄，这就给一些打着高收益幌子的非法集资提供了市场，由于部分农民风险防范意识淡薄，对高回报承诺缺乏免疫力而蒙受损失或上当受骗。整体而言，小微企业、农民和城镇贫困家庭获取金融资源的渠道受限，获取资金的难度较大、成本较高，对这部分群体而言金融发展的包容性不足。

（三）普惠金融在中国

罗伯特·希勒在其《金融与好的社会》一书中，提出现有的社会结构根源于金融结构这一观点①。他指出，人为什么富裕、为什么贫穷和金融服务有关系，有的人能大量获得金融资源，他的社会地位就高，有的人没有机会获得金融资源，他当然永远在底层。假若金融结构相对固化，即一部分人总是优于另一部分人获得金融资源，那么，社会结构也就固化成纵向通道堵塞，下层人士难以通过努力进入社会的中层或上层。从这个意义上说，金融要走向民主化、人性化，这样的话能够使这个社会趋于和谐、繁荣和平，否则很可能导致金融资源分配的两极化，进而可能导致社会阶层固化进而导致不稳定风险。

如何使金融体系能够惠及更多的社会群体，从而提高金融服务的覆盖面，是普惠金融发展的重要内容。近年来中国的金融生态环

---

① 罗伯特·希勒. 金融与好的社会 [M]. 北京：中信出版社，2012.

境逐步改善，农村金融、普惠金融发展也取得长足进步。在正规金融体系之外，出现了一大批新的金融业态，包括金融消费公司、金融租赁公司、小额贷款公司、融资担保公司，包括新型的以互联网金融为主要业态的网络借贷公司等，这些新型的金融机构在服务普惠金融方面有其独特的优势和效用，金融包容性正在不断增强。

近年来，中国的金融包容性发展取得显著成绩。根据银保监会和人民银行发布的《2019 年中国普惠金融发展报告》，中国普惠金融整体发展趋势向好，金融服务的便利性和民众获得感不断提高，基础金融服务覆盖面持续扩大。截至 2019 年 6 月末，中国每 10 万人拥有 ATM 79 台，显著高于亚太地区平均水平的 63 台；每 10 万人拥有 POS 机 2 356 台，较 2014 年末实现翻倍；人均拥有 7.6 个银行账户、持有 5.7 张银行卡，较 2014 年末分别提高 60% 和 50%，均处于发展中国家领先水平。全国乡镇银行业金融机构覆盖率为95.65%，行政村基础金融服务覆盖率 99.20%，比 2014 年末提高8.10 个百分点；全国乡镇保险服务覆盖率为 95.47%。银行卡助农取款服务点已达 82.30 万个，多数地区已基本实现村村有服务。

这些数字的变化都说明中国金融的普惠性在增强。而且随着对中西部地区和农村地区的金融支持力度不断加强，中西部地区和农民利用信贷改善生产生活的现象越来越普遍，信贷可得性的降低也极大地促进了中西部地区和农村地区居民收入增长，这也是 2009 年以来居民收入基尼系数降低的重要原因。除了市场手段，放松金融监管、优化贷款流程、为小微企业减免税收等政策支持也是缓解小微企业信贷配给的重要方式，在利用数字技术发展普惠金融方面，中国已经走在了世界前列。

三、资产价格上涨与贫富差距扩大

危机后，在实体经济活跃度相对较弱的背景下金融活跃程度突然上升，反映出相当一部分资金存在配置错位，没有进入实体部门，而是进入了股票、房地产等产业，甚至游资开始炒大蒜、绿豆、珠宝、艺术品等，导致资产价格的轮番暴涨和部分城市的房价泡沫，较多持有房产和股票的人群相对于较少持有这些资产的人群的名义财富增加，贫富差距进一步扩大。

（一）资本回报率下降与金融 "脱实向虚"

自 1993 年以来，中国实体经济的资本回报率整体呈现下降趋势。随着开放红利、改革红利、人口红利 "三大红利" 的逐步消退，企业用工成本显著上升，同时中国宏观投资率呈逐年上升趋势，导致实体资本回报率整体呈下行趋势。此外，经济结构变动对资本回报率也有影响，因为一般而言第二产业资本回报率最高，因此随着产业结构转型第二产业比重不断降低，第三产业比重上升，也导致资本回报率不断降低（白重恩和张琼，2014）。

2008 年国际金融危机后，全球贸易增长低迷，贸易和投资保护主义抬头，"逆全球化" 浪潮渐起，外部需求环境处于长期低迷，国内多个行业对外出口严重受阻。同时，危机后随着中国政府推出了四万亿的经济刺激计划，导致宏观投资率飙升、产能严重过剩。1978—1991 年中国平均固定资产投资率为 24.3%，1992—2007 年为 37.4%，2008—2016 年大幅飙升至 70%，2016 年更是达 81.5%。投资率水平不但高于美国和 OECD 国家的长期平均投资率，而且高于日本、韩国、马来西亚、新加坡、泰国等东南亚国家高增长时期的投资率水平。根据古典经济学理论，资本投资的边际收益递减，不断增长的投资会降低投资收益，进而降低投资收益率。出口大幅下降和投资率飙升导致国内产能严重过剩，实体经济资本回报率大幅下降。2009—2016 年，中国实体经济税后资本回报率平均仅为7% 左右，而国有企业资本回报率仅为6%，其中央企净资产收益率（ROE）从 2007 年的 12.3% 下降到 2015 年的 6.1%，下降了一半左右。

随着实体经济收益率下行，产业资本开始向金融资本转移。虽然实体经济税后资本回报率仍高于存款、国债、银行理财等无风险或低风险金融产品的收益率，但优势也在缩小，导致实体部门扩大再生产的动力减弱。而互联网金融的发展和金融产品的创新导致部分理财、信托产品投资收益率甚至超过实体经济投资收益率，而且投资实体的回报也远低于房地产投资收益率（见图 4.8）。如 2013 年实体经济税后资本回报率为 4.96%，低于 1 年期的理财产品预期收益率（5.34%），更是远低于权益信托预期收益率（8.15%）和房地产信托预期收益率（8.8%）。2016 年第二季度，全国新建商品住宅和二手住宅价格指数分别为 3.4% 和 3.62%，首次超过上市公司同期息税前资产利润率[①]。这导致住户部门不断减少定期存款和对企业部门的投资，转向投资于高收益的金融产品和房地产，资金进一步向金融部门和房地产交易部门聚集，加剧实体经济的产业空心化。

---

① 中国金融论坛课题组. 通过供给侧结构性改革有效化解高杠杆风险——兼论杠杆率水平和结构的分析框架［R］. 中国金融论坛圆桌会论文系列，2016.

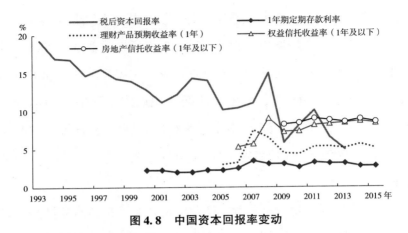

图 4.8 中国资本回报率变动

（资料来源：Wind；白重恩．中国的资本回报率及其影响因素分析［J］．

世界经济，2014）

图 4.9 描述的是 2008 年国际金融危机爆发后，中国实体经济资本回报率下降，以至低于资产价格回报率，从而导致的资金"脱实向虚"的过程。

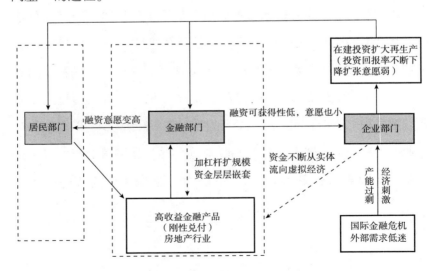

图 4.9 实体资本回报率下降导致资金"脱实向虚"

对企业部门而言，当企业资本回报率低于金融资产回报率和房地产投资回报率时，企业部门融资可获得性进一步下降，资金成本进一步提高。而实体经济因资金短缺，无法扩大再生产，资本回报率进一步下滑，形成恶性循环。特别是，一些亏损的企业部门，资本不断退出，而这些退出的资本为寻求较高的收益率而进入金融市场和房地产市场，造成实体部门生产动力不足，对生产性投资形成挤出效应，实体经济进一步萎缩，资产价格大幅上涨。可以看到，近年来大量实体企业介入银行、保险、信托、证券、基金等金融业。数据显示，中国国资委管理的 117 家央企中有 90 多家涉足金融业，占比超 70%，其中非金融央企实际已经控制 24 家信托公司、20 家证券公司、14 家财产保险公司以及 23 家寿险公司。

对金融部门而言，在实体部门资本回报率较高时，其将资金投到信贷类资产上，风险相对小，收益也较为可观，在某种程度上实现了风险与收益的平衡。而危机后流动性的宽松和实体经济资本回报率的下降导致部分企业生产经营风险加大，信贷资产的风险开始提高，造成较多资金追逐较少的优质资产，形成"资产荒"。金融部门出于自身利益的考虑，需找到新的安全资产，最终负债资金通过层层的资金委托和多层嵌套，形成规模庞大的"影子银行"①。这导致资金在金融体系内部传递链条长、滞留时间久，资金成本明显提高，实体经济融资难度进一步加大，资金成本进一步提高，金融支

---

① 商业银行绕过金融监管制度，将存贷款业务转移到表外，通过信托贷款、委托贷款、证券机构资管项目、货币市场基金等通道业务实现套利，其业务性质实质上是"银行的影子"。

持实体经济的效率下降。此外，还存在一些企业以非自有资金虚假注资或循环注资、不当干预金融机构经营、通过关联交易进行利益输送等问题，导致实业风险与金融风险交叉传递。而房地产等资产价格的上升，会进一步推高实体经济的成本，资源配置进一步扭曲，金融和实体经济严重失衡。

对居民部门而言，随着实体部门资本回报率下降，资本回报已无法补偿其融资成本，居民部门将不会投资企业部门。而资产价格的上涨将吸引社会资本源源不断流入，在短期暴利的刺激下，居民部门的风险偏好进一步提高，开始从金融部门融入资金加杠杆进入，即从原本的资金净融出方变成资金净融入方，居民部门杠杆率快速上升。2006—2015 年，中国居民部门杠杆率由 10.9% 上升至 39.5%，10 年内上升了 30 个百分点，虽然这一水平在国际上相对较低（2015年仅高于阿根廷、印度等 12 个经济体），但上涨幅度很大。

专栏 5　影子银行的再分配影响

影子银行在中国的快速扩张。近年来，受金融市场化改革深入推进、金融创新活动的日益增多、居民收入持续增长等因素影响，中国影子银行发展迅速，规模不断攀升。根据穆迪的数据，2011—2015 年，中国影子银行①规模从 19.2 万亿元增加到 53.5 万亿元，增长了近两倍，影子银行资产在银行资产中的占比从 2011年的 17.2% 快速提升到 2015 年的 27.5%。从国际比较来看，中国

---

① Moody 将影子银行界定为委托贷款、信托贷款、未贴现银行承兑汇票、理财产品对接资产、财务公司贷款、民间借贷及其他。

影子银行的扩张速度超过同期其他国家。金融稳定理事会（FSB）[1] 数据显示，2013 年、2014 年中国是 26 国中影子银行增速第二快的国家，其中 2014 年的年均增长率（经汇率和通胀调整后）接近 40%，而同期全球平均增速仅为 10%，日本不足 15%，美国不足 5%。影子银行资产占 26 国总规模的占比也可以看出中国影子银行在全球市场中的快速扩张：2010 年底中国占比仅为 2%，而 2014 年底这一比例达到 8%。从组成结构来看，表外理财和委托贷款是影子银行最重要的组成部分，2015 年二者规模超过 32.5 万亿元，在影子银行中的占比超过 60%[2]。

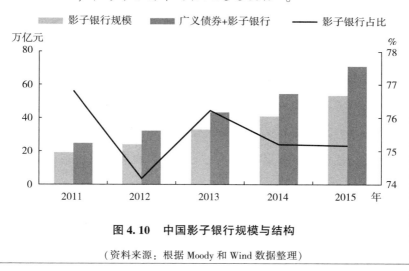

图 4.10　中国影子银行规模与结构

（资料来源：根据 Moody 和 Wind 数据整理）

---

① FSB（2015）将金融中介分为三类：一是银行；二是非银行金融机构；三是影子银行。FSB 认为非银行信用中介可能导致期限转换、流动性转换、加杠杆，因此从影子银行的经济功能角度，将影子银行分为五类：一是固定收益型基金、对冲基金、房地产基金、混合基金等，其特点为管理的集合投资产品面临挤兑风险；二是融资公司、租赁公司、保理公司、消费信贷公司等，其特点为发放贷款依赖于短期融资；三是经纪商和做市商，中介功能的发挥有赖于短期融资；四是信用保险公司、金融担保公司、债券保险公司等，为信用创造提供便利；五是资产证券化相关参与机构，也承担了信用中介职能。

② 徐忠. 以对外开放促进金融市场改革发展 [R]. CF40 径山报告，2016.

　　影子银行的快速发展进一步造成分配的不均衡与不平等。第一，影子银行的快速扩张导致巨量资金进入政府融资平台、国有企业、股票市场和房地产市场，在挤压私人部门融资的同时，进一步助推了股价、房地产等资产价格的上涨。尤其是包括国有企业在内的大型企业，往往利用从事金融业务的子公司，通过国内或国际市场获取低成本融资，在挤占中小企业融资的同时，将获取的资金以更高的利率水平贷给中小企业，以获取利差①。第二，影子银行的资金提供者主要是收入较高的群体，这些群体通过信托等方式获取高额收益。与此同时，农村居民以及城市低收入群体主要是通过银行存款等方式获取低投资收益。第三，影子银行中普遍存在的刚性兑付，导致风险的承担和收益不对等。刚性兑付在影子银行产品中广泛存在，使价格无法真实反映资产价值，降低了投资者控制风险的内在动力，也在一定程度上增加了金融体系的脆弱性，同时也挤出实体经济投资，进一步强化负反馈循环机制。最终，一旦影子银行发生风险，后果主要由银行或政府承担，即由全体纳税人承担，但收益却由少数人所得。

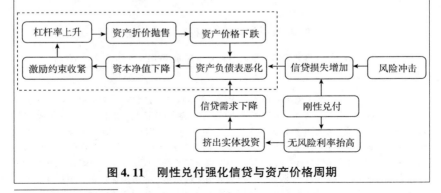

图 4.11　刚性兑付强化信贷与资产价格周期

---

　　①　彭文生. 渐行渐近的金融周期 [M]. 北京：中信出版集团，2017.

（二）实体经济与虚拟经济失衡的表现：结构性通缩与资产价格泡沫

2008 年国际金融危机爆发后，中国出台了一揽子经济刺激计划，在有效应对外部冲击的同时，信贷扩张也导致流动性过剩，进而产生了一系列副作用，如助推通胀和资产泡沫[①]。2011 年以后，这种副作用逐步体现出来，实体经济与虚拟经济发展失衡，在价格方面的表现就是结构性通缩和资产价格泡沫并存（见图 4.12）。这种价格走势的分化，不仅隐含着中国经济发展中的结构性矛盾，同时也孕育着较大的经济金融风险。

一方面，中国 CPI 和 PPI 的走势分化，整体呈结构性通缩。2011—2016 年，CPI 每年基本保持 1.5% 左右的正增长，整体涨幅为 10 个百分点；同期，PPI 连续 50 多个月同比负增长，整体负增长 10 个百分点。结构性通缩是中国经济在增长速度换挡期、结构调整阵痛期和前期刺激政策消化期"三期叠加"背景下的客观反映，周期性因素、制度性因素和结构性因素在其中都发挥了重要的作用。其中，周期性因素主要是指危机后全球低迷导致外需疲软、国际大宗商品价格下跌，但这些因素对 CPI 和 PPI 的影响持续时间相对较短。与周期性因素相比，制度性和结构性因素是导致结构性通缩的深层原因。由于住房、医疗、教育等相关制度改革未到位，导致居民消费需求不足、供需结构失衡，同时巴萨效应的存在导致服务业价格上升较快。尤其是"四万亿"经济刺激计划导致中国宏观投资率大幅飙升、产能严重过剩，资本回报率大幅下降导致企业去库存意图

[①] 周小川. 国际金融危机：观察、分析与应对 [M]. 北京：中国金融出版社，2012.

明显。此外，中国成为中等收入水平国家后，中高端产品服务供给不足和中低端产能严重过剩并存，劳动力、环保、流通等成本增加较快，服务价格上升，部分出口产品竞争力下降，这些都对价格的结构性偏离形成趋势性和长期性影响①。

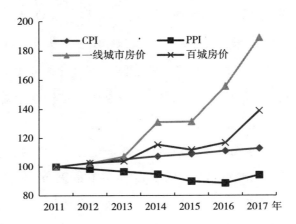

图 4.12　物价和房价定基指数（2011 年为基期）

（资料来源：中国人民银行数据整理计算）

　　另一方面，中国的资产价格大幅上涨，主要表现为股市回暖和一线城市与部分二线城市的房价泡沫。由于外需不振实体经济低迷，大量出口公司的企业主和贸易商不再投资做实业反而开始炒作农产品、股票和房地产。从最开始的 "蒜你狠" "姜你军" "豆你玩" "猪你涨"②，从股票市场的 "慢牛" 到 "疯"，以至到房地产市场价格暴涨。首先，危机后中国股票市场从此前的暴跌中逐步恢复，监

---

　　① 莫万贵，袁佳. 我国 CPI 和 PPI 走势背离的原因浅析 [J]. 金融理论与实践，2016（12）.

　　② "蒜你狠" "姜你军" "豆你玩" 等是指 2010 年前后，由于游资炒作导致大蒜、生姜、绿豆等农产品价格疯涨，大蒜价格一度上涨超过 100 倍，价格超过肉和鸡蛋的现象。

管放松和市场预期的高涨，极大地推升了投资者的风险偏好，导致很多投资者进行高杠杆交易。2015 年上半年，仅通过银证转账（近似看作资金由银行流入股市）这一项净流入股市的资金就高达 3.2 万亿元，而 2014 年同期这一数字仅为 0.14 万亿元，这催生了上半年的"疯牛"行情，但此后的持续去杠杆导致风险偏好持续下降，股市暴跌，对金融体系稳定性产生了负面冲击，影响了股票市场正常功能的发挥。其次，土地财政、城市化进程加快等导致中国房地产市场快速发展。2011—2017 年，中国百城房价指数涨幅为 39%，一线城市房价涨幅则高达 89%，同时三四线城市房价涨幅有限且去库存压力巨大，中国的房地产市场出现结构性分化。

对于资金的脱实向虚，涌入股票和房地产市场进而推升资产价格泡沫，背后的原因有很多。除上文所说的 2008 年国际金融危机后实体经济资产收益率下降这一周期性因素外，居民、企业和金融机构的"资产荒"、地方政府的"土地财政"问题，以及金融体系的不健全和监管的不完善等都是导致这一现象的重要因素。

第一，实体经济资本回报率下降导致的"资产荒"，是资金流向股票、房地产市场的重要原因。一方面，由于金融市场缺乏有效的风险分散和投资保值的金融产品及工具，或者金融监管滞后于金融创新、金融市场结构不合理、不同类型资本市场发展不平衡等，实体经济疲软导致银行等金融机构可投资的优质资产匮乏，出现"资产荒"，进而促使金融"脱实向虚"，并以房地产、股票、债券、基金、信托等形式向富裕阶层提供资产管理和增值服务。另一方面，储蓄率过高但消费率较低，资本账户开放有限，居民投资渠道匮乏，资产配置只能以国内为限，使得居民主要通过炒股买房等方式进行投资，人们的货币支出结构中购房和投资已成为主体，货币的资产职能空前强化。在这种情况下，一旦放松土地和信贷政策，都可能导致资金过度流入房地产等部门，引起资产价格的显著上涨。2012—2016 年，新增房地产贷款占全部贷款增量的比重从 9.8% 上升到 45%，新增个人住房贷款占比从 6.3% 增加到 40%（见图 4.13），房地产成为吸纳过剩流动性的 "蓄水池"。资产价格的大幅上涨和房地产市场的过度发展、吸纳的资源过多，对实体经济发展产生明显的 "挤出效应"，导致整个社会资源配置效率的下降和资源分配的扭曲，增加了经济运行的成本，使得经济发展的动力结构更趋失衡，不利于实体经济健康持续发展。当然也应看到，资产价格上涨也在一定程度上吸收了货币增多导致的通胀压力。①

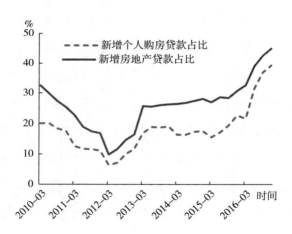

图 4.13　新增住房贷款占总贷款比重

（资料来源：根据国家统计局计算整理）

---

① 李斌，伍戈. 信用创造、货币供求与经济结构 [M]. 北京：中国金融出版社，2014.

第二，中央和地方财权和事权不匹配导致的土地财政问题，成为催生房地产等资产泡沫的重要制度因素。"GDP 锦标赛"模式下，地方政府为促进经济增长不断加大对基础设施领域投资，财政缺口不断攀升，但受制于《预算法》等对地方政府发债融资的禁止性规定，土地财政成为地方财政的普遍模式，通过提高卖地价格获得高额财政收入①。随着住房市场化改革的推进，土地出让收入占地方政府财政收入比重不断上升，成为地方政府的"第二财政"。通过抬高地价，地方政府将土地注入数量众多的融资平台，提高土地质押品价值，还可以获得更多的银行抵押贷款、发行更多城投债，用于地方基础设施开发建设和发展城市公共服务设施，为招商引资、促进地方经济发展提高筹码。在土地财政激励下，一些地方政府脱离经济基本面大干快上，不顾成本地过度扩大城市和开发区规模，扭曲了城市化自发演进的过程。而且也导致某种程度上地方政府与开发商"共谋"推动房地产价格上涨，较高的行业利润吸引更多的社会资金持续进入房地产市场，更是加剧了一线城市与部分二线城市的房地产泡沫。由于土地增值收益主要由政府获得，在收入分配上倾向于政府和企业，也会加剧投资过高、消费不足的不平衡格局。②

第三，金融市场的不完善、金融监管的不协调也是诱发资产泡沫的重要因素。一方面，不完善的金融市场会通过信贷约束和风险约束对实体经济产生不利影响，导致资产价格偏离基本面发生周期

---

① 2013 年国家审计署公布的《36 个地方政府本级政府性债务审计结果》显示，18 个省会和直辖市中有 17 个承诺以土地出让收入来偿债，比例高达 95%。

② 李斌，伍戈. 信用创造、货币供求与经济结构［M］. 北京：中国金融出版社，2014.

性剧烈波动。在信息不对称的情况下，银行可能会低估房地产贷款风险而过度放贷，从而刺激泡沫产生，而资产泡沫提高了借贷者抵押品价格，使之能够获得更多信贷，进一步推升资产泡沫。但如果泡沫破裂，就会出现连锁反应，市场的非理性行为和"羊群效应"就会加剧波动，可能导致出现系统性风险。另一方面，"铁路警察，各管一段"的传统分业监管模式难以适应金融业混业经营的新趋势，部分功能法律属性相同的金融业务分属不同部门监管，政策沟通不畅导致监管标准不一，不仅滋生监管套利，破坏了市场的公平有效性①，而且由于监管缝隙较大，难以有效监测和管住资金的流向，导致金融逐步"脱实向虚"。

中国的结构性通缩与资产价格大幅上涨，与 2003—2007 年美国次贷危机前全球经济形势非常类似。当时全球 CPI 涨幅基本稳定，但初级商品价格和 MSCI 全球股票指数上涨了 93%，美国大中城市房价上涨了 56%，累积了巨大的风险②，最终导致美国次贷危机的爆发。危机爆发后，国际社会开始反思单一钉住 CPI 通胀的货币政策框架存在的问题，各国央行在传统货币政策职能之外也更加重视金融稳定。因为此前国际社会的主流认识是中央银行不需要关注资产价格，但现实中资产价格和金融市场的大幅波动，最终还是会对物价和经济产生明显的冲击。近年来，人民银行也逐步建立起货币政策与宏观审慎管理的双支柱，在关注物价变动的同时，也更加关注资产价格变动和金融稳定。

---

① 徐忠. 改革是防范金融风险的唯一出路 [J]. 紫光阁，2017 (1).
② 李波. 构建货币政策和宏观审慎政策双支柱调控框架 [M]. 北京：中国金融出版社，2018.

（三）资产价格变动的财富分配效应

居民的资产主要包括金融资产和非金融资产，金融资产又包括存款、通货、股票、债券等类别，非金融资产主要是指房地产。一方面，近年来居民金融资产的占比逐步提高，2004—2014 年金融资产在中国居民总资产中的比例从 34% 提升至 41%[1]，但主要表现为2011 年后居民理财和信托计划等的提升。股票的占比起伏较大，主要与股票市场行情有关，如 2007 年股票牛市期间居民股票资产占比高达 15%，但近年来有所降低。另一方面，房产在居民财产中的比重越来越重要，房价的涨跌对居民财富的影响也越来越重要。多项调查统计均显示，房地产在居民资产中占据主导地位，且在居民财产（尤其是城市居民财产）中的比重越来越大，对居民财产增值的影响非常显著。如根据北京大学谢宇等（2017）的调研报告[2]，2014 年在全国家庭财产中，家庭净房产占家庭总财产的比例高达74.9%，比 2012 年增加了 2.4 个百分点。而西南财经大学中国家庭金融调查与研究中心的调查报告显示[3]，2016 年中国家庭资产中房产占比已近 7 成（68.8%），是美国房产占家庭资产比重（36%）的近 2 倍，也远远超过其他一些发达国家，而且房产在中国家庭财产中所占比例呈不断增长的趋势。从房价、股票指数与财产—收入比关系的散点图（见图 4.14）中可以看出，股价和房价上涨能带来显著的财富效应，导致财产—收入比的提高。

---

① 中国社科院国家资产负债表统计。

② 谢宇，张晓波，李建新 . 2016 中国民生发展报告 [M]. 北京：北京大学出版社，2017.

③ 西南财经大学中国家庭金融调查与研究中心 . 中国家庭金融资产配置风险报告 [R]. 2016.

第一，资产价格上涨会导致部分家庭财产积累加速，社会财富在不同层面的分配结构不均衡，最终扩大贫富差距。这种财富效应可以分为几个层面：一方面，会导致持有较多房产和股票的人群相对于持有较少（或没有持有）这些资产的人群的名义财富增加，贫富差距进一步扩大。尤其是对于房产持有者而言，拥有较多住房家庭的房产价值会随着房价上涨而增加，加上收入差距等因素，产生放大效应，相比没有或者拥有较少房屋的家庭，上述这类家庭的资产更多，贫富差距因此拉大。西南财经大学 "中国家庭金融调查（CHFS）" 2017 年第一季度公布的数据表明，2016 年下半年城镇无房家庭新购住房的比例为 4.9%，低于已有一套房再购房的家庭比例的 5.3%，低于已有多套房再购房的家庭比例的 5.9%，更低于总资产处于前 20% 的富裕家庭买房比例的 8.1%。这说明房价上涨拉大了无房者和有房者的差距，使财富由无房家庭向有房家庭转移[1]。另一方面，会导致城乡居民间贫富差距扩大，相对农村而言，拥有城市住房的家庭将从房价上涨中受益。而在中国由于农村住房属于宅基地，且农村土地性质是集体土地，农村房屋没有产权，并不能在市场进行交易（当然，如果属于 "城中村" 改造等需要拆迁补偿的另说），所以全国范围内房价的上涨会使城乡居民财富差距扩大。

---

① 徐忠. 房价过快上涨的宏观经济影响 [J]. 中国金融，2017（17）.

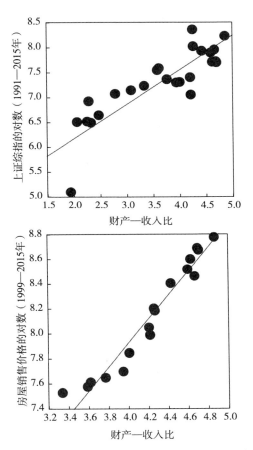

图 4.14　房价、股票指数与财产—收入比散点

（资料来源：Wind 数据整理计算）

第二，房地产市场分化导致不同区域间居民贫富差距扩大。近年来中国房地产市场分化严重，一线城市和部分二线城市居民住房价格飙升。2010—2016 年，部分一、二线热点城市房价涨幅惊人，北京、上海、深圳的年均涨幅都在 20% 以上，2015 年下半年到 2016 年 8 月，部分一、二线城市中心城区房价更是出现 50% 左右的上涨，北京、上海和深圳已跻身全球房价最高的十大城市之列。与此同时，

三、四线城市房价上涨相对较慢，结果导致不同地区的居民住房资产价格涨幅差距过大，进一步导致贫富差距的拉大。很显然，一线城市和部分核心二线城市房价上涨对当地有房家庭的财富增值贡献巨大，而对于三、四线城市的房价而言，由于房价上涨速度没有一、二线城市那么快，因此有房家庭房产增值速度相对较慢。尤其是近些年来，中国房价上涨走势分化现象明显，一线城市房价泡沫风险较为严重，这也导致从账面看该区域的有房家庭财富显著升值。

第三，房价上升虽然有助于扩大有房群体的财产规模，但同样会对那些无房家庭和依靠住房抵押贷款购房的家庭产生消费"挤出效应"。从债务负担来看，2014 年中国家庭财产负债比例升高，达到了 8.7%，而 2012 年为 6.3%。其中住房负债比例的上升导致了家庭总负债的上升，2014 年中国家庭住房负债比例升至 5.4%，反超非住房负债（3.3%）。住房负债的增长从侧面反映了城市房价的不断攀升和农村建房成本的持续上涨给一些家庭造成了较大的债务压力。[1] 这会挤占那些住房负债家庭甚至下一代的消费支出，长期内很可能使此类家庭的收入水平固化和削弱向上流动的能力。另外，房价不断上涨使得城镇居民不得不"为买房而储蓄"，从而提高居民储蓄率，把房价对储蓄的影响作为房价挤出消费的重要原因。此外，随着房价上涨以及金融市场的发展，住房潜在可抵押价值也随之上升，居民以房产作为抵押物更容易获得贷款，这会大大提高首套房购买者的信贷能力，从而拉大有房群体与无房群体的收入差距，进而影响到通过贷款购房家庭的财富分配。

---

[1] 谢宇，张晓波，李建新.2016 中国民生发展报告［M］.北京：北京大学出版社，2017（1）.

对影响居民财产—收入比的主要因素进行回归估计，结果发现资产价格上涨、高储蓄率、金融深化、劳动生产率等与居民财产—收入比显著正相关（见表4.2）。具体而言：（1）房地产价格上涨显著提高了居民的财产—收入比，但股票价格上涨对居民财产—收入比的影响虽然为正但并不显著。从整体来看，相较于股票价格，房地产价格的涨跌所带来的财富分配效应更为复杂，影响也更为直接和显著；（2）高储蓄率、金融深化程度提高会显著提高财产—收入比，这是因为随着信贷扩张，高储蓄率下的大量低成本资金被企业和富裕阶层所占有，并由其投资扩大受益，带来财富的增值，导致财产—收入比上升；（3）劳动生产率提高会显著提高财产—收入比，这是因为生产率的提高会给企业带来更高的利润，相对劳动报酬而言会更多地提高资本收益，进而导致财产—收入比提高；（4）出口依存度的增加会提高财产—收入比。这说明外向型经济程度越高，扩大出口导致经济效益较好，会给企业所有者带来更为丰厚的回报，导致财产—收入比的提高；（5）外资依存度与财产收入比负相关，这可能是因为利用外资增多会提高本国居民收入，但资本收益为外商所拥有并不计入国内居民或企业资产。

表4.2　影响中国居民财产—收入比的主要因素估计结果

时间	1984—2015 年	1999—2015 年	1999—2015 年	1999—2015 年
出口依存度	0.644 ** (2.308)			
外资依存度	−0.282 ** (−2.746)			
金融深化度	3.696 *** (9.378)	0.964 ** (2.746)	0.796 ** (2.419)	

续表

时间	1984—2015 年	1999—2015 年	1999—2015 年	1999—2015 年
劳动生产率	0. 041 *** （2. 081）		0. 046 *** （3. 684）	
储蓄率	0. 033 ** （2. 081）	0. 03 *** （3. 78）		0. 024 *** （4. 619）
房屋平均 销售价格		0. 552 *** （4. 157）	0. 898 *** （13. 259）	0. 37 *** （2. 56）
上证综指				0. 029 （0. 43）
M_2/GDP				1. 567 *** （4. 087）
常数项	− 17. 302 *** （− 12. 772）	− 6. 312 *** （− 5. 549）	− 7. 318 *** （5. 597）	− 8. 094 *** （− 198）
调整后的 R^2	0. 944	0. 968	0. 967	0. 979
F 值	105. 82	163. 23	158. 81	193. 82

注：1. 括号内为 t 检验值，*** 代表 1% 的显著性水平，** 代表 5% 的显著性水平，* 代表 10% 的显著性水平。

2. 出口依存度 = 出口额/GDP，外资依存度 = 实际利用外资额/GDP，金融深化 = 私人部门信贷/GDP，并以社会劳动生产率作为技术进步的替代变量。金融深化的指标分别采用了私人部门信贷占 GDP 比重、M_2 占 GDP 比重两个指标，其中 M_2 占 GDP 比重是从货币总量的角度看待金融深化的整体，而私人部门信贷占 GDP 比重更为关注金融深化的结构导向，两个指标内涵有所不同但都能反映金融深化的程度。

3. 居民财产—收入比数据来源于 Piketty, Thomas, Li Yang, and Gabriel Zucman (2017)，储蓄率数据来源于 IMF 的 WEO 数据库，其他数据来源于 Wind 数据库。

专栏6　一个似是而非的问题：房价暴涨是货币惹的祸吗

一、影响房价变动的因素

近年来，房价问题成为公众普遍关注的热点。尤其是一线城市和部分二线城市住房需求旺盛，房地产价格持续攀升。由一线城市及部分二线城市房价暴涨所导致的各种讨论、争论不绝于耳，有的矛头指向土地供应政策、有的指向财税政策、还有的指向货币政策，不一而足。对于货币政策的争论，有人认为货币超发导致信贷快速增长以及规模越来越大的影子银行，推动产生各种资产泡沫，尤其是房地产泡沫。以上种种观点说明房价问题已经成为影响我国宏观经济运行的重要变量，也会影响到货币政策和宏观经济调控的目标。

从国内外对房价问题的研究可以发现，大多是从长期均衡价格和短期波动两个角度出发，认为房屋长期均衡价格反映了经济、人口、社会习俗等宏观基本面因素，更多地体现房屋的居住属性；影响房地产价格短期波动的因素包括货币政策、房屋供需、热钱流动、政府调控、居民预期等，更多地体现了房屋的金融属性。结合已有研究文献，本书主要从供需两方面研究影响中国房地产市场价格的因素，供给端主要聚焦于房地产土地供给；需求端并未全盘考虑宏观经济、人口结构和居民收入等因素，因为以上因素对房价影响的研究已经很多并已形成广泛共识，在此主要聚焦于讨论需求端的货币性因素对房地产价格的影响。

　　房地产既有居住的属性，同时也是一种资产。作为资产，房价就会受货币性因素的影响。这里讨论的货币性因素主要包括两大类四个方面：一类是货币数量因素，主要包括国内流动性（以广义货币供应量 M_2 为代表）和国外进入的流动性（以热钱为代表）；另一类是货币价格因素，主要包括货币的国内价格（利率）和国际价格（汇率）。供求关系良好时，房地产的金融属性可以放大供求失衡的程度，导致价格大幅上涨，供求关系恶化时，可以抵消其金融属性。

　　图 4.15 和图 4.16 分别刻画了封闭经济和开放经济下房价变动供求情况。其中纵轴表示一国房价，横轴表示该国房屋供应总面积。由于土地供给限制等资源约束（约束条件为垂直线 H），房屋供给曲线 S 斜率不断加大，意味着每多增加 1 单位房屋供给面积要付出更高的成本。封闭经济条件下，居民收入增加或利率降低等均可使房屋需求曲线 D_1 变成斜率更为陡峭的曲线 D_2，这将增加对房屋总供应面积的需求，房价将从 P_1 增加到 P_2（见图 4.15）；开放经济条件下，对本国房价上涨的预期将使热钱流入本国房地产市场，进而进一步推动房屋总需求曲线从 D_2 右移至 D_3，形成新的均衡价格点（P_3，H_3）。而一旦土地供给面积减少，S 曲线将左移导致房价进一步上涨（见图 4.16）。

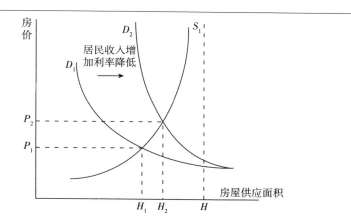

图 4.15　封闭经济下房价变动供求模型

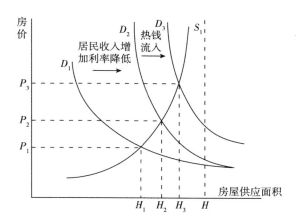

图 4.16　开放经济下房价变动供求模型

二、货币性因素对房价的一般性影响

（一）格兰杰因果检验

分别对 2005—2016 年中国房价指数与人民币实际有效汇率、利率、货币供应量、热钱数据进行格兰杰因果检验。从检验结果（见表4.3）可以看出：（1）在滞后 1 期时，热钱变动是房价变动的格兰杰原因。其他滞后期下房价和热钱都不是彼此的格兰杰因果原因。这表明在考察期内，热钱变动领先房价变动 1 期，说明热钱的流入流出在短期内可能会影响房价变动，但长期而言对房价变动并无明显实证上的因果关系。（2）房价和汇率之间不存在格兰杰因果关系。当然，这并不必然说明汇率变动对房价没有影响，也不能说明房价变动对汇率没有影响，只是从统计上看两个指标并不存在谁领先于谁的问题。这里需要强调的是，虽然热钱流动会影响汇率变动，但除去热钱外影响汇率变动的因素还有很多，两者是充分不必要条件，这也能解释为何热钱能表现出与房价的格兰杰因果关系而汇率变动却不能。（3）货币供应量 M_2 是房价的格兰杰原因，房价只在滞后 1 期时是 M_2 的格兰杰原因。（4）利率在滞后 1 期和 2 期时是房价变动的格兰杰原因，而房价则只在滞后 4 期时是利率的格兰杰原因，绝大多数滞后期内对利率的影响并不明显。这说明利率变动短期内可以影响房价变动，而长期内并不明显；同时房价变动在较长滞后期后领先于利率变动。

表 4.3　对房价及四个影响变量之间的 Granger 检验

	滞后阶数	1	2	3	4
房价不是热钱的 Granger 原因	F 检验统计量	0.114	0.001	0.284	0.857
	P 值	0.737	0.999	0.837	0.492
热钱不是房价的 Granger 原因	F 检验统计量	3.506	1.602	1.562	1.506
	P 值	0.064	0.206	0.202	0.205
房价不是汇率的 Granger 原因	F 检验统计量	0.051	0.473	0.962	0.815
	P 值	0.821	0.624	0.413	0.518

续表

	滞后阶数	1	2	3	4
汇率不是房价的 Granger 原因	F 检验统计量	0.025	0.594	1.955	1.675
	P 值	0.875	0.554	0.125	0.161
M_2 不是房价的 Granger 原因	F 检验统计量	2.663	4.464	2.878	2.123
	P 值	0.105	0.014	0.039	0.082
房价不是 M_2 的 Granger 原因	F 检验统计量	1.767	0.631	1.091	1.135
	P 值	0.186	0.534	0.356	0.344
利率不是房价的 Granger 原因	F 检验统计量	4.345	2.583	1.633	1.557
	P 值	0.039	0.080	0.185	0.191
房价不是利率的 Granger 原因	F 检验统计量	0.631	0.048	0.778	2.923
	P 值	0.428	0.354	0.509	0.024

注：房地产价格指标选取 70 个大中城市新建住宅价格指数作为房价指标，并以 2011 年 1 月为基期进行定基化处理，并在此基础上对其进行 CPI 平减，得到实际房地产价格指数；货币供应量指标采用广义货币供应量 M_2；汇率指标选择 BIS 公布的人民币实际有效汇率；利率指标则选取银行间同业拆借利率（没有选用中长期借贷利率是因为该利率调整期限间隔较长，而银行间市场利率则能更好地反映市场利率变动情况，进而影响居民和房地产企业贷款成本）；热钱指标采用外汇局提出的测算方法，计算公式为：热钱流入净额 = 外汇储备增量 - 贸易顺差 - 直接投资净流入 - 境外投资收益 - 境外上市融资，并利用 X - 11 方法对数据进行季节调整。时间期限为 2006 年 7 月至 2016 年 3 月。选取 2006 年 7 月以来的数据，主要考虑是我国统计 70 个大中城市的时间开始于 2006 年 7 月。对以上数据进行 ADF 单位根检验，发现除利率外，其余均为一阶单整平稳序列。利率指标为零阶单整平稳序列。检验两者的协整关系，Engle - Granger 两步法检验显示房地产价格指数与其他变量之间均存在协整关系。基于此，对房地产价格指数与其他变量分别进行格兰杰因果检验，并考察滞后 1 ~ 4 期期间二者之间的格兰杰因果关系。

（二）货币影响因素对房价变动的冲击——VAR 模型

从房价变动的脉冲响应图（见图 4.17）可以看出：（1） M_2 增长会带来房价的上涨且期限较长。当给广义货币供应量 M_2 一个正冲击后，会给房价带来正面的冲击，该冲击在第 3 期达到最大，此后冲击幅度逐步减小，但具有较长的持续效应。（2）利率提高会导致房价下降。给利率一个正冲击后，房价也是经历了前 2 期的起伏后，自第 3 期开始表现出显著拉低作用且具有较长的持续效应。(3) 人民币汇率上升会导致房价上涨但期限较短。给实际有效汇率一个正冲击后，会给房价带来正面冲击，但持续期限较短。房价变动在第 2 期达到最大后，自第 3 期开始冲击影响基本归于零。说明汇率变动对房价的影响是短期的。(4) 热钱流入会

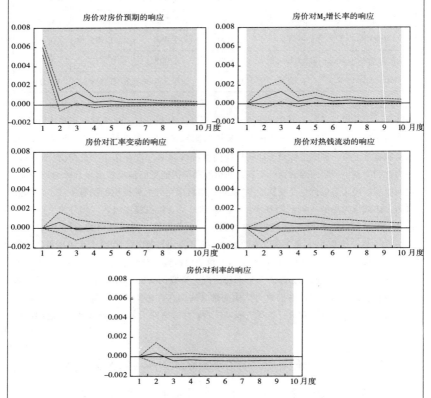

注：横轴表示冲击作用的滞后期间数，纵轴表示房价变动，实线表示脉冲响应函数，代表了房价变动对相应变量冲击的反应。

图 4.17　房价对主要货币性因素冲击的响应

带来房价上涨。给热钱流动一个正冲击后，房价在前 2 期有所起伏，但第 3 期冲击最大，此后冲击效应逐步降低但保持了较长的正向冲击。（5）房价上涨预期会导致房价进一步上涨。房价预期的正向冲击经市场传递会在短期内对房价带来正面的影响，该影响在第 4 期后会变得很小。脉冲响应结果均与以上理论模型的结论相符合。

三、货币性因素对房价的结构性影响

从货币性因素对房价影响的一般性分析中可以看出，2006—2015 年，无论是货币的数量型因素（广义货币供应量和热钱）还是货币的价格型因素（汇率和利率）均对房价变动产生影响。但这种影响是否在全国范围同样适用，还是不同的货币性因素在不同地区影响不尽相同？通过构建面板数据模型，进一步研究货币性因素对一、二、三线城市房价的结构性影响。同时，为了更好地观察供求关系对房地产价格的影响，在考察货币性因素等需求端影响的同时，还纳入住宅类土地供应面积作为供给端因素，同时考虑到市场预期在中短期内同样对房价具有重要影响，还将上一期的房价增速作为房价上涨预期指标纳入模型。基于固定效应的面板数据估计结果如下：

第一，土地供应对房价整体影响为负，对一线城市影响尤为显著。全国层面，住宅类用地土地供应面积对房价影响为负，且较为显著；区域层面，一线城市住宅类用地土地供应对房价的影响最大，效果也最为显著。2009—2015 年，中国一线城市的住宅土地供应从超过 2 000 万平方米下降到 1 455 万平方米；与之相对应的住宅工地楼面均价从不足 6 000 元上升到 1.1 万元。二、三线

城市住宅类用地土地供应对房价的影响虽然也为负，但效果并不显著。这是因为北上广深等一线城市人口集中度较高，外来劳动人口呈净流入态势，住房需求强烈，房屋供求关系紧张，因此一旦新增住宅类用地土地供应面积下降往往推动房价进一步上涨。相比而言，二、三线城市房价受土地供给变动的影响要小得多，因为很多二、三线城市由于以前盲目开发造成大量库存积压，整体呈现住房供大于求的状态，因此即便新增住宅类用地，土地供应面积减少也不会对房价造成太大影响。

第二，广义货币供应量（M_2）对全国房价的影响呈现出结构性特征。整体而言，M_2 增长对全国房价影响为正，但结果并不显著。对一线城市而言，M_2 增长能显著推动房价上涨；对二、三线城市而言，M_2 增长对房价的影响为负，但结果并不显著。如果单纯从人均可支配收入的角度来看，一线城市的居民平均收入比中国最贫困省份高 1~2 倍，但平均房价水平却要高出 7~8 倍。这其中有社会资金和财富向一线城市集聚的因素。因为大城市所集聚的教育、医疗和文化等公共服务优势，以及投资信息、财富增值机会等是其他地方难以获得的，所以，它们不仅吸引国内资金流入，也同样会吸引国际资本。而房地产市场兼具消费和投资两种属性，尤其是对一线城市这种资源集聚型的城市而言，在实体经济增长乏力、资产投资收益率较低时，一线城市的房价成为货币宣泄口和主要投资渠道。2016 年，个人住房贷款占全国新增贷款的 40% 以上，而一、二线城市的个人住房贷款占了绝大部分。

第三，利率变动对房价的结构性影响。一方面，虽然刚需在一线城市中占据重要部分，但不能否认改善性需求和投机性需求所占比重同样很大，尤其是投机性需求出于房价上涨预期、改善性需求出于获得更好的居住条件和公共资源和服务，自身购买力较强，加之购房者往往会迅速偿还房贷，这使他们对利率的变化没有那么敏感。另一方面，一线城市的房地产企业很多为大型央企、国企，且这部分群体对资金价格敏感性较弱。从实证研究结果也可以看出，一线城市房价对利率变动不敏感，二、三线城市房价对利率变动的反应更敏感，提高利率水平会显著降低其房价增速。

第四，热钱流动对房价的结构性影响，且对一、二、三线城市房价的影响梯次递减。当房地产作为一种投资产品时，当期金融属性很强，不仅会吸引国内资金流入，也同样会吸引国际资本。而且相较于投资国内其他资产而言，房地产市场准入门槛较低，国外投资者为了取得汇率升值的套利机会还是愿意通过各种渠道投资中国房地产市场，造成大量国外热钱涌入，推高房价。而且同国内投资者一样，热钱更青睐于投资属性更高的一线城市及部分二线城市。而大规模热钱的流入流出则很可能会表现在汇率波动上，实证结果显示人民币实际有效汇率变动对一线城市房价拉动明显，其影响系数要高于二、三线城市的 $3 \sim 4$ 倍，相比而言汇率升值对二、三线城市的拉动作用并不显著。

第五，市场预期与房价变动呈显著正相关。无论是从全国层面，还是具体到一、二、三线城市层面，房价上涨预期都能显著推动房价上涨。相比起股市的高风险性和收益不确定性，由于房地产产品拥有消费性和投资性双重属性，投资房地产能让投资者资产保值，收益可以预计而且也相对稳定。当投资者预期某城市房价会上涨时，投资者会加大对该城市房产的投资力度，增加当地的房产需求，房价因此被抬高。对于中国各线城市来说，一线城市的房地产市场比较成熟，房地产供应商数量多而且彼此之间竞争激烈，房价比较符合市场供求规律；二、三线城市的房地产市场仍处于上升阶段，房地产供应商比较少，竞争激烈程度也低于一线城市，经济实力较强的房地产供应商往往对当地房价预期的引导作用更强。

表4.4 面板数据模型估计结果（固定效应模型）

		全国百城	一线城市	二线城市	三线城市
住宅类用地土地供应面积	系数	-0.001* (-1.935)	-0.003*** (-3.292)	-0.001 (-1.200)	-0.001 (-1.107)
	P值	0.054	0.001	0.231	0.269
汇率	系数	0.023 (0.572)	0.114* (1.728)	0.032 (0.712)	0.031 (0.813)
	P值	0.568	0.085	0.477	0.417
M_2	系数	0.004 (1.378)	0.016*** (3.394)	-0.001 (-0.483)	-0.004 (-1.583)
	P值	0.169	0.001	0.630	0.115
利率	系数	-0.001* (-1.754)	-0.001 (-1.347)	-0.001* (-1.713)	-0.001* (-1.911)
	P值	0.081	0.179	0.088	0.057
热钱	系数	0.000 004*** (3.645)	0.000 009*** (4.704)	0.000 003** (2.091)	0.000 002* (1.757)
	P值	0.000	0.000	0.038	0.080

续表

		全国百城	一线城市	二线城市	三线城市	
市场预期	系数	0.580 ***	0.484 ***	0.550 **	0.582 *	
		(8.331)	(6.326)	(6.379)	(6.361)	
	P 值	0.000	0.000	0.000	0.000	
固定效应			− 0.006	− 0.147	0.059	0.094
加权统计						
R^2		0.711		F 值	22.273	
D – W 检验		2.153		P 值	0	

注：1. 括号内为 t 检验值，＊＊＊代表1%的显著性水平，＊＊代表5%的显著性水平，＊代表10%的显著性水平。

2. 在上文分析中，采用了70个大中城市新建住宅价格指数作为房价指标，但在面板数据中，由于缺乏与之相对应的具体的一、二、三线城市的土地供给面积数据，而只有全国百城住宅价格指数及其住宅供应面积，因此，在面板数据模型中将房价指标换成了全国百城房价指数，而且经过对比两个房价指数虽然期限不同但整体走势基本一致。货币供应量指标采用广义货币供应量 M_2；汇率指标选择 BIS 公布的人民币国际有效汇率；利率指标则选取银行间同业拆借利率（没有选用中长期借贷利率是因为该利率调整期限间隔较长，而银行间市场利率则能更好地反映市场利率变动情况，进而影响居民和房地产企业贷款成本）；热钱指标采用外汇局提出的测算方法，计算公式为：热钱流入净额＝外汇储备增量－贸易顺差－直接投资净流入－境外投资收益－境外上市融资，并利用 X－11 方法对数据进行季节调整。所有数据均来自 Wind 数据库。时间期限为 2006 年 7 月至 2016 年 3 月。经检验，模型采用固定效应模型，且经过最大似然性检验呈模型结果显著。

综上来看，货币性因素对房价具有结构性和区域性影响。一线城市房价受货币数量（流动性）影响更明显，二、三线城市房价受货币价格（利率）影响更明显。从资产价格角度来看，如果一项资产对货币数量敏感而对货币价格不敏感时，很可能就存在泡沫因素。按此标准，我国一线城市房价受国内外流动性影响最为明显，但对利率变动并不敏感，存在房价泡沫的可能性较大；相比而言，二、三线城市房价受利率变动影响更显著，对货币量的变动不敏感，某种程度上说明二、三线城市去库存压力较大。

四、结论与建议

第一，货币性因素只是表象，土地、财政、监管等制度性因素才是房价暴涨的根本原因。货币性因素之所以对房价产生结构性影响，尤其是看似货币超发导致房地产泡沫，实际上这是一个似是而非的问题，房价上涨本质上还是房地产市场存在结构性扭曲所致。导致这种结构性扭曲的原因主要体现在几个方面：一是中央地方财权事权不匹配和土地财政成为催生房地产泡沫的重要制度性因素。房地产泡沫首先是土地的泡沫，无论是对于价格型泡沫地区土地供应的相对不足，还是对于数量型泡沫地区土地供应的过量，土地制度的缺陷是导致国内土地市场供求失衡进而诱发房地产泡沫的重要因素。二是金融监管不协调形成监管真空，导致影子银行规模飙升进而造成大量资金流入房地产市场，尤其是部分房产中介和银行通过 "首付贷" 等方式违规提供资金支持。三是一线城市的过度资源集聚问题导致占用了太多的优质资源和公共服务。四是居民投资渠道有限引致的 "资产荒"。五是房地产市场监管缺位导致房地产商和房产中介相互勾结、捂盘惜售以提升房价等。

第二，主要依靠货币政策无法解决房价问题，要以供给侧结构性改革为主，保持中性稳健货币政策调控为辅。一方面，供给侧结构性问题仍很突出的情况下，为了稳定房价和经济增长采取偏扩张的货币政策可能导致资金 "脱实向虚"，进一步推升杠杆和刺激房价上涨（助推一线城市房价泡沫，三、四线城市房价则相对稳定），进而挤占实体经济的信贷规模和渠道，不利于经济的中长期健康发展。同时，美联储收紧货币政策会导致资本大量外流，加大短期经济增长的波动性。另一方面，如果为了稳住汇率、挤出资产泡沫而采取紧缩性货币政策，流动性的收紧会导致房价下跌（主要是一线城市房价下跌，三、四线城市房地产去库存周期加长），同时导致实体经济成本上升，不利于经济增长，经济放缓与房价下跌冲击叠加可能导致爆发系统性风险，进而造成市场预期逆转以及由此出现的资本外流，进而导致汇率下跌。由此可以看出，虽然货币政策有调节结构的功能，但本质上还是总量政策，更不能期待单纯用货币政策解决中国的房地产市场问题。问题的关键是要以供给侧结构性改革为重点，结合土地、财政、金融等多方面政策措施分城施策、综合应对，构建房地产市场平稳健康发展的基础性制度和长效机制。要保持宏观调控的自主性和货币政策的中性稳健，抓住开放条件下大国宏观调控问题的根源，守住核心目标。

第三，强化宏观审慎政策框架，提升对阶段性资产价格变动的精准反应能力。防止包括房价在内的资产价格泡沫，就需要更好地发挥"货币政策＋宏观审慎政策"双支柱政策框架的作用，要不断强化宏观审慎政策框架，更加注重抑制资产价格泡沫，有针对性地防范房地产金融市场可能形成的系统性风险。对一线和部分二线城市而言，要确保房价保持在合理水平，鼓励刚需，打击投机；对三、四线城市而言，要多措并举加大房地产去库存化。

四、中国贫富差距会继续扩大吗

在改革开放的前 30 年，全球化红利、人口红利等因素造成资本性收入增速高于劳动性收入，进而导致收入差距和贫富差距的扩大。2008 年国际金融危机前后，中国金融业发展迅速，中国经济货币化和金融化程度不断提高，金融资源的分配不均和资产价格泡沫导致中国的贫富差距加速扩大。

表面上看，中国的贫富差距扩大是金融深化和信贷扩张所致，但其背后存在着更深层次的体制机制性原因。财税、金融、医疗、养老、社保等制度的不健全导致资源配置的不合理，成为导致贫富差距加剧的制度性因素。一是财税体制不合理。财税体制改革滞后严重扭曲了资源的配置，不利于公平公正分配体系的发展。中国当前税制的特点是对消费征税，对劳动征税，对投资不征税，对资本不征税。无法对富人进行有效征税成为导致贫富差距过大的重要原因，而且由于中央和地方财税关系理不清，地方政府财权与事权不对等，导致地方政府过度依赖土地财政，助推房地产价格快速上涨。二是国企改革不到位。国有企业财务软约束和政府"隐性担保"导致大量金融资源被国有企业占用，挤出对小微企业和居民的信贷需求。三是金融体系包容性不强。多层次资本市场发展滞后，在信用体系不健全的背景下，小微企业和"三农"存在融资难、融资贵问题，金融监管的不协调又导致影子银行迅速发展、资金脱实向虚和资产价格泡沫。四是社保和养老体系不健全，社保覆盖面较低且缴费偏高，国有资产收益对社会保障机制的支持较少。在以上问题的综合作用下，中国贫富差距持续扩大。

贫富差距的发展趋势上,居民劳动收入差距扩大的态势已得到初步改善,未来影响居民收入分配和财富分配的主要因素集中于财产性收入和资产价格的变动。一方面,随着实体经济逐步复苏,资本回报率的上升有可能会进一步加大资本—劳动收入比,进而扩大收入和贫富差距。另一方面,随着一、二线城市房价过快上涨势头得到抑制,未来由房地产市场走势分化导致的居民财富差距扩大有望得以缓解,但富裕阶层会通过其他投资渠道进行资产投资获取收益。而且对于富裕阶层而言,有很多投资种类可以选择,且投资收益率比一般投资者要高,进而导致富裕阶层财富积累速度明显快于穷人,贫富差距不断扩大。因此,未来中国居民贫富差距继续扩大的可能性依然比较大。而且同收入差距的变动相比,未来中国的贫富差距恶化更令人担忧。目前中国社会的贫富差距已经高于收入差距,且是世界上贫富差距最大的国家之一,而贫富两极分化的趋势尚未得以扭转,可能会对中国的社会稳定造成影响。

第三篇
如何实现公平增长与包容性全球化

习近平总书记在2017年达沃斯世界经济论坛年会上做主旨发言时指出："经济全球化确实带来了新问题，但我们不能就此把经济全球化一棍子打死，而是要适应和引导好经济全球化，消解经济全球化的负面影响，让它更好地惠及每个国家、每个民族。"

第五章　新时代的使命：公平增长和包容发展

对于中国收入差距、贫富差距的扩大，市场性因素、制度性因素和周期性因素都发挥了重要作用。其中，市场性因素和制度性因素又最为关键。市场性因素导致的收入差距扩大，是指通过市场价格的调整去反映要素禀赋的价值（如劳动报酬和财产收益），这是提升资源配置效率的重要方式，对经济发展是积极正面的；制度性因素所导致的收入和贫富差距扩大，则是因为政策和制度措施本身的缺失、不健全或不合理，导致对外开放、对内开放的不均衡，进而造成资源配置的扭曲和分配不公，这对效率提升和经济发展的作用是无效的，甚至是负面的。收入差距、贫富差距的恶化与中国共同富裕的发展初衷相违背，会导致人民"获得感"不强。

在新时期，随着中国经济从高速增长向高质量增长的转变，这也意味着中国要从此前的"效率优先、兼顾公平"向更加注重公平增长倾斜。从全球经验来看，在市场机制这只"看不见的手"的作用下，单纯的机会公平必然导致结果的不公平，这就需要发挥政府部门"看得见的手"的作用，充分利用我国自身的体制机制优势，通过制度建设来纠正这种结果的不公平，实现公平增长，维持社会和政治稳定。而关于公平增长的内涵，包括机会公平、过程公平和结果公平，又以实现机会公平和过程公平最为关键。在此过程中，关键要做到两方面：一方面，要推动市场的包容性发展，实现教育、就业、工作、发展等领域的机会公平与过程公平，促进初次收入分配公平公正。另一方面，要强化再分配的调节作用，加强居民社会保障。只有做到以上两方面，才能有效地改善国民分配格局，实现包容性发展和共同富裕。

一、推进包容性市场化

（一）市场竞争主体的包容性

保证各类所有制企业公平竞争是中国政府的一贯立场。党中央国务院出台的多个文件均强调保护各种所有制经济平等使用生产要素，公开公平公正参与市场竞争、同等受到法律保护，依法监管各种所有制经济。中国改革开放的进程，既可以看作是对民营资本的开放史，民营经济在社会主义市场经济中的地位发生了从"补充"到"重要组成部分"的本质变化；又可以看作是国有企业的改革史，目标是使其成为自主经营、自负盈亏、自担风险的独立市场主体。市场规则和竞争政策的变革贯穿始终，最终确定市场在资源配置中起决定作用，实现国企和民企竞争发展。

但不容否认的是，实际中由于多重原因导致民营和中小微企业的发展存在种种显性和隐性歧视，国有企业和民营企业在产权保护、行业准入、信贷支持、上市融资、产业政策支持、创新政策支持、政府监管等方面的待遇不一，国有企业往往能凭借非市场的"背景"因素享有市场竞争以外的附加优惠，而有些企业则被排斥在外，这就导致价格等市场信号失真，市场机制运行不畅，以致出现"优不胜、劣难汰"等现象。

未来，要进一步强化竞争政策的基础性地位，创造公平竞争的制度环境。可考虑以 OECD 提出的竞争中性的 8 条标准①为基础，全面贯彻落实竞争中性原则，确保国有企业和民营企业平等竞争，通过公平的市场竞争机制消除国企在资源配置上的扭曲状态，优化市场配置资源，增强所有市场竞争主体的竞争力。同时，不断优化营商环境，在要素获取、准入许可、经营运营、政府采购和招投标等方面，对各类所有制企业平等对待，提高民营企业使用土地、资金等要素的机会和可得性，实现各类市场主体权利平等、机会平等、规则平等。通过实行全国统一的市场准入负面清单制度，市场准入负面清单以外的行业、领域、业务，各类市场主体均可依法平等进入，禁止滥用行政权力排除、限制竞争。

（二）金融体系的包容性

建立包容性、多样性的金融体系，可为社会所有阶层和群体提供有效、全方位的金融服务，为弱势群体提供平等享受基本金融服务的机会与权利，不断提高金融服务的可获得性。

一方面，要充分发挥市场对金融资源分配的决定性作用。一是建立包容性的资本市场。民营企业是我国企业的重要组成部分，在促进社会经济发展、推动创新创业等方面发挥了巨大作用。要充分考虑民营企业经营发展的特殊性，优化发行条件、精简审核程序，

---

① 从 OECD 的标准来看，竞争中性包括国有企业组织合理化、成本确认、商业回报率、公共服务义务、税收中性、监管中性、债务中性与补贴约束、政府采购 8 个方面。

着力提高制度包容性和市场覆盖面，不断降低企业特别是民营企业的融资成本。健全完善适合创新型、成长型企业发展的制度安排，为处于不同生命周期的企业和不同风险偏好的投资者提供灵活、多元化的投融资服务，培育私募市场，鼓励和引导创业投资基金支持中小微企业发展。二是改善不同地区间、产业间和阶层间的股权融资比例，提高其股权融资规模，进而缩小金融资源在不同地区、行业、阶层的配置差距。发展县域综合金融服务平台，针对偏远地区、农户和小微企业等弱势群体的信用信息、融资担保、支付结算等各类金融需求，建立综合政策保障体系。三是纠正和废除那些扭曲金融资源配置的 "潜规则"，强化约束机制。金融体系最基本和最核心的功能是优化资本的配置，通过提高资本的配置效率来促进经济的增长，因此要坚持市场在金融资源配置中的决定性作用，纠正那些扭曲资源配置的制度与 "潜规则"。打破市场对国有企业和政府融资平台的 "隐性担保" 预期和刚性兑付的预期，从根本上解决预算软约束主体过度占用或无效占用金融资源的情况，使金融资源能更多、更主动地向小微企业、"三农" 等薄弱环节配置。

另一方面，要建立更具包容性的普惠金融体系。未来随着金融市场的不断开放和发展，要充分发挥对金融资源的调配作用，加大金融发展政策向西部地区的倾斜力度，强化对中小微企业、城市中低收入者以及 "三农" 的金融支持，在提高金融资源配置效率的同时，建立包容多种金融机构、金融机制、金融工具和金融服务的普惠金融体系，公平合理地分配金融资源。为进一步推动普惠金融的可持续发展，需要从全局角度制定普惠金融的发展战略，营造有利于普惠金融可持续发展的环境，更好地满足不同人群的多样化金融需求。

　　要充分运用金融科技，发挥互联网金融的"长尾效应"。传统金融体系中没有得到满足的金融需求，如中小微企业融资需求、个人小额融资需求、小额理财需求，可以通过互联网金融实现点对点配对，从而摆脱传统金融中介，实现资金供求平衡。相对于传统金融业态，互联网金融具有交易成本低、金融包容性强、服务覆盖面大等特点，互联网的"长尾效应"，可以将个体化、碎片化金融需求聚集成庞大的金融需求。云计算、大数据等技术将原本矛盾的大众化与定制个性化统一到了全新的低成本、高质量的服务体系。例如，智能投顾的出现使原先只有高净值客户才能享受到的金融服务变成了低成本大众化的服务。相较于传统财务顾问收取1%以上管理费率而言，智能投顾公司费率很低，这使资产管理行业的门槛和成本大为降低，有助于为更多的居民提供资产管理服务。这种基于数字技术所兴起的互联网金融服务，可以为更多的小微企业和农村居民提供便捷高效的金融服务，从而提高中西部地区金融科技发展水平。未来要进一步支持有助于打通金融服务"最后一公里"的数字金融产品创新和推广，鼓励银行利用不断完善的社会综合信用体系，以及大数据、区块链等技术，不断降低信贷业务对抵押担保的依赖性，降低小微企业和"三农"的融资成本。

　　同时，也要注意处理好"普惠发展"与"商业可持续性"之间的关系。金融机构要坚持普惠金融的理念，让改革和发展的成果更多更好地惠及所有人群、所有地区。另外在普惠金融发展过程中，不仅要关注金融服务的覆盖面是否扩大，更深层次的问题是通过发展普惠金融促进资本配置的优化，不要把"金融普惠"当成"财政扶贫"。要充分保证金融机构在提供金融服务中的自主性，只有这样才能在普惠金融水平提高的同时，有效发挥金融体系优化资本配置的功能，最终实现普惠金融发展的商业可持续性。大力发展涉农、涉小保险产品，增强保险对"三农"和小微企业的覆盖面和保障能力。

（三）劳动力市场的包容性

社会发展的核心是强调增加就业、反贫困和消除歧视。因此，经济社会协调发展的基本内涵，就是要把增加就业放在更为突出的位置，重视收入的提高和收入差距的缩小。然而，以市场为主导的收入分配体系，难以充分保持收入分配的有效性和合理性，这就需要建立相应的法律制度来保障社会各阶层的正当权益，特别是保障相对弱势群体的权益。

因此，要解决收入和财富分配问题，首先要从根本上建立健全公平公正的初次收入分配制度，着重保护劳动所得，提高劳动报酬在初次分配中的比重以及居民收入在国民收入中的比重。一方面，要进一步提高劳动报酬在初次分配中的比重，实现劳动报酬增长和劳动生产率的同步提高。建立适当的失业救济制度，完善最低工资保障制度。加大对低收入群体的社会保障支出、教育投资支出和医疗卫生支出，直接增加低收入群体收入，提高他们在初次分配中获得收入的能力。另外，要调节垄断性行业的过高收入，鼓励创造更多的机会实现充分就业，适当保护和鼓励一般竞争性行业，建立健全工资增长机制。加快推进营业税改增值税，减轻企业不必要负担，为工资合理增长营造良好的条件。完善劳动合同制度和劳动保护制度，加强劳动监督制度，完善工资增长的三方协调机制。

要充分发挥比较优势实现全球化收益的最大化，就要确保劳动力和资本等生产要素在国内的自由流动。只有如此，当某一行业或企业因全球化或技术进步而扩大或收缩时，工人和资本必须适应新的经济环境，进而能从衰退的行业或企业转向新兴的行业或企业部门。因此，要进一步推进劳动力配置市场化改革，打破城乡户籍制度、国有企业用工制度、企业破产制度、失业保险制度中影响劳动力自由流动、影响市场发挥作用的体制机制障碍。

（四）教育培训体系的包容性

一般而言，经济全球化条件下高素质劳动者收益程度更高，而低技能劳动者往往成为全球化的受害者，因此提高他们的劳动技能是使之免受其害的根本途径。政府要加大对中低收入家庭和贫困地区的教育投入，强化教育公平。继续加大义务教育和中高等教育的财政投入，大力发展职业技术教育，加强再就业技能培训体系建设，促进用工企业和技能培训机构的联合。尤其是要加大对农民工培训的财政扶持，建立起财政无偿培训和商业有偿培训相结合机制。另外，随着人工智能技术的快速进步，很多中高端行业从业人员也面临着技术替代的风险，如随着智能投顾的普及，未来金融业的投资理财经理等行业可能面临一定的替代风险。因此，需要统筹考虑技术进步与稳定就业之间的关系，不断提高劳动者技能培训，培养大量高素质、高技能劳动者，缩小居民的收入差距。

二、促进全球化红利的全民共享

（一）加大落后地区改革开放力度促进区域协调发展

改革开放前期，由于开放的区域性失衡，"循环累积因果效应""极化效应"导致区域发展严重失衡。未来，要实现公平增长和包容性增长，要在强化"涓滴效应"的基础上，进一步加大中西部开放力度和政策支持力度，充分利用参与经济全球化带来的机遇，提高发展质量和发展水平。

首先，要加强国内市场一体化，打破省际贸易壁垒和市场垄断，降低地方保护主义。坚持实施区域协调发展战略，优化区域空间结构，提高空间资源配置效率。特别是要充分利用高铁建设和"一带一路"向西发展的黄金期，以城市群和快速通道建设带动区域协调发展，构建网络化区域发展新格局。推动先进地区与落后地区资源要素互换互补、统筹配置，通过发展"飞地经济"等方式实现资本流动和产业转移。促进先进地区与落后地区公平交易、平等交换，依法制止一些地区利用发展位置优势掠夺和低价获取落后地区资源要素的行为。

其次，要按照比较优势原则，强化区域产业分工合作。加强东、中、西三大区域间的资源、要素合理流动推进区域协调发展，特别是促使东部优质资源更多地向中西部地区流动。由于此前开放失衡导致的"循环累积因果效应"，东部沿海地区的资源集聚能力很强，对资金、人才、技术的吸引力要远高于中西部地区和东北地区。因此，要改变人流、物流、资金流的方向，就要在内陆欠发达地区实行比东部地区更加开放和优惠的政策，同时做强做大中西部地区的比较优势。比较优势是一个地区的核心竞争力，也是落后地区实现赶超的有利条件。落后地区应集中资源要素，尤其是充分利用好劳动力成本低的比较优势，加强劳动密集型产业向中西部地区发展。同时，运用新技术、新平台，不断提升和打造落地地区的比较优势，并通过产业融合不断延伸比较优势。

最后，进一步扩大开放和深化改革，营造良好的营商环境和生活环境。尤其是进一步提高国家对中西部地区的政策扶持力度、实行更优惠的财税政策和更大的开放力度。通过加大在中西部设立自由贸易试验区、提出"一带一路"倡议等方式，将国内区域协同与对外开放更紧密地结合起来，使长期处于内陆的中国西部地区一跃成为承东启西、连南接北的开放枢纽，从而大大加快这些地区的经济转型发展步伐，全方位缩小区域发展差距。

此外，还应基于区域整体布局、当前比较优势、未来发展潜力及存在的突出矛盾和问题，加大各类重要平台的建设力度，使其充分发挥引领带动作用。落后地区的薄弱环节大都存在于基础设施建设和基本公共服务提供领域。应运用政府和市场双重力量，加大对落后地区基础设施、产业转型、公共服务等重大项目的支持力度，从基础条件到造血机制等全面强化对落后地区跨越发展的支撑。

（二）突出贸易投资政策的就业促进功能

对外贸易和投资发展也应与经济社会协调发展的目标相适应，实行就业导向型的开放政策，稳定发展劳动密集型制造业和服务业。一方面，要大力发展农产品贸易，创造更多的就业机会，提高农业劳动和土地的回报率，促进农村地区的发展。另一方面，要进一步扩大服务业的对外开放，通过发展中高端服务业、服务外包等方式，

充分发挥中国的 "人口质量红利" 优势，提升中国服务业的国际竞争力。只有东、中、西部地区实现了区域均衡发展，农业、制造业和服务业实现协调发展，才能促进城乡和谐发展，切实提高中低收入人群的工资水平，降低垄断性行业的垄断暴利，缩小居民收入差距。同时，要进一步完善谈判机制，在国际贸易和投资协定谈判时更主动地与不同的利益攸关方接触，以便行业协会、企业部门以及公众能更好地参与这一进程，以确保充分回应他们的关切。

三、强化财税政策的再分配调节作用

（一）财税政策的 "公平" 与 "效率" 问题

财税政策在降低收入不平等方面的作用至关重要，财政再分配的本质在于通过税收和转移支付将资源由高收入家庭转移至低收入家庭，进而减少不平等。从发达经济体来看，直接所得税和转移使得发达经济体不平等程度平均下降 1/3，如 2005 年可支配收入的平均基尼系数比市场收入的平均基尼系数降低 14 个百分点，转移支付的再分配效应占基尼系数降幅的 2/3。其中，个人所得税在降低不平等水平中发挥了重要作用。从发展中国家（地区）来看，财税政策对收入分配的调节作用相对要小得多，主要是因为大多数发展中经济体税收和支出水平较低，限制了其财政政策的再分配效果，如发达经济体的平均税收比率超过 GDP 的 30%，但发展中经济体的税收比率一般占 GDP 的 15% ~ 20%。[①]

---

① IMF. Fiscal Policy and Income Inequality [R]. Staff Policy Paper, 2014.

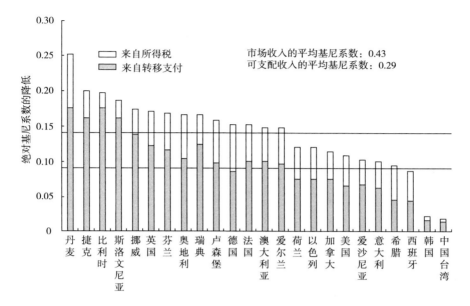

图 5.1　发达经济体财政政策对再分配的影响（21 世纪前 10 年中期）

（资料来源：Paulus and others（2009）；澳大利亚、加拿大、捷克、韩国、挪威、以色列、

瑞士、中国台湾、美国的数据来自 Caminada 等（2012）。IMF.

Fiscal Policy and Income Inequality［R］. Staff Policy Paper. 2014）

　　虽然税收对收入分配的调节作用比较明显，但税率的高低又会导致"公平"与"效率"之间的平衡和协调问题。以日本和美国为例，日本基尼系数较低，社会收入差距较小，税收制度设计上日本更加注重薪酬的保障作用，故实行高额累进税制，高收入群体的最高所得税税率为 75%，一般低收入群体只有 15%，结果就是日本薪酬收入差距较小且社会较为稳定，但活力和创新不足；美国基尼系数很高，更重视税收的激励作用，普通中产阶级的税率大致为 15%或 25%，比较富有的中产阶级可能要支付 35%。但由于超级富豪的投资收入适用的税率不超过 15%，比工资收入应缴的税率低不少，因此很多富翁的收入适用的税率远低于一般中产阶级，薪酬收入差距往往达数十倍甚至上百倍，成为收入差距最大的发达经济体。其优点是经济与社会具有较强的活力和创新力，缺点是危机时容易导致社会的割裂和碎片化。因此，要借鉴其他国家在这方面的经验与教训，建立与中国经济社会发展水平和新时代相适应的财税分配体系与社会保障制度。

（二）构建"提低、扩中、限高"的财税制度

当前，中国的个人所得税体制存在若干问题，个人征收体系缺乏调节收入差距的作用，某种程度上还可能恶化收入差距。与美国等发达国家相比，中国的个税结构比较单一。美国开征的个人税种主要包括个人所得税、财产税、遗产税、财产赠予税等，而中国现行的个税体制下主要是个人所得税，而个人所得税主要征收对象是一般工薪阶层，并未有针对富人阶层的房产税、资本利得税、财产税、遗产税、财产赠予税等税种，制度漏损比较大。而且在现行个税体制下，最容易征收的是工资薪金，但随着时代的发展和收入的稳步提高，当前的个税起征点已然明显偏低，这对中等收入者和一、二线城市工薪阶层造成较大个人负担。此外，虽然个人所得税实行累计税率，但高收入者避税比较容易且违法成本很低，尤其是很多高收入者的主要收入并非来自劳动报酬，而是来自财产性收益。鉴于当前中国收入和财富分配的两极化趋势，未来须更加重视"公平"，强化税收的"均贫富"功能，达到扩大中等收入、增加低收入者收入，调节过高收入的目的。

未来，要加快推动个人所得税体制改革。一方面，要提高个税起征点，完善居民收入综合所得的税前扣除项目（如增加子女教育、大病医疗等专项费用扣除），减轻中低收入者税收负担，提高个人所

得税的公平性。要合理设置累进税率档次，优化税率结构，适度降低中低档税率水平，使个人所得税负担更多地落在高收入群体身上。同时要建立科学、有效的个人所得税征管体制，特别是对高收入阶层的监控和征管能力。另一方面，要加快研究推出资本利得税等直接税，适当加大对高收入者的税收调节力度。很多国家在调节税收政策应对不平等问题时，长期存在两个"忽视"：一是片面重视收入分配的不平等而忽视资本占有的不平等；二是片面重视工资性收入差异而忽视利润、利息、红利等资本性收入差异。未来，应加快研究制定征收财产税、遗产税、赠予税等直接税税种，这不但增强税收的贫富调节能力，还能在一定程度上弥补企业减税降费带来的财政收入减少。

加快研究推出房产税。房价上涨是我国居民贫富差距拉大的重要原因，要控制居民财富分配恶化就要控制住房价的过快上涨。"房子是用来住的，不是用来炒的"，要强调住房的居住属性，弱化其投资和投机属性。结合土地、财政、金融等多方面政策措施分城施策、综合应对，构建房地产市场平稳健康发展的基础性制度和长效机制。而长效机制的建立最重要的一点就是尽快推出房产税。征收房地产税可以增加房地产持有成本，抑制过度消费和投资，同时也可理顺中央地方财权事权关系，降低地方政府对于土地财政的依赖，为地方政府开辟"土地财政"减少后新的稳定收入来源。

要加快发展住房租赁市场，实现低收入群体和新市民"住有所居"的目标。实行购租并举，培育和发展住房租赁市场，是深化住房制度改革的重要内容，是实现城镇居民住有所居目标的重要途径。积极培育机构化、规模化住房租赁企业，建设政府住房租赁交易服务平台，创新住房租赁管理和服务体制，加快发展住房租赁市场，解决低收入群体和新市民住房问题。

（三）优化中央地方财税结构

进一步调整优化中央税和地方税结构，实现财政收入和支出的综合平衡。尤其是随着中国经济进入新常态，经济增长由高速增长转变为中高速增长，土地类、资源类财政收入将大幅减少，尤其是对于中西部经济欠发达地区和资源密集型地区而言，卖土地、卖矿产获得的税源将大幅缩小，这将导致地方财政收支矛盾越来越突出。因此，加强中央财政对经济不发达地区的支持，提升地方财政灵活性和有效性，应提高中央税、地方税收入占全国税收收入的比重，降低中央与地方共享税收入占全国税收收入的比重，明确划分财权事权，提升透明度。

四、加强社会保障体系建设

（一）优化政府加大公共支出比重

当前中国公共开支所占比重依然较低。据亚洲发展银行统计，中国教育、卫生、社保等公共方面的开支仅相当于 GDP 的 6%，而发达国家的这一比重高达 28%。要真正转变政府职能，成为服务型政府，就要改变目前以实现经济增长为主要目标的财政支出结构，提高公共服务在财政支出中的比重。要在财政支出中增加直接用于民生的支出比重，实现基础公共服务在城乡之间、不同地区之间的均等化，这对于缩小实际收入差距非常重要。同时，要进一步优化政府转移支付结构，实现政府支出再分配的公平功能。

（二）加快养老、社保体系改革

从发达经济体经验来看，养老金体系在人的一生中发挥着重要的平衡消费的作用，发达经济体社会转移的总体分配中养老金占一半以上，设计适当的养老金改革能在发挥有效再分配作用的同时，确保财政可持续性。而中国存在社保缴费率过高、实际保障水平偏低的问题。中国城镇养老保险费率为28%，"五险一金"缴费率为60%，两项指标均居世界前列，相当于北欧高福利国家水平，但实际保障水平却相差甚远，过高的社保缴费率给企业和个人都造成较大负担，劳动者报酬中很大一部分都缴了社保，变成无法支配的收入。未来需要加大对社会保障的投入，降低企业和职工社保缴纳比例，扩大企业提升工资的空间弹性，让职工省下来的钱变成实实在在的可支配收入，这可以切实提高劳动者收入水平。同时，降低社保缴费率，可以使更多人有能力参加社保，扩大社保覆盖面。但同时也应考虑到降低社保缴费率带来的养老金的可持续性问题。根据中国社科院社会保障实验室发布的《中国养老精算报告2019—2050年》，2019年养老保险的参保赡养率以及缴费赡养率分别为37.7%和47%。在新的企业缴费率降至16%的政策情况下，全国城镇企业职工基本养老保险基金当期结余将在2028年出现赤字。累计结余则将在2027年达到峰值并于2035年耗尽。因此，就需要通过多种渠道加强补足养老金缺口。

（三）强化国有资本的社会保障职能

西方国家国有企业要上缴国家财政的比例非常高。如法国的国有企业除了上交应交税收，还要将利润的50%上缴，而瑞典、丹麦、韩国等国家的国有企业也要至少将税后利润的 1/3 甚至 2/3 交给国家。在美国，不少州将公有资产的收益直接向居民分红。自 1982 年起，阿拉斯加州政府连续 20 多年给在该州居住 6 个月以上的公民发放分红，每人每年几百到上千美元不等。对一些自然垄断行业，很多西方国家则要征收特别收益金（如油价上涨则要对油企征收特别收益金），这是因为资源属于全体国民，而这一部分超额利润是通过垄断市场获得的，故政府应该通过税金的方式将它收上来归全体国民所有。

同西方国家相比，中国的特殊性在于公共资本比重很大，但国有企业为主的垄断性行业上缴财政的比例较少。例如，根据财政部《关于 2016 年中央国有资本经营预算的说明》，中国对纳入中央国有资本经营预算实施范围的中央企业税后利润的收取比例分为五类执行：对第一类烟草企业收取比例 25%，第二类石油石化、电力等资源型企业收取比例 20%，第三类钢铁等一般竞争型企业收取比例 15%，第四类军工、中央部门所属企业等收取比例 10%，第五类政策性企业免交当年应交利润。根据财政部数据，2016 年纳入中央国有资本经营预算编制范围内的中央企业合计上缴利润 1 290 亿元，占总利润的比重仅为 8.1%，大多数利润并未上缴财政，而是留在企业内部用于经营发展，从而导致收入分配的 "天平" 更加向国有企业倾斜。同时，国企上缴利润在再分配过程中大部分又回流至央企，"体内循环" 现象突出，主要用于调整国有资本在不同行业与企业之间的配置状况（如央企困难补助、央企离休干部医药费、央企结构调整、央企产业升级等），并不注重公共福利，用于民生保障的比例一般不足 10%，比重很小。可以看出，央企的利润更多用于企业自身的发展，在民生方面分配比例严重不足，很大程度上弱化了国企经营目标的公众性。此外，过多的利润留在国企内部，导致很多国企、央企为追求高利润高收益而从事了金融和房地产等诸多非主营业务，某种程度上助长了资产价格泡沫，进一步扩大了贫富差距。

因此，要充分发挥中国公有制的体制优势，加强国有企业在二次分配中的作用，确保公共资本能够更均等地分配财富和经济权力，促进平等和保护公共福利。通过再分配将国有企业利润和分红更多地用于社会开支，加快建立国有资产收益支撑社会保障运行机制。一方面，可以考虑用划拨国有资本和国有企业分红来解决基本养老保险和社保的历史遗留问题。另一方面，进一步提高国有资本收益上缴公共财政比例，且利润上缴部分应更多用于保障和改善民生。这样，既可以有效解决社保资金的缺口，又可以控制企业投资规模，改善企业治理，而且不会影响相关企业的公有制性质。在有效扩大中低收入群体社会保障收益的基础上，有利于巩固中国的基本经济制度。

五、建立全球化利益受损补偿机制

对于失业人群，各国往往会采取不同政策措施去帮扶，大致可分为被动措施和主动措施两种。被动措施通常指失业福利制度，比如发达经济体实施的失业救济金制度，以及一些发展中国家实施的失业保险储蓄账户制度。主动措施的内涵更为广泛，包括向失业工人提供求职援助、提供新技能培训、向国企或私营企业提供工作和工资补贴等①。虽然被动措施能帮助工人获得临时工资支持，但主动措施则旨在帮助工人尽快找到工作。在很多 OECD 国家，被动的劳动力市场政策往往辅之以主动的劳动力市场政策，例如失业工人可能需要参加培训或出示求职证明，才能领取失业救济金。

一些发达经济体，如美国、欧盟、加拿大、日本和韩国等都专门为应对贸易自由化对本国劳动者的负面冲击而建立贸易调整援助体系（trade – adjustment assistance，TAA），墨西哥、印度、阿根廷和南非等发展中国家也建立了类似的制度。例如，美国在签署一些大型自贸协定（如《北美自由贸易协定》《美韩自贸协定》等）时，为使其贸易自由化政策能为公众所接受理解，推出 "贸易调整援助计划"（TAA），目的是通过现金补贴、技术支持和就业培训等多种途径，帮助因受产品进口冲击而陷入困境的企业提高竞争力，帮助因受产品进口冲击和生产能力向国外转移而失业的人员重新就业，该计划的主要受益者已逐步从工人扩大到农民群体。与不参加培训的 TAA 受援者相比，参加培训的 TAA 受助者更容易再就业，也更可能获得更高报酬②，而且随着 TAA 平均补贴的增加，美国各州的再就业率均有显著上升③。彼得森研究所认为，通过实施更慷慨的失业保险计划和扩大税收抵免将有助于失业工人进行调整，同时有助于

---

① WTO. Making Globalization More Inclusive：Lessons from experience with adjustment policies ［R］. 2019.

② Reynolds K M, Palatuccijs. Does trade adjustment assistance make a difference? ［J］. Contemporary economic policy，2012，30（91）：43 – 59.

③ Giordano J N. Job training subsidies, reemployment and earnings in the trade adjustment assistance program ［J］. International advances in economic research，2017（23）：283 – 292.

保留贸易扩张带来的巨大收益①。欧盟则推出"全球化调整基金"（European Globalization Adjustment Fund）来应对经济全球化冲击，该基金为失业工人提高就业能力以及找到新工作提供具体的支持措施，根据每个人的具体情况量身定做财务措施，如密集的、个性化的求职援助，多种形式的职业培训、技术培训和再培训，临时奖励和津贴，支持初创企业，全过程指导等，为因全球化而失业的人士提供支持方面发挥了积极作用。韩国 2007 年制定了《贸易调整援助方案》，主要针对以财政支持的形式向企业提供技术援助和低息贷款。如果韩国在签订自由贸易协定后的 6 个月内，从贸易协定国的进口大量增加，导致韩国企业的生产或销售额降低 25%，企业就可以申请贸易调整援助。不过，由于韩国 TAA 政策形成、实施和操作等不同阶段涉及不同政府部门，各部门不同的政策重心最终导致了该政策实施效果的不尽理想②。

　　整体上看，各国实施的贸易调整援助制度，在推进贸易自由化、增加整体社会福利的同时，能在一定程度上补偿因国际竞争、产业升级及生产转移对部分国内产业、工人、农民所造成的贸易损失，缓和社会对自由贸易的反对。那么，哪种措施对受损人群更为有效呢？有人比较了工资补贴、就业补贴、贸易调整援助（失业救济金的形式）和培训补贴等多种劳动力市场政策，以确定何种方式是补偿那些受贸易自由化负面冲击劳动者的最佳方式，结果发现工资补

① Gary Clyde Hufbauer, Zhiyao（Lucy）Lu. The Payoff to America from Globalization: A Fresh Look with a Focus on Costs to Workers [J]. Policy Brief, Peterson Institue for International Economics, 2017.

② Song J. Finding beneficiaries: trade adjustment assistance system in South Korea [J]. Journal of international trade law and policy, 2017, 16（2）: 92 – 105.

贴是补偿转换行业工人的最佳方式，贸易调整援助（以失业救济金的形式）会增加失业时间，但有助于工人与企业之间更好地匹配，而实施错误的劳动力市场政策可能导致贸易整体净收益为负。[①]

对中国而言，要在借鉴欧美等国经验的基础上，探索建立符合自身国情的经济全球化利益受损补偿机制。目前，我国只是在 2017 年起在上海自贸区试点贸易调整援助，主要是为受到贸易自由化损害的企业提供技术援助，整体而言这种援助体系尚未覆盖全国，且能享受援助的主体较少，未涉及普通劳动者层面（尤其是农民工层面），同时援助方式过于单一。随着中国改革开放广度和深度的不断提高，货物与服务进口快速增加，这必然导致部分产业部门、企业和劳动者利益受损。因此，亟须在中央和地方两个层面构建符合中国国情的全球化利益受损补偿机制，对在参与全球化中利益受损的地区、部门、企业和个人进行调整援助和适当补偿，并创新调整援助的方式方法，加大向利益受损群体的财政转移支付、税收优惠和金融支持，提供必要的资金补贴、转岗培训及再就业机会等，增强援助有效性，帮助摆脱困境，克服 "贸易的贫困化增长"，共享贸易自由化带来的整体红利。同时，要鼓励受益地区或部门向受损地区或部门的 "涓滴"，实现地区或部门的 "反哺"。

---

① Davidson, C. , Matusz, S. J. Globalization and labour – market adjustment: How fast and at what cost? [J]. Oxford Review of Economic Policy, 2000, 16 (3): 42 – 56.
Davidson, C. Matusz, S. J. Trade liberalization and compensation [J]. International Economic Review, 2006, 47 (3): 723 – 747.

第六章　包容性全球化：中国的
定位与角色

　　英国"脱欧"、美国大选以及其他一系列折射民粹主义和保护主义崛起的大事件，都预示着经济全球化的发展遇到了新的挑战和阻力。在传统的新自由主义全球扩张过程中，资本成为最大的赢家，而部分国家处于社会底层的群体则受益较小甚至相反，这也是当前国际上对经济全球化质疑声音增多的原因所在，同样是 2016 年一系列"黑天鹅"事件发生的重要根源。在此背景下，如何在推进经济全球化的过程中更加注重解决公平公正问题，是一项紧迫的命题，也是全球经济可持续发展面临的一个难点，这也让更多人愈加重视正在推进的"一带一路"倡议。中国"一带一路"倡议的初衷是为加强同相关国家的经贸交往及为全球经济治理添砖加瓦，而当前"逆全球化"的国际形势又进一步提升了"一带一路"倡议的重要意义。引领经济全球化向更加包容普惠的方向发展日益成为推动全球化可持续发展的重要动力，以"打造开放、包容、均衡、普惠的区域经济合作架构"为目标的"一带一路"倡议，则可为经济全球化继续深入发展带来新的哲学思维，推动经济全球化进入包容性新时代。其中，包容性的全球化又可分为全球治理体系的包容性、国际经贸规则的包容性以及全球经济发展的包容性。

一、体系的包容性： 中国的角色与定位

（一）全球治理中的 "集团化" 现象及趋势演变①

"G 时代"成为全球治理中的新现象。在联合国框架下，有著名的 "争常" 联盟 G4②，在人权领域有发展中国家组成的 "相同理念集团"③，在气候谈判领域则有 "伞形集团"④ "基础四国"⑤ 以及 "三大新兴国家 G3"⑥。在全球经济治理领域，除了传统的 G7/G8，在金融危机的背景下，G20 成为最具活力和影响力的全球经济治理机制。2009 年 9 月匹兹堡峰会上 20 国集团将永久性地取代八国集团作为多边经济协调的主导性论坛。在全球贸易治理中，各种集团的出现则由来已久，既有传统的 "G2（美欧）"，又有后来出现的 "凯恩斯集团" 和农业谈判中的 G20 等。尽管较难对这些涌现出来的集团进行一个分类，但从功能来看，大致可以区分为两类：一类是 "对话集团"，如 G8、G20、"金砖五国"、IBSA 等，上述设想中的 "G－X" 也属于此类。该类集团旨在协调立场，加强沟通，集体对外谈判并非其主要功能，但在特殊情况下也统一立场并对外谈判。

---

① 本章节选自：张汉林，袁佳，李计广. "集团化" 与全球贸易治理——基于中国的视角 ［R］. "第二届亚洲研究论坛" 会议论文，2011（6）.

② 日本、印度、巴西和德国。

③ "相同理念集团" 由近 20 个发展中国家组成，是近年来活跃在国际人权领域的重要组织。其成员包括：阿尔及利亚、孟加拉国、白俄罗斯、不丹、中国、古巴、埃及、印度、印度尼西亚、伊朗、马来西亚、缅甸、尼泊尔、巴基斯坦、菲律宾、斯里兰卡、苏丹、叙利亚、越南和津巴布韦。

④ 是指除欧盟以外的其他发达国家，包括美国、日本、加拿大、澳大利亚、新西兰。因地理分布像一把 "伞"，也有象征地球环境 "保护伞" 之意，故而得此名。

⑤ 中国、印度、巴西和南非。

⑥ 中国、印度、巴西。三国在 2007 年海利根达姆峰会前召开长达一周的政府间气候变化专门委员会会议（IPCC），向发达国家施压。

这些集团所对话的内容往往是跨议题的，其成员往往是大国，集团能够起到或者希望能够起到"领导者""发动机"或者"协调者"的作用。另一类则是谈判集团，这些集团往往出现在多边框架下的谈判平台中，围绕特定的议题和领域展开对外谈判，如气候谈判以及多边贸易谈判中出现的各种谈判集团。在近期的 WTO 改革中，有关国家也是围绕不同议题组成多重改革阵营，例如美国、欧洲和日本针对"不公平贸易行为"组建美国、欧洲和日本改革阵营，建立三方部长级联合机制；欧盟、加拿大、日本及部分发展中国家针对争端解决机制和"扭曲市场行为"，组建不含中美的发达国家和发展中国家联合阵营；中国和欧盟等 WTO 成员针对上诉机构成员任命组建改革阵营等。

"集团化"的出现是与当代全球经济与政治的演变紧密相关的，经济全球化的发展是决定性的因素。首先，全球化下的共同关注增多。经济全球化的深入发展，使得各国经济及经济政策之间的相互依赖不断加深，由贸易和投资推动的生产全球化构建了全球性的生产网络，金融全球化的发展则加深了各国金融体系间的互动，因而对于利益和安全的共同关注必然增多。其次，新兴大国的快速发展与和平发展。在经济全球化的推动下，全球经济和政治格局发生了重要的变化，尤其是新兴大国的快速发展。随着新兴大国地位的上升，一方面，处理全球问题必须有这些国家的参与；另一方面，新兴大国参与全球治理的意愿和能力都在增加。这就使得原有的发达国家组成的集团不得不考虑接纳新兴大国，或者新兴大国开始组建自己的集团。再次，相互依赖具有"不对称"的特征。发展中国家对发达国家的依赖仍然较多，这使得发展中国家在双边对话中处于弱势地位。因而，寻求联盟和组建集团，是较小国家增强讨价还价能力的一种方式。① 最后，现有全球治理机制陷于困境。随着成员的不断扩大，现有多边治理机制，如联合国、世界银行、IMF、WTO等，均面临着如何在公平与效率之间平衡的问题。尤其是在效率方面，由于成员众多，发展多年后各种历史和现实问题纷繁复杂、纠缠不清，从而陷于决策机制的僵局而难以有效地发挥作用。

随着以中国为主的新兴经济体的崛起，在全球政治经济军事中的地位日益突出，全球治理的整体趋势既体现出进步的一面，部分领域又有所退步。

一是发展中国家地位提升，"集体认同" 增强。在新涌现的集团中，或者纳入了新兴的发展中大国，或者是发展中国家组成的集团，提升了发展中国家在全球治理中的地位。同时，一些发展中国家组成的集团，在"集体利益"和"集体认同"的驱动下，能够克服分歧，达成共识，集体行动。而且，从集团的协调和参与谈判能力上来看，发展中国家都今非昔比。发达国家对其态度从反对和不以为然慢慢转向接受，并认真展开谈判。② 尤其是中国、印度、巴西等新兴大国均以发展中国家为外交政策的基石，并努力提升与主要发展中国家的集体利益，努力促进和支持对于发展中国家身份的"集体认同"。③

二是从重点关注经济利益和经济安全重回关注政治利益与安全。

---

① 世界贸易组织秘书处. 贸易走向未来 [M]. 北京：法律出版社，1999.
② Action Aid International. Divide and Rule: The EU and US response to Developing country alliances at the WTO [EB/OL]. (2020). www. actionaid. org/docs/divide_rule. pdf.
③ 安德鲁·F. 库珀，阿加塔·安特科维茨. 全球治理中的新兴国家 来自海利根达姆进程的经验 [M]. 上海：上海人民出版社，2009.

在冷战时期，"国家利益"几乎变成了"国家安全利益"的同义词，① 因此传统的联盟所关注的核心问题是军事安全和政治安全问题。随着冷战结束，全球化背景下，国家利益的核心已经转向经济利益和经济安全，在新涌现出来的集团和联盟中，更多的是关注经济政策的协调，谋求经济利益，保障经济安全或以经济手段为主来维护政治安全。即使是最初关注点在安全领域的集团也在不断增加对于经济合作的关注，典型的是上海合作组织对于建立自由贸易区的努力和成员间经贸合作、货币合作的倡议。不过，随着中国经济的快速崛起，近年来以美国为首的西方国家在全球治理中又开始转向重视政治利益与安全。尤其是特朗普政府上台后，美国在全球治理中的关注点转向政治层面，企图联合有关发达经济体通过贸易战、金融战、科技战等方式来遏制中国崛起，以确保美国在全球的霸权地位。

三是从以议题为导向逐步转向针对特定国家。传统的集团往往针对特定国家，在多个领域共同行动。新兴的集团往往针对特定的威胁和问题，并随着问题解决而解散。②因此，这些集团大多以议题为导向，具有工具性的特征，以对话合作为主调，不针对第三方，不搞对抗。③这些集团往往不再按照意识形态或"南北界限"进行严格划分，而是根据议题的不同，根据自身的利益进行灵活的组合。

---

① Arnold Wolfers. "National Security" as an Ambiguous Symbol [J]. Political Science Quarterly, 1952.

② Narlikar, A. International Trade and Developing Countries: Bargaining Coalitions in the GATT&WTO [M]. London: Routledge, 2003.

③ 陈须隆. "G时代"改观天下: 助推多极化确立新机制 [J]. 瞭望新闻周刊, 2010 – 04 – 26.

不过近年来，美国和欧洲等国家（地区）在多边和区域经贸谈判中，试图制定针对中国的有关规则。例如，对于各方广泛关注的 WTO 改革问题，美国、欧洲和日本在 2017 年 12 月至 2020 年 1 月期间共发表七份 WTO 改革联合声明，重点聚焦于在 WTO 范围内更广泛地禁止产业补贴、国有企业、强制技术转让等各种形式的政府支持，防止 "非市场导向的政策和做法" 导致的严重产能过剩和不公平竞争，旨在打击依靠 "举国体制" 推动产业发展的行为，矛头直指中国。此外，美国还在《美国—墨西哥—加拿大自贸协定》中纳入针对中国的 "毒丸条款"①，并试图将该条款也纳入涉及美国的其他贸易协议中。

（二）全球治理体系面临百年未有之大变局

多边贸易体制和区域贸易安排一直是驱动经济全球化向前发展的两个轮子。然而，目前 WTO 多哈回合谈判陷入僵局，WTO 争端解决机制由于美国阻挠也陷入停摆，世界经济受到单边主义、保护主义、贸易霸凌主义的严重威胁，以规则为基础的多边贸易体制面临严峻挑战，面临百年未有之大变局。

目前 WTO 面临着严峻的生存危机，这是世界宏观经济、政治环境变化以及 WTO 自身体制机制等诸多因素长期综合影响的结果，短期内难以得到解决。一是全球贸易治理结构发生深刻变化，WTO 面

---

① 《美国—墨西哥—加拿大自贸协定》的 32.10.4 条款规定："任何一方与非市场经济国家签订自由贸易协议时，应允许其他各方在发出六个月的通知后终止本协议，并以它们之间的协议（双边协议）来取而代之。"换而言之，如果美国、加拿大或墨西哥当中的一个与 "非市场经济国家" 达成贸易协议，那么其他两个国家中的任何一个都可以废除《美国—墨西哥—加拿大自贸协定》，用双边协议来取而代之。而美国将中国定义为 "非市场经济国家"，因此 "毒丸条款" 目标直指中国。

临新的权力真空。发展中国家尤其是新兴经济体的崛起，导致 WTO 权力结构发生变化，严重削弱了美国等发达经济体的主导地位，霸权地位的丧失导致美国逐渐从多边主义转向区域主义甚至孤立主义，甚至威胁退出 WTO。二是区域经济一体化的兴起使 WTO 面临外围挑战。在多边谈判难以推进的背景下，各国纷纷通过双边和区域自由贸易谈判等形式来促进相互间的贸易与投资，目前已生效的区域贸易协定高达 303 个。尤其是美国、欧洲和日本等发达经济体希望能通过签订涉及国内政策的、要求更高市场开放度和规范性的更高标准的自贸协定，在服务贸易和投资开放等领域重建全球贸易规则。这些规则超越了 WTO 现有贸易自由化的水平，使 WTO 在全球贸易治理和规则谈判的中心地位受到挑战。三是 WTO 现有规则难以解决新的国际贸易问题。随着全球价值链和离岸外包的兴起，竞争政策、贸易与环境、劳工标准等新的议题游离于多边贸易规则之外，而投资、知识产权等问题虽在 WTO 规则中有所涉及，但深度和广度都远远不够，无法体现美国最新的利益，新规则谈判迟迟无法取得进展。四是 WTO 深层次的制度性问题日益凸显。首先，WTO 的多边贸易谈判功能不断削弱。WTO "协商一致"的决策机制，以及日益复杂的谈判议题，使各成员越来越难以通过"一揽子协定"形式达成谈判。其次，WTO 贸易政策审议的有效性仍待加强，贸易政策审议结果缺乏必要的强制约束力。最后，WTO 争端解决机制面临运行程序和实体规则方面的多重挑战。此外，WTO 的特殊和差别待遇条款也受到质疑。

尽管各国对推动 WTO 改革形成共识，但从各方提出的 WTO 改革方案来看，则是各自主张、各行其是，分歧明显。从短期来看，美国刻意阻挠导致上诉机构成员遴选问题 "议而难决"，导致 WTO 争端解决机制陷入停摆。从长期来看，涉及 WTO 改革更深层次、涉及更多成员方核心利益问题的谈判更是困难重重，围绕公平竞争规则制定、补贴措施、知识产权保护、发展中国家特殊和差别待遇、争端解决机制等核心问题上都存在明显分歧。总之，WTO 改革困难重重、任重道远。

美国对多边贸易体制的态度将直接影响 WTO 的命运。如果美国难以主导 WTO 改革，可能会进一步边缘化 WTO，但退出 WTO 的可能性较小。特朗普曾多次表示美国是 WTO 的受害者，威胁如果 WTO 改革难以达到美国的要求，就退出 WTO。鉴于退出 WTO 将对美国国际信誉和国内经济贸易金融等造成重大负面冲击，将严重损害美国的国际竞争力，美国公司将丧失最惠国待遇、美国出口产品面临更高关税、就业机会将减少等，因此美国实际退出 WTO 的概率整体较低。但也绝不应忽视美国退出 WTO 的可能性。从美国对外贸易政策演变史和现实情况来看，其对多边贸易体制的态度和兴趣持续下降，区域和双边经贸协定对其贡献越来越大。尤其是随着美国—加拿大—墨西哥、美国—韩国、美国—日本等自贸协议的签订，美国和欧洲达成 "零关税、零壁垒、零补贴" 共识，未来美国和欧洲达成自贸协定（TTIP）的可能性很大。如果美国和欧洲最终达成自贸协定，加上此前美国已签订美国—加拿大—墨西哥等 20 多个自贸协定，其协定缔约国 GDP 将占全球的 60% 以上，货物贸易出口占美国总出口的 70%，进口占美国总进口的近 60%。届时美国对 WTO 的依赖将大幅降低，如果届时 WTO 改革依然难见曙光，不排除美国会实际退出 WTO。不过，如果美国对多边经贸体制彻底丧失兴趣，最可能的选择是进一步边缘化 WTO，这样可以尽量避免退出 WTO 所产生的巨大负面影响冲击。当然，更大的可能性是美国通过多种方式威胁倒逼 WTO 向符合其利益和意愿的方向进行改革，如果美国主导 WTO 并实现其改革目标，那么保持多边贸易体制的完整性仍将最符合美国的国家利益。由此可以判断，中短期内，美国仍会将推动 WTO 改革作为其贸易政策的一个重要选项。

（三）中国在全球经济治理中的角色与定位

从历史维度来看，不同的时期，全球化的领导者不一样，而中国正逐步从经济全球化的参与者向推动者和领导者转变。15—17 世纪"地理大发现"时期，葡萄牙、西班牙开辟新航路，进行东西方贸易和对外殖民。到第一次全球化浪潮中，英国作为当时的世界经济霸主和资本主义世界的"领头羊"，成为当时全球化的主要推动力量。第二次全球化浪潮中，或者是所谓的"两个半球化"时期，美国作为当时世界军事和经济霸主，责无旁贷地担负起了推动全球化的历史使命，无论是联合国、还是国际货币基金、世界银行、关贸总协定等，都是在美国的推动和意图下建立和完善起来的，在这个体系内全球经济获得了前所未有的大发展和大融合。第三次全球化浪潮中，美国依然是主要的推动者，但随着欧洲的复苏及中国的崛起，世界经济整体呈现多极化发展态势，欧盟、中国等也相继承担了全球化推动者和建设者的角色。

随着中国经济实力稳定增长，中国的国际经济贸易和金融领域话语权与日俱增。2008 年国际金融危机爆发以来，中国积极推动国际金融机构治理改革，使发展中国家的代表性和发言权大幅提高。世界银行发展中国家和转轨国家投票权较 2008 年增加 4.59%，国际货币基金组织决定向富有活力的新兴市场和发展中国家以及份额低估国转移 6% 以上。改革生效后，中国在 IMF 的份额上升至第 3 位，印度、俄罗斯和巴西的份额也全部进入前 10 位。目前，中国倡导并参与成立的 "10 + 3" 外汇储备库、金砖国家外汇储备库、金砖国家开发银行、亚洲基础设施投资银行、丝路基金等，更是对现有国际机制的一种有益补充，与现有的国际货币基金组织、世界银行、亚洲开发银行等形成良性互补和竞争，对推动新兴市场国家项目开发与扶贫、基础设施投融资等方面形成良好的推动作用。从整体来看，随着全球治理体系的多元化发展，中国等发展中经济体话语权不断增强，这有助于推动全球治理的包容性发展。

多边贸易体制面临严峻挑战和存废危机之际，中国应发挥更重要的角色，担当更重要的责任，成为全球化和多边经贸体系的维护者、建设者和引领者。目前，中国已从此前全球化的 "孤立者" 和 "挑战者" 逐步转变成现有国际经济体系的 "维护者" 和 "建设者"，随着经济体量的增大进一步升级为全球经济的主要贡献者。作为经济全球化的最大受益者之一，中国较之以往更需要一个稳定开放的国际市场环境。事实证明，多边而非双边才是市场开放的最佳模式，对于市场准入问题，双边层次的谈判由于转圜空间较小而难以取得实效，多边层次才是更为有效的谈判平台，在当前发达国家把贸易投资一体化重点转向双边和区域自贸协议时，中国应扮演多边贸易体系的参与者、维护者、建设者、贡献者和协调者的角色，发挥更加积极和重要的作用。尤其是全球治理面临百年未有之危局，中国更应以更加积极、主动、开放的姿态面对挑战，顺势而为，成为经济全球化的坚定捍卫者，切实维护多边经贸体系的权威性和完整性，推动建设 21 世纪的新型 WTO。同时也要树立底线思维，做好美国退出 WTO 的准备。要加强与欧洲、日本等主要经济体的沟通和协调，确保这些经济体不会跟随美国退出 WTO，努力避免多边贸易体制崩溃，将美国退出 WTO 后对全球经济金融市场的冲击控制在最小范围。

在坚持多边为主的理念下，中国还需充当"协调者"的角色。随着中国经济实力的不断增强和经济产业结构的不断升级，中国在推动全球贸易投资自由化方面与多数发达经济体有着共同或类似的利益诉求。在未来谈判中，中国被视为发展中国家从而享受例外和优惠待遇的可能性也不大。但是，无论是基于事实情况还是基于政治、外交的考虑，中国必须坚持自己的发展中国家身份。这就决定了从战略层面来看，中国必然会在道义上呼应发展中国家一方，但又不能轻易疏远其他发达经济体。因此，中国适当的角色是充当发达经济体和发展中国家之间的"协调者"，通过参与不同的"集团"对话，力争在各方利益博弈中寻找谈判突破的路径，在最大化实现自身利益的同时，促使实现多方共赢。事实上，"协调者"的角色定位也是印度、巴西、南非、墨西哥等新兴大国普遍的选择，① 只有这样，才能统筹利用多边、诸边、区域和双边机制推动进一步的对外开放，保证长期、持续的经济增长，促使实现全球化红利的多方共赢。

---

① 安德鲁·F. 库珀，阿加塔·安特科维茨. 全球治理中的新兴国家　来自海利根达姆进程的经验 [M]. 上海：上海人民出版社，2009.

二、规则的包容性: 公平与共赢

(一) 国际经贸规则的形成与发展

全球经济规则的形成与全球化进程相辅相成。全球经济贸易的快速发展，离不开1947年成立的关税贸易总协定（GATT）、国际货币基金组织（IMF）等的支持，尤其是GATT以及其后的WTO，是"二战"以来首个多边贸易规则，极大地促进了贸易全球化的发展。2008年国际金融危机后成立的G20框架，也是旨在通过主要经济体的经济、贸易、金融政策的协调，促进全球经济的恢复和健康可持续发展。

全球经贸规则的发展大体经历了四个阶段。第一阶段，削减货物贸易关税及非关税壁垒；第二阶段，服务贸易、知识产权等纳入贸易规则中；第三阶段，更多涉及国内政策的议题被引入区域贸易谈判中；第四阶段，面向21世纪的高标准国际贸易规则。尤其是20世纪90年代以来，全球产业链逐渐形成，贸易投资政策更加开放，制造业前端和后端服务业所占附加值比重上升，制造业本身所占附加值比重下降。以上变化意味着全球经贸规则重构需要全球产业链条的延长，从货物贸易扩张到服务贸易、投资领域，从边境前措施扩张到边境后措施。未来，全球化需要的是商品、技术、资本、人员的全球流动，是贸易—投资—服务—知识产权的综合体在全球的流动，这就要求国际经贸规则乃至国际经济治理结构发生根本性变革，目前多边框架下的高标准经贸规则尚未形成，但美国和欧洲等发达经济体已经在区域和双边层面推动相关规则和协议的谈判并开始实施。

（二）当前经贸规则的包容性不足

当前的国际规则体系是美国和欧洲在满足本国利益诉求的同时兼顾发展中国家利益所形成的。国际规则是大国博弈的结果，是大国核心利益的体现。罗马不是一天建成的，全球经济体系也不是一天建成的，全球经济规则的制定是在全球化大背景和大趋势下大国博弈的结果。博弈的基础是各国制度、经济、科技、人才、资金等硬、软综合实力，目的是最大化地实现本国或本经济体利益，包括本国跨国公司、相关行业和劳动者利益的最大化（虽然以上主体间利益诉求在某种层面上又是相互冲突的）。在各国博弈和妥协下形成的全球经济规则会对相关国家的制度、法律法规等产生影响，进而影响各国经济社会发展的方方面面，这也形成了经济全球化下各国内外部经济及制度的联动。"二战"后形成的国际经贸规则主要是基于美国的霸权意志下实现的，这些经贸规则在最大化实现美国等发达经济体利益的前提下，也有力地推动了经济全球化的发展和全球经济的增长。

随着全球政经格局变化及全球化程度的加深，国际经贸规则包容性不足的问题日益凸显。目前全球贸易投资治理结构处于调整时期，多边、区域、双边自贸协议及谈判同时进行，国际经贸投资规则涵盖内容随着经济全球化程度的不断加深也在不断发展。但随着全球经济的多元化发展，发展中经济体的利益诉求也越来越强烈，而传统的经贸规则不能充分反映新兴经济体和发展中国家的诉求，例如旨在促进发展中国家经济发展的 WTO 多哈回合谈判陷入僵局、发展中国家在 IMF、世界银行等国际组织投票权与其经济地位不匹配等。同时，发达经济体则认为现行多边规则难以满足其利益发展需求，故主动在区域和双边层面发起高标准贸易投资协定谈判，核心动向是从"边境前措施"向"边境后措施"转变，竞争中立原则、负面清单管理模式、国际电子商务、劳工标准、环境标准等新议题被引入，农产品开放、原产地规则、知识产权保护等老议题则尝试更高标准。规则谈判范围扩大到了成员的国内规则、文化偏好、政治经济制度、甚至伦理问题等国内规则领域，这些问题非常敏感，而且要比削减关税复杂得多，与多边贸易体系现有规则之间的差异较大。以上新的贸易投资规则，主要反映了发达国家的利益诉求，因此有其倾向性；当然这些新规则也体现了全球贸易投资发展的趋势性要求，有其合理性和必然性。但对发展中国家而言，发达国家的很多新规则包容性不足，例如，在此前的 TPP 谈判中美国希望推动药品专利期限延长以及其他更为严格的专利保护措施，这种专利保护制度将会阻碍技术创新，并有可能影响发展中国家民众的医药卫生安全。

（三）寻求共赢性议题，构建包容性规则

在多、双边框架下推进包容、普惠、共赢的国际经贸规则和共赢性议题，推动包容性增长。针对当前出现的部分反全球化倾向、贸易与投资保护主义以及发达国家和发展中国家在很多议题领域都针锋相对的情况，中国可在多边、区域经贸体系以及 G20 等全球治理框架下提出纳入更多的全球共赢性的议题，并发挥领导作用，推动包容性增长议程，构建包容性的国际规则，并展示中国模式的成功。正如习近平总书记在 2017 年达沃斯世界经济论坛年会上指出的，"经济全球化确实带来了新问题，但我们不能就此把经济全球化一棍子打死，而是要适应和引导好经济全球化，消解经济全球化的

负面影响，让它更好地惠及每个国家、每个民族。"① 因此，需要构建一个包容性增长的国际环境，从合理性、正当性和是否有利于全球化等角度去评估涌现出的新议题，判断其是否具有共赢性和包容性，在有效促进各国经济增长同时，确定各自相应的发展责任安排，并通过国际规则加以规范和实现，确保这些新的议题变成具有包容性和共赢性特点的国际规则。

在构建包容性规则中，需遵循两个基本原则②：一个是公平公正原则。如加强发展中国家代表的参与权与发言权。该原则下还包含两个小原则：一是体现共同但有区别的原则，历史成本不应被忽略，适度减少发展中国家承担过度的责任或成本的情况。二是权利与义务相匹配的原则。即对于承担较大义务的国家应赋予相应的权利，而对于那些缺乏相应责任或义务的权利则应加以限制。另一个是利益包容与共同增长原则。提倡全球经济的互联互通，通过经济联系实现经济共赢。通过构建更加健康、透明、有序的市场经济，加强国家间的经济渗透力，使更多国家分享经济发展的好处。

一方面，提出共赢性议题。随着国际经济格局的变化，当今在全球互联的世界中，国际合作不可或缺。因为各国无法解决全球性问题，如气候变化、流行病或国际逃税等，以提高本国政策的有效

---

① 在2017年达沃斯世界经济论坛年会上，中国国家主席习近平在开幕式上发表主旨演讲，演讲中习近平指出，"对经济全球化带来的机遇和挑战，正确的选择是，充分利用一切机遇，合作应对一切挑战，引导好经济全球化走向。"对于此次演讲，国际媒体给予高度关注，期盼中国成为世界的"主心骨"，勇于担当"全球医者""全球仁者"和"全球领导者"。认为习近平的演讲凸显了中国担当全球领导的决心，如英国《金融时报》期盼中国成为"全球治理的守卫者"和"开放贸易体系的火炬手"。世界对中国寄予厚望重托，事实上，习近平的演讲也正式对世界发出了中国拥抱和引领经济全球化的声音。

② 金中夏，等．中国与G20——全球经济治理的高端博弈［M］．北京：中国经济出版社，2014.

性和效率。尤其是在全球经济增长持续谜底的情况下，大多数经济体 "改革疲劳症" 凸显，结构改革步伐比危机后有所放缓，未来需要加快改革，以促进包容性增长。而且虽然各国刺激经济增长、促进包容发展的政策需与本国国情相符，但生产率低增长和不平等加剧背后的许多因素是全球性的，需要全球协调一致的政策措施①。例如，2016 年 G20 杭州峰会中国担任主席国期间，中国倡导提出的绿色金融、普惠金融等议题就取得了广泛的支持，中国也进而成为全球绿色金融领域的先行者和领导者。

从全球化发展的趋势来看，以下几方面可能会成为全球共赢性议题。一是对当前经济影响深远的重要问题，例如收入不平等、全球流动性管理和负利率、债务可持续性、基础设施建设与融资等问题；二是具备跨区域或全球性影响力的中长期问题，如国际货币体系改革问题、贸易、投资规则、气候与环境问题等；三是具有保障全球稳定发展的相关议题，如粮食安全、保障收入分配公平和公共债务可持续的财政收支管理等；四是具有开拓性、灵活性的前瞻性议题，如科技教育合作等。② 应积极提出并引导这些共赢性议题通过 WTO、IMF 和世界银行等多边经济治理体系取得实质性进展，促进全球化向前发展和深度融合。

另一方面，推动共赢性议题向包容性规则转变。议题的提出和讨论可以反映参与者的兴趣，但要确保议题成果具有约束力，就需

---

① OECD. Towards a Better Globalization：How Germany Can Respond to the critics［J］. Better Policies Series，2017.

② 金中夏，等. 中国与 G20——全球经济治理的高端博弈［M］. 北京：中国经济出版社，2014.

要转变为相应的国际规则和协议。因此，可在多边经贸体制下将G20等全球经济治理框架下的共赢性议题进行具体谈判，进而将其转变为包容性的国际规则。

从多边贸易体制发展的角度来看，要重新注入WTO新的生命力，需要做好两个方面的工作。一是WTO的未来发展要充分考虑成员结构的变化，给予发展中国家成员和发展问题更多的关注。发达国家成员需要根据自己的实力主动承担解决世界贸易组织发展危机的更大责任，对发展中国家成员和最不发达国家成员更多地开放自己的市场，减免那些高负债成员的债务，为发展中国家成员在履行承诺过程中提供更为实际的技术援助。二是以WTO为主的多边贸易体系也要关注更多的新议题，可考虑把诸如"服务贸易开放""高标准的投资开放和投资者保护""竞争中立"等发达国家积极倡导的以及反映未来经贸发展趋势的新议题吸收到WTO谈判中。既充分考虑发展中成员的利益，又适当照顾到发达成员的诉求，促进WTO与时俱进，防止其被边缘化，在最大程度上维护全球贸易体系的权威性和有效性。例如，对于知识产权保护问题，就要兼顾发达经济体和发展中经济体的利益。如果知识产权保护过严，可能遏制技术创新，阻碍技术转移，从而影响技术需求国的技术水平及其经济发展；如果知识产权保护过松，则会伤害到知识产权所有者的合法权益，无法对技术研发方及时给予资金补偿，影响其后续技术研发。因此，可在多边经贸协议中鼓励通过适度知识产权保护，加大对发展中国家的技术贸易转移，以此来促进发展中国家的发展。要积极推动WTO框架下包括贸易便利化、粮食安全以及发展中国家的优惠待遇等早期收获达成协议，从制度层面更有效地制约贸易保护主义，重塑更合理的国际经济秩序，为未来国际贸易和发展创造稳定安全的环境。

三、发展的包容性： "一带一路" 倡议

（一）"一带一路" 倡议彰显发展的包容性

在应对发展问题上，不仅需要在发展中国家间建立良好的协调与沟通机制，也需要与发达国家保持合作、争取双赢。在推动全球经济共同增长同时，也需要保障成果分配的公平性。2008 年国际金融危机后，中国先后提出共建"丝绸之路经济带"和"21 世纪海上丝绸之路"的重大倡议，旨在共同打造政治互信、经济融合、文化包容的利益共同体、命运共同体和责任共同体，这一倡议得到国际社会高度关注。从地缘上看，"一带一路"沿线共有 65 个国家和地区，覆盖中亚、南亚、东南亚、西亚和中东欧等国家和地区。从经济上看，"一带一路"沿线国家和地区人口合计 44 亿，经济总量 21 万亿美元，分别占全球的 62.5% 和 28.6%，是目前全球贸易和跨境投资增长最快的地区之一，而且"一带一路"沿线国家和地区之间经贸合作潜力巨大。无论从国内角度，还是国际角度来看，"一带一路"倡议都有助于促进经济的包容性发展。

第一，推动沿线国家内部发展，推动区域融合和经济包容性发展。"一带一路"倡议坚持开放包容、互利共赢的理念，强调"共商、共建、共享"原则，把寻找发展的最大公约数放在首位，欢迎不同国家和地区平等参与。强调与沿线国家发展战略的对接，寻找利益契合点，实现在合作中共赢，这也是诸多国家支持"一带一路"

倡议的重要原因。"一带一路"平台上涉及中国—东盟 10＋1，上海
合作组织、亚太经合组织等多个区域合作机制安排。截至 2016 年
底，中国与"一带一路"53 个沿线国家和地区签署了双边投资协
定，与 54 个相关国家和地区签署了避免双重征税协定，并且积极商
签标准化合作协议、签证便利化协议等各类合作文件。通过国家发
展战略对接，中国可以和沿线国家和地区分享在推动经济发展和消
除贫困方面的经验，进而可以更好地推动沿线国家和地区摆脱贫困
和实现现代化。此外，"一带一路"倡议将把更多欠发达地区带入现
代化的基础设施网络之中，加强贸易和深化价值链，提高就业和增
长，为沿线国家和地区带来更多经济发展机遇。

　　第二，促进中国区域经济协调平衡发展，缩小地区发展差距。
"一带一路"倡议中，东西部各个地区定位和任务不同，以开放为先
导，调动整合国内资源，优化开放整体布局。一方面，依托陆路交
通干线和海路港口枢纽，为东部地区要素和产业转移提供了巨大空
间。另一方面，"一带一路"覆盖中国中部、西北、西南大部分地区
和重要沿边地区，有利于为内陆和沿边地区打开国际市场通道，而
且一些内陆地区外贸"弱省"可以据此寻求发展新机遇和新动能。
对"一带一路"资源、能源和高新技术的引入可有效弥补西部地区
发展短板。

　　第三，推动中国经济的转型升级。从外部形势来看，全球经济
复苏的基础还不稳固，"逆全球化"浪潮抬头，贸易保护主义升温，
国内综合要素成本不断上涨，订单和产业转移仍然较快，中国出口
仍然面临诸多困难，外向型经济发展受到制约。从国内形势来看，
中国经济运行面临一些突出矛盾和问题，国内长期积累的部分结构

性问题和深层次矛盾有所固化，主要表现为内需与外需、投资与消费的失衡。"一带一路"有助于中国与沿线国家和地区实现优势互补和资源共享，实现产业转移。同时也为中国企业"走出去"和"引进来"，实现要素和资源的全球流动和全球配置提供更多的选择性和更大的自由度，也有利于优化中国的贸易结构，增强电力、高铁、工程、机械、汽车产业等我国相对成熟产业的国际竞争力。此外，通过扩大与周边国家和地区的基础设施投资，可有效保障中国的资源能源安全，例如西部能源大通道建设等对于实现我国能源多元化和确保能源安全具有重大战略意义。2016 年，中国与"一带一路"沿线国家和地区进出口总额达到 6.3 万亿元，对"一带一路"沿线国家和地区直接投资达到 145 亿美元。中国企业已经在沿线 20 多个国家和地区建立了 56 个经贸合作区，累计投资超过 185 亿美元。同时，金融合作不断深化，人民币国际化步伐加快。2008 年以来，中国先后与 30 多个国家和地区签署了本币互换协议，其中包括 22 个"一带一路"沿线国家和地区。中国还与 23 个国家实现了货币的直接交易，其中包括 8 个"一带一路"沿线国家和地区，并与两个沿线国家和地区实现了货币的区域直接交易。

第四，推动人民币国际化进程。2015 年 11 月，IMF 决定将人民币纳入特别提款权（SDR）的货币篮子，就此人民币成为继美元、欧元、日元及英镑之后被纳入 SDR 货币篮子的第五种货币，并将逐步成为各国央行储备资产，在国际上受欢迎程度不断提高。截至2016 年 2 月，中国已与 33 个国家和地区签署总规模达 3.3 万亿元的货币互换协议，其中"一带一路"沿线国家和地区就有 10 余个，而且大多数双边本币互换协议的实质性动用明显增加。在此背景下，以人民币作为计价结算货币将有利于"一带一路"沿线各国家和地区企业降低汇兑成本、提高结算效率、规避汇率风险，有效促进跨境贸易与投资，推动区域经济的发展，提高其国际竞争力。通过"一带一路"倡议，畅通中蒙俄、中国—中亚—西亚、中国—中南半岛、新亚欧大陆桥、中巴、孟中印缅等六大国际经济合作走廊将有利于加强我国与相关国家在贸易、产能、基础设施、资源能源等领域的合作，通过经常项目和资本项目的输入输出将有效地推动人民币区域化与国际化进程。

（二）"一带一路"基础设施融资需求及建议[①]

早在 2013 年，习近平总书记提出"共建丝绸之路经济带"倡议之时便指出，要加强"五通"，即政策沟通、道路连通、贸易畅通、货币流通和民心相通。尤其要充分发挥金融的核心引领作用，以金融支持"道路连通"为切入点、支持"贸易畅通"为着力点，以"货币流通"促进区域合作为突破点，促进区域内贸易投融资便利化。由此可见，"资金融通"已经成为"一带一路"倡议的重要支撑，金融在"一带一路"倡议中将发挥重要作用。

1. "一带一路"基础设施存在巨大融资缺口

随着新兴经济体城镇化进程加快以及发达国家基础设施面临更新换代，预计未来 10～20 年全球基础设施投资需求巨大。一方面，亚、非、拉等发展中国家和地区基础设施建设普遍薄弱，随着未来城市化进程的加快，对基础设施建设有着强劲的需求，纷纷利用国

---

① 袁佳."一带一路"基础设施资金需求与投融资模式探究［J］.国际贸易，2016（5）.

外援助资金或自行筹集资金，实施基础设施建设工程，大力发展本国基础设施建设。另一方面，美国、欧洲等发达国家基础设施由于年代久远，也需要进行更新换代，例如美国 2010 年就曾经宣布实施 500 亿美元基础设施升级计划，英国也制订了相应的基础设施建设计划。这些基础设施更新需求，将会推动全球基础设施投资加速增长。事实上，早在 2012 年 20 国集团峰会期间，一些新兴经济体就提出了基础设施融资的议题，当时的背景是亚洲、南美洲和非洲等都面临巨大的基础设施建设资金缺口，如非洲每年就存在 310 亿美元的基础设施融资缺口，而东盟之中的缅甸、老挝、柬埔寨及南亚的孟加拉国为欠发达国家，基础设施建设滞后，既制约这些国家的经济发展，也制约着扩大与中国经贸合作的规模。这些国家资源富集，开发成本较低，尤其是泛亚铁路建设，高等级以上公路及沿海港口、水电站开发、矿产等具有优越的建设条件，但是缺乏资金、技术及相应的经济基础，急需外援。发达经济体也存在类似需求，美国每年的公路部门基础设施赤字为 400 亿美元左右。根据美国土木工程师协会（ASCE）的估计，其基础设施投资需要 16 万亿美元；欧盟同样需要上万亿美元的基础设施投资，有研究认为欧盟在未来 20 年中仅能源领域的基础设施投资资金需求就超过 12 万亿美元，其中德国每年的基础设施投资就需要大约 900 亿美元。

以全方位基础设施建设为突破口，实现互联互通，是 "一带一路" 倡议实施的基石。随着这些国家和地区工业化及城市化进程加快，基础设施投资需求越发旺盛，然而，受经济发展水平制约，目前区域内多数国家和地区的基础设施建设存在 "联而不通、通而不畅" 的问题，必须进行建设和改造，否则将极大影响区域贸易发展。

根据 WTO 专家评估，基础设施差的国家比基础设施中等水平国家的贸易额减少 1/3。"一带一路"国家和地区主要基础设施融资需求包括：一是交通基础设施，涉及铁路干线建设、公路网建设和港口改造；二是资源基础设施，包括能源与其他矿产资源的勘探开发、道路与管线运输、冶炼加工等领域；三是线网基础设施，主要指电信固网宽带的升级改造和智能化电网建设。据亚洲开发银行测算，2020 年前亚洲地区每年基础设施投资需求将高达 7 300 亿美元。然而，现有多边金融机构，如亚洲开发银行、世界银行、国际货币基金组织等，无论出于机构设立的目的、宗旨及对象的考虑，还是基于资本金对其出资能力的限制，都无法向发展中国家提供如此巨额资金，换言之，"一带一路"沿线国家和地区巨大的基础设施建设缺口已严重制约其经济增长，而资金短缺又成为基础设施建设的瓶颈。无论各国政府，还是企业界、学术界都达成共识，认为基础设施融资对"一带一路"建设至关重要，也承认存在很大融资缺口，但迄今尚没有权威机构公布或测算出整个"一带一路"基础设施投融资缺口的大小，本书力求对此进行测算并就相关融资渠道问题进行初步探讨。

2. "一带一路"基础设施建设资金需求测算

本书对"一带一路"沿线国家和地区基础设施投融资资金需求额主要是基于一国在特定发展阶段基础设施投资规模占 GDP 的比重进行测算。基本方法是：首先，根据国际货币基金组织（IMF）对主要国家和地区经济发展的预测，得出"一带一路"沿线经济体在未来 5 年的 GDP 增幅与总量。其次，预测未来 5 年基础设施建设投资额在 GDP 中所占的比重，计算主要国家和地区每年的基础设施建设投资额。最后，将上述数据加总后得到"一带一路"国家和地区基础设施建设投资的总需求。

本书利用 IMF 报告中关于世界各国 GDP 的预测值作为计算"一带一路"相关经济体在 2016—2020 年 GDP 的依据。其中，对于"一带一路"沿线国家和地区的范围，在综合比较 IMF 全球经济展望统计数据中的"国家和地区"分组情况，可选择亚洲新兴经济体和发展中国家、独联体国家、中东、北非、阿富汗和巴基斯坦的分组，三个分组之和基本囊括了"一带一路"沿线国家和地区。同时，将包括中国在内和不包括中国在内均进行计算，以能够更直观地观察和测算中国以外的其他"一带一路"沿线国家和地区情况。可以看到，根据 IMF 预测，"一带一路"沿线国家和地区经济总量有望从 2015 年的 21 万亿美元增长到 2020 年的 31 万亿美元，其中不包括中国在内的"一带一路"沿线国家和地区经济总量也有望从 2015 年的 16.3 万亿美元增长到 2020 年的 24 万亿美元（见表 6.1）。

表 6.1　2015—2020 年 "一带一路" 沿线国家和地区 GDP 预测

单位：十亿美元

年份	2015	2016	2017	2018	2019	2020
亚洲新兴经济体和发展中国家	16 085	17 299	18 671	20 255	22 163	24 252
亚洲新兴经济体和发展中国家（不包括中国）	4 699	5 045	5 498	5 982	6 542	7 152
独联体国家	1 803	1 743	1 933	2 130	2 366	2 612
中东、北非、阿富汗和巴基斯坦	3 115	3 246	3 520	3 804	4 085	4 371
GDP 总额	21 003	22 288	24 124	26 189	28 614	31 235
（不包括中国）	16 304	17 243	18 626	20 207	22 072	24 083

资料来源：IMF, World Economic Outlook October 2015.

世界银行早在 1994 年报告中就提出了经济基础设施投资占 GDP
比重不少于 5% 的政策，而中国和印度已分别于 2005 年和 2007 年把
基础设施建设资金占 GDP 比重提高到 7% 。但是目前东南亚、中亚
等国家基础设施建设落后，投资比例远低于中国①。本书对 2016—
2020 年"一带一路"国家和地区基础设施投资额占 GDP 的比重分为
高、中、低三种方案：

低方案："一带一路"国家和地区平均基础设施建设投资占 GDP
比重为 6% ；

中方案："一带一路"国家和地区平均基础设施建设投资占 GDP
比重为 7% ；

高方案："一带一路"国家和地区平均基础设施建设投资占 GDP
比重为 8% 。

根据之前测算的各国经济总量与基建占 GDP 比重相乘可得到基
建投资金额。依据上述方法计算可得，2016—2020 年的 5 年间，包
括中国在内的"一带一路"国家和地区累计基建投资总额将达到 8
万亿～10 万亿美元，年均投资额为 1.6 万亿～2 万亿美元（见
表 6.2）；不包括中国在内的"一带一路"沿线国家和地区累计基建
投资总额将达到 3.6 万亿～4.8 万亿美元，年均投资额为 6 200 亿～
9 600亿美元（见表 6.3）。

---

① 　如菲律宾、巴基斯坦等国 2015 年内基础设施投资占 GDP 比重不足 5% 。

表 6.2 "一带一路" 沿线国家和地区基础设施投资资金需求

单位：十亿美元

分类	国家和地区	2016 年	2017 年	2018 年	2019 年	2020 年	总计
低方案 6%	亚洲新兴经济体和发展中国家	1 038	1 120	1 215	1 330	1 455	6 158
	独联体国家	105	116	128	142	157	647
	中东、北非、阿富汗和巴基斯坦	195	211	228	245	262	1 142
	总计	1 337	1 447	1 571	1 717	1 874	7 947
中方案 7%	亚洲新兴经济体和发展中国家	1 211	1 307	1 418	1 551	1 698	7 185
	独联体国家	122	135	149	166	183	755
	中东、北非、阿富汗和巴基斯坦	227	246	266	286	306	1 332
	总计	1 560	1 689	1 833	2 003	2 186	9 272
高方案 8%	亚洲新兴经济体和发展中国家	1 384	1 494	1 620	1 773	1 940	8 211
	独联体国家	139	155	170	189	209	863
	中东、北非、阿富汗和巴基斯坦	260	282	304	327	350	1 522
	总计	1 783	1 930	2 095	2 289	2 499	10 596

表 6.3 "一带一路" 沿线国家 (不含中国) 和地区基础设施投资资金需求

单位：十亿美元

分类	国家和地区	2016 年	2017 年	2018 年	2019 年	2020 年	总计
低方案 6%	亚洲新兴经济体和发展中国家	303	330	359	393	429	1 813
	独联体国家	105	116	128	142	157	647
	中东、北非、阿富汗和巴基斯坦	195	211	228	245	262	1 142
	总计	602	657	715	780	848	3 602

续表

分类	国家和地区	2016 年	2017 年	2018 年	2019 年	2020 年	总计
中方案 7%	亚洲新兴经济体 和发展中国家	353	385	419	458	501	2 115
	独联体国家	122	135	149	166	183	755
	中东、北非、阿富汗 和巴基斯坦	227	246	266	286	306	1 332
	总计	702	767	834	910	989	4 202
高方案 8%	亚洲新兴经济体 和发展中国家	404	440	479	523	572	2 418
	独联体国家	139	155	170	189	209	863
	中东、北非、阿富汗 和巴基斯坦	260	282	304	327	350	1 522
	总计	803	876	953	1 039	1 131	4 802

从实际情况来看，测算结果比较接近实际情况，如亚洲开发银行曾预测 2010—2020 年亚洲所有国家基础设施建设融资需求为 8 万亿美元，年均融资需求额 8 000 亿美元，除去中国自身巨大的基建需求外（"十二五"期间中国基建投资总额为 16 万亿元人民币），亚洲其他国家基建需求大约在 5 000 亿美元。如再考虑中东欧国家等其他地区的基建需求，"一带一路"沿线国家和地区基建需求年均估算在 6 000 亿美元以上。

3. 相关的融资策略与建议

"一带一路"基础设施建设面临巨大资金缺口，鉴于此，中国在推进"一带一路"倡议实施过程中，需主动作为，通过多重渠道和多种方式对"一带一路"基础设施建设给予融资支持。

第一，加强统筹协调和投资保护，创造良好的金融投融资环境。一是要深入推进跨境金融合作。应结合国家战略目标与整体部署，在各项双边合作框架协议下，积极推进支付结算、贸易投资、金融基础设施和金融安全网络等领域的务实合作，尽快出台跨境金融合作方案、实施步骤和保障措施，为"一带一路"建设提供金融支持与制度保障。二是加强统筹规划与协调，政府部门要加强窗口指导，使金融机构合理安排投融资规模和结构。同时对企业海外大型基础设施投资进行统筹协调，避免企业在海外投资时发生恶意竞争，提高整体对外投资的协调性和效率。三是推进区域投资自由化进程。加强"一带一路"沿线国家和地区的区域自由贸易协定谈判，建立"一带一路"统一大市场，降低投融资和贸易壁垒，降低和有效规避包括基础设施建设在内的投融资风险，为相关投资者创造良好的投资环境。加速推动 RCEP 谈判，适时启动上海合作组织自由贸易区谈判，同时加快中欧双边投资协定谈判。四是做好海外投资合作风险评估，跟踪研究对外投资合作安全形势，做好安全风险控制与防范。为我国企业及金融机构"走出去"规避各类风险提供信息支持和制度保障，在企业及金融机构遭遇损失的时候以适当方式对其进行援助或者风险补偿。同时，可以借鉴国际经验，在遵守所在国国内法的前提下，海外投资企业自身可考虑通过雇佣当地武装力量保护海外人身和资产安全。同时相关部门可对企业海外大型基础设施投资进行统筹协调，避免企业在海外投资时发生恶意竞争，提高对外投资的协调性和效率。

第二，积极开拓新型投融资渠道，实现投融资方式多元化。从供给端来看，要满足基础设施建设的多元化融资需求，需要政府部门、政策性金融机构、商业性金融机构、社会资本等主体广泛参与，构建多层次、全方位的"一带一路"金融支持体系。

一是加强同多边、区域性国际金融机构的合作。通过世界银行、欧洲复兴开发银行、亚洲发展银行、非洲发展银行、泛美开发银行等机构的出资，尤其要充分利用金砖国家开发银行、亚洲基础设施投资银行以及丝路基金，发挥在其中的主导和引领作用。扩大中国在这些多边金融和发展机构的影响力，提升国家形象和国际话语权，也可帮助国内企业开拓海外市场，还可以分散外汇储备投资风险，规避海外投资壁垒。

二是充分发挥国内不同类型金融机构在"一带一路"建设中的作用。一方面，要以开发性和政策性金融为杠杆，主要用于重点项目的孵化和启动。对于有一定盈利能力，但投资期限较长、回报较慢的项目资金主要由开发性金融提供；对于需要利用资金扶植或者补贴的"走出去"行业，则由政策性金融覆盖，但应考虑财政的承受能力。另一方面，对于中短期海外投资，可以通过商业性金融为"一带一路"建设提供市场化的融资方式，如以"16＋1"金融公司的模式作为范例，带动商业性资金和各方力量参与"一带一路"建设，形成合力，取得良好效果。同时，对于符合国家政策导向的重要海外投资项目，各种资金也可在项目生命周期的不同阶段进入，相互配合，提供金融支持。考虑到政策性资金成本较低且不强调盈亏，可在项目开发阶段或无利润时期介入，提供财政补助或贴息，同时应避免承担过多财政负担；开发性资金可以在项目的低利润时期进入，一方面为项目提供较低成本的资金支持；另一方面也能将项目做大做好，分享成长红利；商业性资金可以待项目成熟、回报稳定后进入，此时项目已经运行一段时间，积累了一定资信，即使在市场上融资，成本也会更低。

三是加大公私合营项目（PPP）在"一带一路"建设中的应用，调动社会资本和民间资本共同参与收益率较高的投资项目。考虑到"一带一路"沿线国家和地区基础设施建设资金缺口巨大，单一投融资模式往往难以满足项目建设的需求，应将传统融资模式与创新融资模式有机结合，同时不断探索新的融资模式；对于收益比较好的项目，应有社会资本和私人资本的联合参与。其中，要加大探索开展国际公私合营（PPP）业务模式，这一方面有助于有效缓解东道国外债压力；另一方面可减少外界对我国金融机构的指责和抵触情绪，还可以有效降低债权人的风险。亚洲基础设施投资银行、丝路基金、国家开发银行等金融机构参与的投资项目周期较长，有必要建立国际公私合营业务模式来分散风险，以提高支持"一带一路"建设的可持续性。

四是积极探索政府援助与市场化相结合的融资渠道。首先，鼓励金融机构积极提供适合企业对外基础设施投资的本、外币融资产品，发行离岸、在岸人民币债券，如开发外币与人民币汇率风险规避金融工具等，同时培育离岸人民币市场，扩大人民币影响力。其次，在市场化融资的基础上，政府部门可探索建立技术援助基金，以赠款与贷款相搭配，通过循环贷款等方式，解决项目的考察、评估、设计和咨询费用，降低实际融资成本，同时又可避免国际上对我国过度使用补贴的指责。

参考文献

［1］安格斯·麦迪森．中国经济的长期表现　公元 960—2030 年［M］．伍晓鹰，马德斌，译．上海：上海人民出版社，2008.

［2］C. 弗雷德·伯格斯坦．美国与世界经济——未来十年美国的对外经济政策［M］．朱民，等，译．北京：经济科学出版社，2005.

［3］阿兰·鲁格曼．全球化的终结：对全球化及其对商业影响的全新激进的分析［M］．北京：生活·读书·新知三联书店出版社，2001.

［4］安德鲁·F. 库珀，阿加塔·安特科维茨．全球治理中的新兴国家：来自海利根达姆进程的经验［M］．上海：上海人民出版社，2009.

［5］白重恩．中国的资本回报率及其影响因素分析［J］．世界经济，2014（10）.

［6］贝多广，李焰．普惠金融：中国金融发展的新阶段［M］．北京：人民出版社，2016.

［7］彼得·弗兰科潘．丝绸之路　一部全新的世界史［M］．邵旭东，孙芳，译．杭州：浙江大学出版社，2016.

［8］蔡昉．四十不惑：中国改革开放发展经验分享［M］．北

京：中国社会科学出版社，2018.

[9] 丁一凡. 中美战略经济对话的回顾与展望 [J]. 国际经济评论，2007（6）.

[10] 樊勇明，贺平. 中国是多边贸易体制的积极建设者 [J]. 复旦学报（社会科学版），2006（6）.

[11] 弗朗西斯·福山. 美国处在十字路口 民主、权利与新保守主义的遗产 [M]. 北京：中国社会科学出版社，2008.

[12] 弗雷德里克·米什金. 下一轮伟大的全球化 金融体系与落后国家的发展 [M]. 姜世明，译. 北京：中信出版社，2007.

[13] 管涛，王信，潘宏胜，等. 对当前我国贸易项下异常资金流入的分析——兼评渣打银行王志浩关于贸易顺差的研究报告 [J]. 国际金融研究，2007（6）.

[14] 郭东杰. 中国高技术产业内贸易与竞争力分析——"里昂惕夫之谜"的综合解释 [J]. 经济学家，2010（9）.

[15] 郭凯. 中国经常项目顺差的前景展望 [J]. 中国金融40人论坛要报，2012（6）.

[16] 郭新明. 深化区域金融合作与创新，助推丝绸之路经济带共赢发展 [J]. 中国金融，2013（1）.

[17] 贺聪，尤瑞章，莫万贵. 制造业劳动力成本国际比较研究 [J]. 金融研究，2009（7）.

[18] 亨利·基辛格. 大外交 [M]. 顾淑馨，林添贵，译. 海南：海南出版社，1998.

[19] 华民. 世界经济失衡：概念、成因与中国的选择 [J]. 吉林大学社会科学学报，2007（1）.

［20］贾格迪什·巴格瓦蒂．风险中的世界贸易体系［M］．北京：商务印书馆，1996.

［21］焦方太．美国贸易政策制定体制的特点与借鉴［J］．国际经贸探索，2005（3）.

［22］金中夏，袁佳，张薇薇．TPP 对中国的挑战及中国的选择［J］．外国经济与管理，2014（6）.

［23］金中夏．全球化向何处去——重建中的世界贸易投资规则与格局［M］．北京：中国金融出版社，2015（3）.

［24］金中夏．中国与 G20——全球经济治理的高端博弈［M］．北京：中国金融出版社，2014（4）.

［25］肯尼迪·华尔兹．国际政治理论［M］．信强，译．上海：上海人民出版社，2003.

［26］李斌．从流动性过剩（不足）到结构性通胀（通缩）［J］．金融研究，2010（4）.

［27］李斌，伍戈．信用创造、货币供求与经济结构［M］．北京：中国金融出版社，2014.

［28］李波．人民币跨境使用回顾与展望［J］．中国金融，2014（23）.

［29］李波．构建货币政策和宏观审慎政策双支柱调控框架［M］．北京：中国金融出版社，2018.

［30］李小平，卢现祥，朱钟棣．国际贸易、技术进步与中国工业行业的生产率增长［J］．经济学（季刊），2008（1）.

［31］李扬．经济全球化背景下的中国外汇储备管理体制改革［J］．国际金融研究，2007（4）.

［32］刘晨阳．"跨太平洋战略经济伙伴协定"与美国的亚太区域合作新战略［J］．国际贸易，2010（6）．

［33］刘瑞明．金融压抑、所有制歧视与增长拖累——国有企业效率损失再考察［J］．经济学（季刊），2011（2）．

［34］刘长敏．中美战略对话机制的发展及其解析——守成大国与新兴大国关系的新探索［J］．现代国际关系，2008（7）．

［35］卢锋．中国国际收支双顺差现象研究：对中国外汇储备突破万亿美元的理论思考［J］．世界经济，2006（11）．

［36］罗伯特·基欧汉，约瑟夫·奈．权利与相互依赖（第3版）［M］．北京：北京大学出版社，2004．

［37］罗伯特·吉尔平．全球资本主义的挑战——21世纪的世界经济［M］．杨宇光，杨炯，译．上海：上海人民出版社，2001．

［38］罗伯特·希勒．金融与好的社会［M］．北京：中信出版社，2012．

［39］绿色金融工作小组．构建中国绿色金融体系［M］．北京：中国金融出版社，2015．

［40］曼瑟尔·奥尔森．集体行动的逻辑［M］．上海：上海人民出版社，1995．

［41］米尔顿·弗里德曼，罗丝·弗里德曼．自由选择［M］．北京：机械工业出版社，2014．

［42］莫万贵，袁佳．我国CPI和PPI走势背离的原因浅析［J］．金融理论与实践，2016（12）．

［43］彭文生．渐行渐近的金融周期［M］．北京：中信出版集团，2017．

［44］叶龙．中国经济史［M］．北京：北京联合出版公司，2014.

［45］沈铭辉．跨太平洋伙伴关系协议（TPP）的成本收益分析：中国的视角［J］．当代亚太，2012（1）．

［46］盛松成，刘斌．经济发展对房价长期走势的决定作用——基于中国及国际的比较分析［J］．财贸研究，2007（8）．

［47］宋国有．思考中美战略经济对话的未来［J］．西部论丛，2008（7）．

［48］托马斯·皮凯蒂．21世纪资本论［M］．北京：中信出版社，2014：25.

［49］万璐．美国TPP战略的经济效应研究——基于GTAP模拟的分析［J］．当代亚太，2011（4）．

［50］王小鲁．灰色收入与发展陷阱［M］．北京：中信出版社，2012.

［51］王燕武，李文溥，李晓静．基于单位劳动力成本的中国制造业国际竞争力研究［J］．统计研究，2011（10）．

［52］王一鸣，田野．中美战略经济对话的制度选择［J］．国际政治科学，2009（3）．

［53］王义桅．中美关系步入机制化时代：对从经济战略对话到建立军事热线的理解［J］．新闻前哨，2007（7）．

［54］魏磊．我国贸易顺差的合理性与持续性分析及对策［J］．国际贸易，2013（10）．

［55］谢宇，张晓波，李建新，等.2016中国民生发展报告［M］．北京：北京大学出版社，2017.

[56] 徐长文. TPP 的发展及中国应对之策 [J]. 国际贸易, 2011 (3).

[57] 徐忠, 张雪春, 邹传伟. 房价、通货膨胀与货币政策——基于中国数据的研究 [J]. 金融研究, 2012 (6).

[58] 徐忠, 张雪春, 张颖. 初始财富格局与居民可支配收入比重下降趋势 [J]. 金融研究, 2011 (1).

[59] 严宝玉, 李宏瑾, 孙丹. 利率市场化对实体经济的影响及政策应对 [J]. 上海金融, 2014 (12).

[60] 余永定, 覃东海. 中国的双顺差: 性质、根源和解决办法 [J]. 世界经济, 2006 (3).

[61] 余永定. 全球国际收支不平衡与中国的对策 [J]. 国际金融研究, 2007 (1).

[62] 袁东, 何秋谷, 赵波. 实际有效汇率、"热钱" 流动与房屋价格——理论与实证 [J]. 金融研究, 2015 (9).

[63] 袁佳, 魏磊. 后危机时代中国经常项目变动趋势分析 [J]. 世界经济研究, 2014 (8).

[64] 袁佳, 张汉林. 贸易增长与产业关联度分析 [J]. 数量经济技术经济研究, 2011 (4).

[65] 袁佳, 魏磊. 中国对外基础设施投资的策略选择——基于 "丝绸之路经济带" 建设的思考 [J]. 海外投资与出口信贷, 2015 (1).

[66] 袁佳. "一带一路" 基础设施资金需求与投融资模式探究 [J]. 国际贸易, 2016 (5).

[67] 袁佳. 居民收入与财富分配格局分化及背后的逻辑 [J].

西部金融, 2019（8）.

［68］袁佳. 全球贸易投资规则重构的方向与路径［J］. 区域经济评论, 2015（8）.

［69］袁佳. 人民币在"一带一路"建设中的运用方式及路径［J］. 国际经济合作, 2015（5）.

［70］袁佳. 收入分配格局的演变：中国是否已跨过库兹涅茨拐点?［J］. 金融理论与实践, 2018（11）.

［71］袁佳. 收入分配格局之变：资本与劳动的视角［J］. 金融市场研究, 2018（9）.

［72］袁佳. 我国收入分配格局演进趋势［J］. 中国金融, 2018（18）.

［73］张斌. 为什么高房价不能归咎于货币高增长——货币超发的偏见与悬案［J］. 中国金融四十人论坛报告, 2016.

［74］张汉林, 袁佳. 后危机时代中美对话新机制战略研究［J］. 世界经济与政治, 2010（6）.

［75］张汉林, 袁佳. 经济全球化、中国收入分配与"人口红利陷阱"［J］. 财经研究, 2011（6）.

［76］张汉林, 袁佳. 开放经济条件下中国收入分配状况分析——对中国入世10周年的总结与反思［J］. 财贸经济, 2011（11）.

［77］张汉林, 袁佳. 未来WTO改革与中国的作用［R］. WTO与中国国际学术年会会议论文, 2011.

［78］张汉林, 袁佳, 李计广. "集团化"与全球贸易治理——基于中国的视角［R］. "第二届亚洲研究论坛"会议论文, 2011.

［79］张汉林, 等. WTO主要成员贸易政策体系与对策研究

[M]. 北京：经济科学出版社，2009.

[80] 郑伟民，黄苏，等. 衰落还是复兴——全球经济中的美国 [M]. 北京：社会科学文献出版社，1998.

[81] 中国金融论坛课题组. 通过供给侧结构性改革有效化解高杠杆风险——兼论杠杆率水平和结构的分析框架 [R]. 中国金融论坛圆桌会论文系列，2016.

[82] 周小川. 国际金融危机：观察、分析与应对 [M]. 北京：中国金融出版社，2012.

[83] 朱苏荣. 丝绸之路经济带的金融支持 [J]. 中国金融，2013（24）.

[84] Adao，R.，Arkolakis，C.，Esposito，F. Spatial Linkages，Global Shocks，and Local Labor Markets：Theory and Evidence [J]. NBER Working Paper No. 25544，2019.

[85] Alcalá，F，A. Ciccone. Trade and Productivity [J]. Quarter Journal of Economics，2004，119（2）：612 – 645.

[86] Amiti，M.，C. Freund. The Anatomy of China's Export Growth [J]. the World Bank Policy Research Working Paper No. 4628，2008.

[87] Amiti，M.，Dai，M.，Feenstra，R. C. et al. How Did China's WTO Entry Benefit U. S. Consumers？ [J]. NBER Working Paper No. 23487，2017.

[88] Arnold Wolfers. "National Security" as an Ambiguous Symbol [J]. Political Science Quarterly，1952.

[89] Arntz M，Gregory T，Zierahn U. The risk of automation for jobs in OECD countries：A comparative analysis [J] . OECD Social，

Employment, and Migration Working Papers, 2016 (189).

[90] Ashvin Ahuja, Nigel Chalk, Malhar Nabar, et al. An End To China's Imbalances? [J]. IMF Working Paper, 2017.

[91] A. Smith. An Inquiry into the Nature and Causes of the Wealth of Nations [J]. R. Campbell and A. Skinner, 1976.

[92] Baldwin, J. , R. Caves. International Competition and Industrial Performance: Allocative Efficiency, Productive Efficiency and Turbulence [J]. Harvard Economics Discussion Paper, No 1809, 1997.

[93] Baldwin, R. Change in the Global Trading System: A Response to Shifts in National Economic Power [J]. Protectionism and World Welfare, Cambridge, New York and Melbourne: Cambridge University Press, 1993: 80 – 98.

[94] Barack H. Obama. Remarks at the United States – China Strategic and Economic Dialogue [J]. Daily Compilation of Presidential Documents, 2009.

[95] Bernard K. Gordon. A high – risk trade policy [J]. Foreign Affairs, 2003, 82 (4): 105 – 118.

[96] B. Bernanke, M. Gertler, S. Gilchrist. The Financial Accelerator in a Quantitative Business Cycle Framework [J]. Handbook of Macroeconomics, 1999.

[97] Carla A. Hills. Thoughts about Managing the US – China Economic and Trade Relationship in the Years Ahead [Z]. The Dr. Scholl Foundation Lecture on US – China Relations, 2009.

[98] Charles Lipson. Why Are Some International Agreements Infor-

mal？［J］．International Organization，1991，45（4）：508 – 509．

［99］Clerides，S.，S. Laul，J. Tybout. Is Learning by Exporting Important？Micro Dynamic Evidence from Columbia，Mexico and Morocco ［J］．Quarterly Journal of Economics，1998，113（3）：903 – 948．

［100］Constantinescu，Cristina，Aaditya Mattoo，et al. The global trade slowdown：Cyclical or structural？［J］．IMF Working Paper No. 15/6. Washington：International Monetary Fund，2015．

［101］Davidson，C. Matusz，S. J. Trade liberalization and compensation ［J］．International Economic Review，2006，47（3）：723 – 747．

［102］Davidson，C. Matusz，S. J. Globalization and labour – market adjustment：How fast and at what cost？［J］．Oxford Review of Economic Policy，2000，16（3）：42 – 56．

［103］Elhanan Helpman. Globalization and Wage Inequality ［J］． NBER Working Paper 22944，2016．

［104］Espositol. Foreign competition and domestic industry profitability ［J］．Review of Economics and Statistics，1971，53：343 – 353．

［105］Eswar S. Prasad. Effects of the Financial Crisis on The U. S. – China Economic Relationship ［J］．Cato Journal，2009，29（2）：234．

［106］Feenstra，R. C.，Hanson，G. H. Foreign Investment，Outsourcing and Relative Wages ［J］．NBER Working Paper No. 5121，1995．

［107］Fiscal Policy and Income Inequality. IMF Staff Policy Paper ［J］．2014．

［108］Frankel，J.，D. Romer. Does Trade Cause Growth？［J］．American Economic Review, 1999, 89 (3): 379 – 399.

[109] Frey, Carl Benedikt and Osborne, Michael A. The future of employment: How susceptible are jobs to computerisation? [J]. Technological Forecasting and Social Change, 2017, 114: 254 – 280.

[110] Fu, X., Exports. Technical Progress and Productivity Growth in A Transition Economy: A Non Parametric Approach for China [J]. Applied Economics, 2005, 37 (7): 725 – 739.

[111] Gary Clyde Hufbauer, Zhiyao (Lucy) Lu. The Payoff to America from Globalization: A Fresh Look with a Focus on Costs to Workers [J]. Policy Brief, Peterson Institue for International Economics, 2017.

[112] Giordano J. N. Job training subsidies, reemployment, earnings in the trade adjustment assistance program [J]. International advances in economic research, 2017 (23): 283 – 292.

[113] Goldstein, Morris, Nicholas Lardy. Two – Stage Currency Reform For China [J]. Asian Wall Street Journal, 2003.

[114] Goldstein, Morris. A (Lack of) Progress Report on China's Exchange Rate Policies [J]. Peterson Institute for International Economics Working Paper Series, 2007.

[115] Gollin, Douglas. Getting Income Shares Right [J]. Journal of Political Economy, 2002, 110 (2): 458 – 474.

[116] Grossman, G., E. Helpman. Innovation and Growth in the World Economy [M]. Cambridge MA: MIT Press, 1991.

[117] Hallward – Driemeier and M., Gaurav Nayyar. Have Robots Grounded the Flying Geese: Evidence from Greenfield FDI in Manufactur-

ing [R]. Washington D. C: World Bank, 2018.

[118] Handley, K., Limao, N. Policy Uncertainty, Trade and Welfare: Theory and Evidence for China and the U. S [J]. American Economic Review, 2018, 107 (9): 2731 – 2783.

[119] Hoekman, Bernard. The global trade slowdown: A new normal? [EB/OL]. (2015). http: //voxeu. org/sites/default/ files/file/Global%20Trade%20Slowdown_nocover. pdf.

[120] IMF Staff Policy Paper. Fiscal Policy and Income Inequality [R]. 2014.

[121] I. M. Destler. A Government Divided: The Security Complex and the Economic Complex [J]. The New Politics of American Foreign Policy, New York: St. Martin's Press, 1994: 132 – 147.

[122] Jarkko Jääskelä, Thomas Mathews. Explaining the slowdown in global trade [J]. Reserve Bank of Australia Bulletin, 2015: 39 – 46.

[123] Jeffrey J. Schott, Barbara Kotschwar Julia Muir. Understanding the Trans – Pacific Partnership [J]. Policy Analyses in International Economics 99, 2013.

[124] Karabarbounis, Loukas, Brent Neiman. The global decline of the labor share [J]. The Quarterly Journal of Economics, 2013, 129 (1): 61 – 103.

[125] Kehoe, T. J., Ruhl, K. J., Steinberg, J. B. Global Imbalances and Structural Change in the United States [J]. National Bureau of Economic Research, 2013.

[126] Kempeu, Frederick. China Stage an Economic Balancing Act

［J］. The Wall Street Journal（online）, 2006.

［127］Kinkel, Steffen. , A. Jager, Christoph Zanker. The effects of robot use in European manufacturing companies on production off – shoring outside the EU ［J］. 22nd International Annual EurOMA Conference, At Neuchâtel, Switzerland, 2017.

［128］Kovak, B. K. , Oldenski, L. , Sly, N. The Labor Market Effects of Offshoring by U. S. Multinational Firms: Evidence from Changes in Global Tax Policies ［J］. NBER Working Paper Series No. 23947, 2017.

［129］Li Cui, Murtaza Syed. The Shifting Structure of China's Trade, Production ［J］. IMF Working Paper, 2007 (7): 214.

［130］Magyari, I. Firm Reorganization, Chinese Imports, and U. S. Manufacturing Employment ［M］. Columbia University, unpublished manuscript, 2017.

［131］Michael P. Dooley, David Folkerts – Landau, Peter M. Garber. Bretton Woods II Still Defines the InternationalMonetary System ［J］. NBER Working Paper 10332, 2009.

［132］Narlikar, A. International Trade and Developing Countries: Bargaining Coalitions in the GATT&WTO ［M］. London: Routledge, 2003.

［133］Pagoulateos E. , Sorenson R. International trade, international investment and industrial profitability of US manufacturing ［J］. Southern Economic Journal, 1976, 42: 425 – 434.

［134］Paul Streeten. Structural Adjustment: A Survey of the Issues and Options ［J］ . World Development, 1987, 15 (12): 1469 – 1482.

［135］ Peter S. Goodman. Paulson Gets Promise Only of Dialogue with China ［J］. The Washington Post, 2006.

［136］ Petri, Peter A. , Michael G. Plummer et al. The Trans – Pacific Partnership and Asia – Pacific Integration: A Quantitative Assessment ［J］. Washington: Peterson Institute for International Economics, 2012.

［137］ Pew Research Center. The American Middle Class is Losing Ground: No Longer the Majority and Falling Behind Financially ［J］. 2015.

［138］ Piketty, Thomas, Li Yang, et al. Capital Accumulation, Private Property and Rising Inequality in China ［J］. National Bureau of Economic Research, 2017.

［139］ Reynolds K M. , Palatuccijs. Does trade adjustment assistance make a difference? ［J］. Contemporary economic policy, 2012, 30 (91): 43 –59.

［140］ Robert Keohane. After Hegemony: Cooperation and Discord in the World Political Economy ［J］. New Jersey: Princeton University Press, 1984.

［141］ R. de Crespigny. A Biographical Dictionary of Later Han to the Three Kingdoms ［M］. Leiden: Brill, 2007.

［142］ Sangkyom Kim. Korea and TPP: Options and Strategies ［J］. paper presented at CNCPEC Seminar TPP and Its Implications for Regional Economic Coopertation, 2012 (6).

［143］ Song J. Finding beneficiaries: trade adjustment assistance system in South Korea ［J］. Journal of international trade law and policy,

2017, 16（2）: 92 – 105.

［144］Song, Z. , K. Storesletten, F. Zilibotti. Growing Like China ［J］. American Economic Review, 2011, 101（1）: 202 – 241.

［145］Stewart Patrick. The G20 and the United States: Opportunities for More Effective Multilateralism ［J］. The Century Foundation, 2010（3）.

［146］The China – U. S. Business Council. Understanding the China – U. S. Trade Relationship ［R］. 2017.

［147］Valerie Hansen. The Silk Road: A New History ［M］. New York: Oxford University Press, 2012.

［148］Wang, Zhi, Shang Jin Wei, Xinding Yu, et al. Measures of Participation in GlobalValue Chains and Global Business Cycles ［J］. NBER Working Paper No. 23222, 2017a.

［149］Wei , Y. , X. Liu. Productivity Spillovers from R&D, Exports and FDI in China's Manufacturing Sector ［J］. Journal of International Business Studies, 2006 , 37（4）: 544 – 557.

［150］William R. Cline Projecting China's Current Account Surplus ［J］. Peterson Institute for International Economics policy brief, 2012.

［151］World Bank. World Development Report 2020 : Trading for Development in the Age of Global Value Chains. Washington ［R］. DC: World Bank, 2019.

［152］WTO. Making Globalization More Inclusive: Lessons from experience with adjustment policies ［R］. 2019.

［153］WTO. , IDE – JETRO, OECD, UEBE, World Bank, Global

Value Chain Development Report 2019: Technological Innovation [R].
Supply Chain Trade, and Workers in a Globalization World, Geneva,
Switzerland, 2019.

[154] Young, A. The tyranny of numbers: Confronting the statistical realities of the East Asian growth experience [J]. Quarterly Journal of Economics, 1995, 110 (3): 641 – 680.

后　记

关于全球化和收入分配关系的研究，始于我在对外经贸大学攻读博士学位期间，当时正值 2008 年国际金融危机之后全球经济陷入严重衰退之际，我的导师张汉林教授鼓励我围绕中国参与全球化过程中涉及的贸易利益分配问题进行深入研究，本书中的很多内容就是源于博士期间的有关思考。进入中国人民银行金融研究所工作后，我仍坚持跟踪和关注全球化和居民收入分配关系的相关研究。尤其是 2016 年以来，随着"逆全球化"浪潮的兴起，全球化对收入分配影响的讨论在全球范围内受到广泛关注，无论是政府层面还是学术界，都意识到在推进经济全球化的过程中应更加注重解决公平公正问题，这也促使我进一步强化相关研究，尽可能地把这些年我对该问题的思考，以更加系统性和逻辑性的方式呈现出来，与大家分享自己的研究观点和结论。

本书作为"中国金融论坛书系"的一部分，感谢"中国金融论坛"的资助，感谢中国人民银行研究局王信局长、中国人民银行金融研究所周诚君所长等各位局（所）领导的支持，感谢我的导师张汉林教授，以及中国人民银行研究局（所）的张雪春博士、莫万贵博士、魏磊博士等提供有益意见及帮助。感谢中国驻国际货币基金组织执行董事金中夏博士为本书倾情作序，以及清华大学金融与发展研究中心主任马骏博士、对外经济贸易大学中国 WTO 研究院院长教授屠新泉博士、中国社会科学院财经战略研究院院长何德旭博士、长江证券首席经济学家伍戈博士对本书的荐言，同时也感谢中国金融出版社编辑董梦雅女士对本书出版所付出的努力。

圄于本人研究能力、时间和精力有限，本书必然存在若干不足，很多方面只是提出了问题而未能进行深入剖析，部分研究结论也不一定完全正确，权做抛砖引玉，供有兴趣的研究者一起思考、共同研究。本书内容仅代表个人学术观点，与所供职机构无关，作者文责自负。

袁佳

2020 年 8 月